致 读 者

为了开创未来，
我们今天得解决什么问题？

收 藏 编 码
000689

不连续的
时代

（全面修订新译本）

THE AGE OF DISCONTINUITY
Guidelines to Our Changing Society

Drucker

[美] 彼得·德鲁克 著
(PETER F. DRUCKER)

吴家喜 译

机械工业出版社
CHINA MACHINE PRESS

图书在版编目（CIP）数据

不连续的时代 /（美）彼得・德鲁克

(Peter F. Drucker) 著；吴家喜译. -- 北京：机械工业出版社，2024.6. -- ISBN 978-7-111-75981-2

Ⅰ. F272

中国国家版本馆 CIP 数据核字第 2024K5X112 号

机械工业出版社（北京市百万庄大街 22 号　邮政编码 100037）

策划编辑：李文静　　　　　　　责任编辑：李文静
责任校对：韩佳欣　丁梦卓　闫　焱　责任印制：张　博
北京联兴盛业印刷股份有限公司印刷

2024 年 8 月第 1 版第 1 次印刷

170mm×230mm・25.25 印张・2 插页・334 千字

标准书号：ISBN 978-7-111-75981-2

定价：129.00 元

电话服务　　　　　　　　　　　网络服务

客服电话：010-88361066　　　　机 工 官 网：www.cmpbook.com
　　　　　010-88379833　　　　机 工 官 博：weibo.com/cmp1952
　　　　　010-68326294　　　　金 书 网：www.golden-book.com
封底无防伪标均为盗版　　　　　机工教育服务网：www.cmpedu.com

　　1970 年春，按照惯例，我再次访问日本。当时，《不连续的时代》在日本仅仅出版发行几个月就迅速成为一本畅销书。日本一位知名社会学家立即在东京一所重点大学组织了一场以本书为主题的研讨会。他在致开幕辞时说："15 年前德鲁克告诉我们，想要保护日本文化，我们必须建设一个正常运作的现代经济体系；而他的这本新书则告诉我们，想要保护日本文化，我们现在必须建设一个正常运作的现代社会。"

　　当然，本书并非为日本而作，也不是专门面向日本人写的，尽管这是最早指出日本经济的成功并从中汲取经验的著作之一。实际上，本书在 20 世纪 60 年代末提出的基本论点是：第二次世界大战后的 20 年，社会的重心一直是经济，现在重心正在转变为社会及其结构。20 世纪 40 年代初，我并没有因为对企业感兴趣而开始研究管理。我对企业几乎没有兴趣，甚至到现在兴趣也不大。但我已经确信（很大程度上是由于第二次世界大战的经验），一个自由的社会需要某种当时尚未得到研究且在很大程度上被忽视的事物，即管理制度。（从我早前出版的三本书中可以得出这一结论，它们是《工业人的未来》（1943 年）、《公司的概念》（1946 年）以及《新社会》（1949 年），这三本书很快将由 Transaction 出版社再版。）到 20 世纪 60 年代末，世界各国（包括最不发达的国家）都已产生了"管理意识"。事实上，管理学院、管理学位、管理类书籍在当时已经有些增长过度，至少在数量上是如此。但是，就像成功总是会导致的那样，"管理"这种新兴的社会制度（我一直强调，管理是一种社会制度，而非"经济学"或"商业"）取得的巨大经济成就带来了截然不同的新挑战，也就是《不连续的时代》中讨论的挑战。这些挑战仍伴随着我们，并且它们是社会挑战，而非经济挑战。

与此同时，正如本书率先指出的那样，20 世纪政府的成功已达到顶峰。我们知道，20 世纪政府是在第一次世界大战中出现的，对所有交战国（甚至包括沙俄）而言，官僚制度在第一次世界大战中取得了多么巨大的胜利，各国的军事领导力、能力、战略就遭遇了多么彻底的失败。到 20 世纪 60 年代中期，政府似乎都处于权力的顶峰。各国人民都认为，任何社会任务只要移交给政府就能得到"解决"。就像在戴高乐执政的法国、工党执政的英国或约翰·肯尼迪执政的美国那样，这种信念在斯大林和赫鲁晓夫执政的苏联也一样普遍。当然，我们不需要做太多探究就能认识到，政府正迅速变得软弱无能，并且正迅速丧失创造成果的能力。早在 20 世纪 50 年代，我就确信苏联的实验无论在经济上还是在社会上都彻底失败了（我在 1939 年出版的《经济人的末日》中已经预测到这一点，该书也很快将由 Transaction 出版社再版）。到 60 年代中期，苏联的失败不必经过分析就能被认识到，这已经变得众所周知了。但当时同样显而易见的是，林登·约翰逊为实现 30 年代新政未实现的福利国家而在"向贫困开战"（War on Poverty）中付出的勇敢努力接连胎死腹中，它可能只会造成巨额财政赤字，而不会创造社会成果。我很清楚，已经到了停止问政府应该做什么，而是问政府能做什么的时候了。在法国大革命初期，一位默默无闻的年轻德意志学生威廉·冯·洪堡（1767—1835）在小册子《政府有效性的限度》中提出了这个问题。后来，他成为一位重要的自由主义政治家、科学语言学的奠基人，也是 19 世纪德国大学（间接地，也是现代美国大学）的奠基人。

自他以后，几乎没人问过这个问题。我之所以问这个问题，是因为在 20 世纪 30 年代初（当时的我与法国大革命初期时的洪堡一样年轻），我开始研究洪堡的政治思想——但从未完成，也从未发表过任何相关作品。通过深入思考这个问题，我在本书中创造了"再私有化"这个术语，10 年后，担任英国首相的撒切尔夫人对其予以采用并以"私有化"的名义将其推广。

本书写于 1967~1968 年，当时的美国社会动荡不安——正值学生骚乱和反越战抗议时期。然而，本书很少提及这些事态。这并不是因为我认为事态不严重。实际上，我认为这比当时或现在的多数美国观察家所认为的更严重，因为对多数美国观察家来说，这些动荡都是"美国"现象。他们并未注意到，学生骚乱不是始于美国，并且日本、联邦德国和法国（这些国家都没有越战这样的战争，也不存在种族问题）的学生骚乱更加暴力，持续时间也更长。同样，很少有美国观察家注意到下面这个事实：越战只是某个主要军事大国的"警察行动"遭遇的一次失败，但绝非最极端的失败。最近一次获胜的这种战争发生于撰写本书时的近 20 年前，即英国人镇压马来亚共产党的反抗。这是一场"皮洛士式胜利"[⊖]。战争本身及其所付出的代价事实上加速了大英帝国的解体。在那之后，出现了一次僵局，即朝鲜战争，然后是一连串失败：法国人在越南和阿尔及尔的失败，美国人在越南的失败，（以及本书出版几年后的）苏联人在阿富汗的失败。（而我只能希望 1991 年美国在伊拉克的胜利不会误导军方，使其忘记先前的教训。）一种全球性现象必然有其普遍性而非局部性原因。关于美国的学生骚乱或反越战抗议，如果像多数美国分析家习惯做的那样，只用（甚至主要用）美国术语来解释，那无疑是把"美国例外论"（American exceptionalism）推向了荒谬的高度！

⊖ 皮洛士式胜利（Pyrrhic victory），西方谚语，指代价高昂的胜利。——译者注

然而，虽然我比大多数美国观察家更严肃地看待这些动荡，但在我看来（现在仍这么看），这些动荡依然只是表面症状。这些症状反映了深刻的社会变迁，但症状本身并非社会变迁——正如我当时在谈到学生骚乱时所说的那样，后来的事实也证明了这一点。这些动荡可能具有很强的破坏性。海啸也是如此，然而，真正的现象是海底的地震。正如症状总是表明需要诊断一样，这些动荡表明也需要对其进行诊断。它们是什么因素表现出来的症状？这就是本书在1969年试图回答的问题。

本书提出的每项主张在出版时都是崭新的，并且与出版时主流的观点完全相反。然而，读者和评论家很快就会说"的确如此"，而且自此之后也一直这么说。这是社会分析希望得到的回应，并且回应会验证社会分析。如果社会分析提出的是人们已经知道的事，那么它很可能是一份关于昨日之事的报告。如果提出的是人们不清楚、没感知到的某些事，那么它可能是"未来主义的"，而"未来主义的"是童话故事和一厢情愿的委婉说法。每一本经得起时间考验的社会分析著作，不论是马克斯·韦伯还是托尔斯坦·凡勃伦（这里仅列举两位伟大学者的名字）的作品，都具有这种既崭新又"的确如此"的特质。《不连续的时代》在完稿1/4世纪后仍具有这种特质，我认为，这是它最重要、最持久的成就。

彼得·德鲁克

加利福尼亚州克莱蒙特

1992 年元旦

本书首次出版是在大约 10 年前，像石油卡特尔或水门事件等重大冲击尚未出现，也还无法预料，甚至根本想象不到。那时，环保运动刚刚兴起。然而，即使我当时能预见这些重大事件，我在本书中也不会多加着墨，就像我很少留意 20 世纪 60 年代关于越战和学生骚乱的头条新闻一样。因为本书试图做的是完全不同的事，也许比预测更雄心勃勃。尽管"发展"非常重要，但本书并不预测发展，而是试图识别和界定正在发生的或者已经发生的根本性变化。打个比方，本书研究的主题是形成新大陆的板块漂移，而不是确定新国界的战争。

我把这些潜藏于表层之下的社会和文化领域中的重大变化称为"不连续性"。尽管自本书出版之后（或许正是由于本书畅销），"不连续性"已经被人们熟知，但在当时，它可是个非常新颖的术语。"革命"过去是，现在仍然是一个被广泛使用的术语，但其实它很可能被大大滥用了。那么，什么是不连续性呢？这个术语的含义既比革命多得多，又比革命少得多。革命是地震或火山爆发，会毁坏人们原本熟悉的地貌，创造新的地貌。然而，革命在很大程度上是潜藏于表层之下的变化产生的影响，这些变化先于革命，并使其成为必然。革命源自不连续性，也就是源自潜藏于表层之下的新现实同表层之上的既有制度和惯例之间日益加剧的张力，这些既有制度和惯例仍符合以往潜藏于表层之下的现实。而且，革命往往是剧烈的、引人注目的，而在造成火山爆发或地震之前，不连续性的发展却是渐进的、平静的，并且不容易被感知到。

让我用与本书相关的一件事来说明。在本书出版前的几个月，第 10 章"政府的弊病"曾发表于某杂志。当时，理查德·尼克松刚宣誓就任，开始他的第一个总统任期。他在上任后的首轮公开演说中猛烈抨击本书。1969 年初，刚上任的尼克松在对卫生、教育和福利部的雇员发表讲话时表示："德鲁克认为现代政府只能做好两件事——发动战争和制造通胀。本届政府的宗旨就是要证明德鲁克先生的观点错了。"尼克松先生确实以某种方式证明了我是错的，尽管是以他完全没有预想到的方式。尼克松政府表明，尽管现代政府非常清楚如何制造通胀，但在越南的行为表明，它甚至可能不知道如何进行战争。尼克松先生的本意是想让公众理解他对本书的批评，但尼克松政府的所作所为恰恰充分证明了本书的论点。因为犹如地震或火山爆发的水门事件很大程度上正是源于上文提及的根本的不连续性，即本书所识别并讨论的政府弊病与尼克松先生企图摆出"帝王总统"（Imperial Presidency）架子来对抗该现实之间的根本的不连续性。

本书首次出版后，它所提出的基本论点（"后第二次世界大战时代"是一个时代的终结而非开始）已被广泛接受。然而，几乎没人注意到这个重大变迁本身。大多数观察家仍在向后看，本书却试图向前看。上述变迁已经不可避免地发生了，它可能会被看到，或许只能被感觉到。然而，不论右派还是左派，发达国家还是发展中国家，都仍在喊着基于过往现实的口号。因此，我很担心出台的多数政策同样如此。而且我可以自信地说，本书出版后，10 年来的形势已经证实了我的基本分析。

本书指出了以下四个领域的不连续性：

- 新技术以及基于新技术的新兴产业迅速兴起。

- 名副其实的世界经济兴起，发达国家和发展中国家之间的关系取代了国民经济内部的阶级冲突，后者在 19 世纪占据主导地位，并且在整体上它仍主导着舆论和政策。与此同时，本书把世界经济视为所有经济体的动力中心和政策制定中心，并且认为世界经济领域将会逐渐发展出新的经济和社会制度。

- 新的机构多元化的兴起，使传统的、仍被普遍接受的政府理论和社会理论作废，这也会严重危及并可能摧毁政府的执政能力。

- 知识和知识人的兴起。知识成为新的资本及核心经济资源，知识人（各种机构的管理者）成为新的核心掌权群体和领导群体。正如本书所言，这意味着知识和知识人的责任及问责问题将会成为政治理论、公共政策的核心议题，以及一个核心道德问题。

如前所述，水门事件在很大程度上是不连续性，尤其是尼克松政府拒绝认真对待这个不连续性造成的后果。而 1973 年爆发的石油危机在很大程度上也是这种不连续性（真正的动力中心从国民经济转换为世界经济）造成的后果。石油危机不仅戏剧性地表明了所有国家和经济体完全依赖世界经济，而且与那些仍被经济学家秉持的正统国民经济理论教条形成了鲜明且不可调和的对比。若不是发展中国家弥漫着"种族战争"情绪，石油输出国组织这个卡特尔根本无法成功。对发达国家来说，原油价格高企不过是个麻烦和政治尴尬。无论在财政上还是在经济上，原油价格高企都会增强发达国家的实力，因为石油输出国增加的收入（包括来自发达国家的部分和来自第三世界发展中国家的部分）只有两种使用方式：向发达国家购买商品和在发达国家投资，这两种方式都直接惠及发达国家。可是对发展中国家而言，使能源和化肥价格高企的石油卡特尔是致命的威胁。然而，当石油生产国 1973 年把原油价格翻两番时，所有发展中国家都欢呼雀跃，甚至包括那些即刻就知晓原油价格上涨会对本国经济及经济社会的稳定构成严重威胁的国家，例如印度、巴西或巴基斯坦。如果没有发展中国家的支持，石油输出国组织可能在几个月内就会崩溃。这些发展中国家即使知道原油价格高企会严重危及自身的经济前景，也仍然把石油输出国组织的行为看作对世界经济中"阶级敌人"的一次打击，是对西方富裕发达国家的实力和主导地位的首次成功打击。这可能是一个错误——"吃了砒霜药老虎，未损敌先害己"往往就是这样，但这也表明，尽管这些国家的民族主义论调激烈得几近狂热，但它们仍试图依据世界经济秩序行事。

同样，跨国公司的世界地位在过去 10 年内所发生的变化，只能解释为世界经济的兴起所代表的不连续性所引发的结果。本书认为，跨国公司对发展中国家是（或应该是）极其重要且有益的，而且应该被其视为是绝对必要的。然而本书断言，对发达国家及其政府而言，跨国公司将引发日益严重的政治问题。在撰写本书时，这个主张似乎与公众的认知截然相反。实际上，那时所有发展中国家都把跨国公司视为恶棍，并且其中多数国家似乎决心以某种方式摆脱它。但那时跨国公司在发达国家备受认可，没有受到过多批评或引发争论。10 年后的今天，形势几乎已经完全逆转，一个又一个发展中国家把跨国公司当成希望所在，或者至少认为跨国公司非常必要。10 年前大张旗鼓制定的旨在驱逐或至少限制跨国公司的法令，今天要么已经被废除，要么已经被悄悄搁置，例如从委内瑞拉到智利等南美洲西海岸国家根据《安第斯条约》（Andean Pact）制定的法律。而在发达国家，尤其是在美国，跨国公司正在遭受最严厉的抨击。但是在发达国家内部，人们对跨国公司的看法也出现了另一种逆转。10 年前，哈佛大学自由派经济学家加尔布雷思曾经谴责跨国公司，他可能是当时发达国家中唯一这么做的知名经济学家。但在 1977 年春天，加尔布雷思宣称，跨国公司已成为发展中国家经济发展和经济一体化的唯一希望和最积极的力量。

最后，自本书首次出版以来，要求企业、医院及行政机构管理者负起社会责任并对其进行问责的声浪急剧高涨。这既证明了我称之为"新的机构多元化"的不连续性带来的影响，也证明了作为新核心掌权群体的"知识人"兴起所带来的不连续性的影响。

一本书问世 10 年后再出新版，这难免会引发一个疑问：作者今天还会写出同样的书吗？当然，没人会第二次写出相同的书。但我在重读本书时发现，无须大幅修改写于 20 世纪 60 年代末期的内容，我只会稍微修改某些说法或例证，或许也会略微调整一下重点。但总体上看，本书的大多数内容都经得起时间的考验。我认为本书依然没有过时。当时看出的主要趋势至今仍是主要趋势，只是变得更明显而已。当时提出的一些断言，对 1969 年的读者来说似乎难以置信（例如，现代政府其实已病入膏肓），但现在已成为逆耳忠言。

不过，如果我今天再写这本书，可能会增加一个新章节，或者至少添加一个新关注点。本书几乎没有提及一个重要的发展态势。相比于本书所讨论的不连续性，这个发展态势或许具有不同的根本特性，但它无疑是一个重大变迁。在 20 世纪剩下的时间里，它必定会对经济、政府和现代人的基本世界观产生重大影响。

这个重要的发展态势就是人口结构和人口发展态势的变迁，尤其是世界三大主要地区的基本人口动态正在向不同的方向发展。这三大地区首先是指工业发达国家，从日本到与苏联集团接壤的联邦德国边界，包括日本、北美、西欧和北欧各国；其次是苏联集团的发达国家，包括苏联的欧洲部分与苏联的欧洲卫星国（包括民主德国、波兰、捷克斯洛伐克[⊖]、匈牙利、

㊀ 于 1993 年分为捷克和斯洛伐克两个国家。——编辑注

保加利亚和罗马尼亚）；最后是第三世界的发展中国家。

第二次世界大战后，工业发达国家立刻出现了"婴儿潮"，其强度和持续时间在不同的国家有很大差异。尽管婴儿潮在英国历时很短，但它确实是一个普遍性事件。当时各国育龄妇女所生婴儿的数量急剧增加，家庭成员突然比以往很长一段时间内都要多。接着，所有这些国家都出现了一次"婴儿荒"——这种现象可能最早在1955年左右出现于日本，在1960年左右出现于美国，而西欧则介于这两个时间段之间。当时每位育龄妇女的生育数量大幅下降，短短几年内下降了1/4。与此同时，老年人口的数量开始急剧增加，部分原因是现在达到退休年龄的人数比以往任何时候都多了，还有部分原因是现在活到65岁的人往往比以前的人更长寿了。⊖

在人类历史上，以下三个方面的发展态势都是前所未有的。首先，以前从未出现过婴儿潮现象，以美国为例，1948~1953年婴儿出生数量增加了近50%，人类历史上从未有过这种记录。其次，以前同样没有出现过婴儿荒现象。最后（也是最根本的），老年人口激增，享受老年时光的人口增幅更甚，这同样是人类历史上绝无仅有之事。

然而，从第二次世界大战结束到20世纪70年代初的25年间，西方发达国家出现了另一个重要的人口发展态势（尽管它不像出生率和预期寿命的急剧变化那样史无前例），那就是从前工业地区迁移到工业地区（尤其是大城市）的人口急剧增加。在美国，这表现为人口（不论黑人还是白人）从前工业地区的乡村迁移到大城市，包括纽约、亚特兰大、底特律、芝加哥、洛杉矶等。而在第二次世界大战前（基本上是第一次世界大战前）一些欧洲国家的乡村人口就已经迁移到城市，这些来自葡萄牙、西班牙、南斯拉

⊖ 想要完整了解这些发展态势的影响，请参阅我最近出版的新书：《看不见的革命》（*The Unseen Revolution: How Pension Fund Socialism Came to America*, New York: Harper & Row, 1976）。（该书后改名为《养老金革命》，其中文版已由机械工业出版社出版。）

夫[⊖]、希腊、土耳其、摩洛哥和阿尔及利亚等地中海国家的劳动力大量迁移到工业化的北方，其范围涵盖从意大利北部到瑞典之间的地区，特别是瑞士、比利时、德国、荷兰，甚至排外的英国。在日本，许多人从农场（特别是比较贫穷的北方农场）迁移到东京至大阪走廊的大工业中心。

然而，就像婴儿潮一样，这个巨大的迁移潮也只是短暂现象。到 20 世纪 70 年代初，也就是婴儿荒在发达国家出现时，这个巨大的迁移潮刚好结束。在某种程度上，这是由于人口储备已经枯竭。日本的乡村已经没有足够的未充分就业人口。第二次世界大战后的 1946 年，日本农业人口约占总人口的 60%，现在这一比例已降至 8%，其中大多数为妇女甚至是老年女性。同样，在美国，人口从贫穷乡村的简陋棚屋向大城市的迁移也已告一段落，现在乡村地区人口稀少，以往从事农场工作的人已经被拖拉机取代。同时，尽管地中海国家仍有大量未充分就业人口或失业劳动力，但西欧和北欧国家已无法吸纳这些人。事实上，所有这些国家已经过了能够轻易吸纳前工业化移民的阶段，几乎可以确定，从现在开始，西欧和北欧国家的外籍劳工数量会不升反降——从社会和文化角度来看，他们都已经无法再被吸纳。

在所有这些发达国家中，20 世纪六七十年代是大量年轻人成年并进入劳动力市场的时期。然而到 80 年代初，大量年轻人进入劳动力市场的现象将不再出现。从那时起到 20 世纪末，我们可以预期年轻人的数量会急剧减少。与此同时，这些即将迈入成年的年轻人中，受过多年正规教育的人越来越多，他们只适合从事"知识工作"。在传统的体力工作（特别是工厂的体力工作）领域，至少在未来 25 年里我们将面临严重的劳动力短缺。

与此同时，老年人口正在迅速增加，似乎很少有人意识到这种变迁的

⊖ 南斯拉夫社会主义联邦共和国于 1992 年解体。——编辑注

速度有多快。1935 年，当美国首次在全国范围内推行社会保障时，所有劳动人口与 65 岁以上人口的比值为 9∶1。如今，尽管美国劳动人口出现了几乎史无前例的爆炸性增长，该比值却变成了 3∶1。到 1985 年，比值将变成 2.5∶1。这意味着，赡养老年人日益成为发达经济体首要关切的问题。在某种程度上，这个问题可以通过延迟退休来缓解。在美国，无论是出于经济原因，还是出于在老年人身体和精神都尚可时不让其工作是不人道和残忍的，我们都已经朝着为延迟退休立法的方向走了很长一段路。有大量的人不想退休，并且这样的人还在不断增加，知识人尤其如此，总体上他们更害怕退休——体力工作者在干了一辈子单调且耗费体力的工作之后，可能想要退休。而延迟退休只能缓解该问题，并非解决之道。

然而，即便这些是解决方案，对所有发达国家来说也意味着将会发生剧烈的变迁。实际上，这意味着雇员已通过持有养老基金成为企业所有者。美国在这方面的进展最为明显。20 世纪 70 年代中期，企业雇员养老基金，医院、大学等公共服务机构的雇员养老基金，地方政府雇员养老基金这三者已经拥有美国大中型企业 1/3 或更多的股份。预计到 80 年代中期，养老基金投资组合将拥有美国企业的绝大多数股份。欧洲以稍微不同的形式出现了同样的发展态势，根据已生效或尚在立法机构审议的各种法律，一家或少数几家核心养老基金正逐渐成为企业的所有者。日本也出现了同样的发展态势，只不过并未采取雇员所有权的形式，而是采取终身雇佣制的形式——在这种制度下，企业经营必须顾及雇员的福利，并且越来越需要顾及退休雇员的福利。

这些都是具有深远影响的根本性结构变化。让这一切变得更为重要的是，世界上其他地方的人口发展态势遵循截然不同的模式。在发达的共产党执政的国家，也就是苏联的欧洲部分及苏联的欧洲卫星国，其国民年龄结构与西方发达国家相同。这些国家的人寿命更长，而且退休得更早。因此，对这些国家来说，赡养老年人的重要性与西方发达国家相同。然而，苏联集团中的国家并未出现婴儿潮。在苏联的欧洲部分，第二次世界大战期间婴儿出生率极低。后来人口出生率略有回升，可是仍远低于西方国家婴儿荒时期的人口出生率，并且 30 多年来一直维持在这么低的水平。尽管多数苏联的欧洲卫星国（波兰除外）在第二次世界大战时没有遭到大规模破坏，从而使那些年出生的婴儿得以幸存，但自那以后，这些国家的人口出生率一直很低，而且还在下降。所有这些国家的人口净再生产率（net reproduction rate）跟苏联的欧洲部分一样，都远低于维持人口水平所需的人口净再生产率水平。对这些国家来说，实现工业化需要人口，以刚刚成年便长期服役的义务兵为基础的庞大军队也需要人口。人口出生率必须达到一定水平才能同时满足这两项需要，可实际远低于该水平。而且，虽然苏联的欧洲部分仍有相当规模的农业人口，占其劳动力人口的 1/3 以上，但这部分人口无法用来弥补威胁经济发展和军队兵员供给的人口不足与劳动力短缺，因为该问题恰恰发生在苏联最需要农业生产且该国的农业生产正处于严重危机的时候。

最后，发展中国家面临的最基本的问题将是为大批年轻人创造工作岗位，因为这些国家在 20 世纪五六十年代出生的婴儿不像以前的婴儿那样容易夭折。例如，墨西哥在 1938 年出生的每 10 个婴儿中只有两三个能活到 1958 年。在第二次世界大战后，墨西哥的人口出生率急剧下降，这跟所有发展中国家一样，但与大多数人想象的相反。事实上，发展中国家人口出生率的下降幅度比有记录以来任何时期、任何地区的下降幅度都要大（我们没有可靠信息的中国除外）。当然，这些国家婴儿死亡率的下降幅度也要大得多。墨西哥在 1958 年出生的每 10 个婴儿中有七八个今天还活着，并且身体和精神状况都相当好。更重要的是，这些年轻人不再像其父母当年那样固守在某个偏远的山谷，而是生活在城市，能够受到关注。他们享有政治、经济、社会权力，具有相应的影响力。他们也需要工作岗位。

与此同时，这些国家即使资本充足，也很少有足够的国内市场来吸收如此庞大的劳动力，哪怕只是其中的一小部分。巴西是个例外，印度则是另一个例外，尽管程度都很有限。其他发展中国家没有足够的国内市场来消化数量庞大的新工作者生产的商品和提供的服务，即使这些人工作效率很低，工资只够维持其生活所需。唯一的希望就是在出口生产方面，这意味着要将产品销往发达国家，因为只有这些国家拥有相应的购买力。

反观发达国家，自 20 世纪 80 年代初开始，可用的劳动力是 35 岁以上、主要从事兼职工作的女性，以及按照当前标准已达到退休年龄却仍在继续工作的老年人。如果不使用这些劳动力，那么将难以满足国内对从事体力工作和低技能文书工作的人的需求。像打扫街道、收集垃圾、清理医院便盆、为病人送食物以及许多其他这样的体力杂活，都必须在国内完成，无法外包到国外。劳动密集型的制造业工作将越来越多地转移到劳动力供给充足的发展中国家。事实上，20 世纪 70 年代最重要的经济态势，可能既不是石油危机，也不是经济衰退，而是我所说的"生产共享"（production sharing）的快速发展。例如，在这个过程中，美国的芯片（即电子半导体）生产企业将产品出口到中国香港地区或新加坡，芯片在那里被装入一个通常由印度生产的钢壳中，因为印度的钢铁产能严重过剩，然后一家日本公司把自己的品牌名印在已完工的手持计算器上，销往世界各地，其中有 1/5～1/4 返销至美国，被美国视为"产自日本的进口产品"。另一个例子是欧洲的某家大型纺织公司，在欧洲纺纱、编织和染色，然后将布料空运到摩洛哥、尼日利亚或印度尼西亚，布料在那里被加工成衣服、床单、枕套、地毯或装饰织物，再空运回欧洲共同市场销售。很明显，这种生产共享与所有传统的出口或进口概念截然不同。例如，手持计算器对美国来说是"进口产品"，还是美国制造的电子半导体进入世界市场的一种形式，即

"出口"呢？到目前为止，无论是经济理论还是经济政策都不知如何应对这种新发展态势，但在接下来的 10～20 年中，这很可能成为世界经济领域最主要的发展态势。

总之，人口结构和人口发展态势的变化将带来重要的新问题，创造重要的新机会。或许这项变化不是一种主要的"不连续性"，与本书讨论的其他"不连续性"不是一类。毕竟，在 20 年左右的时间内人口结构可能再度趋稳，那时发展中国家和地区的人口激增应该已告一段落。这些国家和地区的人口出生率与死亡率之间的差距缩小，死亡率不再下降，但出生率依旧急剧下降。到 1990 年左右，出生率和死亡率可能达到新的平衡，或许和发达国家今天所特有的平衡相同。事实上，这种情况已在中国台湾地区和韩国出现，大多数拉丁美洲国家不久后也会出现。但在未来 20 年里，人口动态将是一项重要的不连续性。

然而，人口动态只会加剧本书中讨论的其他不连续性。很明显，这些不连续性将推动经济重心进一步转向世界经济，同时加剧发达国家与发展中国家之间的对抗，因为所有发达国家都迫切需要保护传统制造业的老龄工人，发展中国家极度需要制造业工作岗位，而这有赖于让发展中国家的产品进入发达国家市场。人口动态无疑将使跨国公司变得更重要，对发展中国家来说尤其如此。然而，人口动态也将加剧发达国家的机构多元化和政府危机，并让发达国家在管控国内事件方面变得更无能。另外，人口动态也让知识工作者变得更重要，因为只有知识工作才能使生产共享成为可能。事实上，在发达国家，生产共享需要的管理者、专业人员、技术人员的数量很快便可能急剧上升。生产共享对管理能力提出了很高的要求，还要求把先进的知识工具应用到经济过程中。

换句话说，人口动态使本书中所讨论的不连续性变得更重要。但人口动态本身就是一个重要的发展态势，如果我今天再写这本书的话，肯定会缜密细致地对其加以考察。

本书首次出版发行后，立即在美国和日本成为畅销书。在美国连续几周登上畅销书排行榜。在日本更是成为年度"全国畅销书"。事实上，当时日语中还没有可以同"不连续性"对应的词，但日文译者为此创造的新词后来竟然变得家喻户晓，以至于日本时尚杂志的编辑现在都在谈论裙摆拉高或往下降两英寸⊖时的"不连续性"。在这两个国家，本书一直拥有大批读者，而且产生了相当大的影响。

但在我看来，欧洲国家的情况最有趣。本书在欧洲的表现刚开始时不温不火，实际上它几乎一经面世就被译成了大多数欧洲语言，但它在很大程度上被视为一本关于美国的书，只对那些想了解美国近况的人有吸引力，跟欧洲关系不大。然而这种情况在过去几年里发生了戏剧性的变化，不只是销量，更重要的是本书在欧洲公共舆论中的地位，以及在大众媒体、学术著作和学术文章中被再三评论的方式。例如，1977 年夏天，我受邀到一些欧洲国家演讲，各国主办方都坚持让我专注于本书的主题，而非新闻头条事件。

此中有真意？或者这不过是一桩趣事？我认为，欧洲国家对《不连续的时代》关注程度的急剧转变是一个征兆，预示着某种相当重要的发展态势。

在美国，本书问世之时，"后第二次世界大战时代"已然落幕。我确信，其决定性事件是 1963 年 11 月肯尼迪总统遇刺，而非越战失败、学生骚乱或 1973 年的"石油危机"。至少对我而言，肯尼迪总统遇刺标志着一个时代的结束，正是这件事引发了我的思考，并在几年后动笔撰写这本书。

⊖　1 英寸 = 0.0254 米。

我认为肯尼迪总统遇刺也同样冲击了许多美国民众的潜意识。这件事提醒我们所有人，邪恶势力就潜伏在我们本以为在第二次世界大战期间和战后已经修复的文明的薄薄外衣之下。肯尼迪总统遇刺也对日本产生了巨大的冲击，让人们意识到确实发生了无法逆转的重要事件。然而，1970 年左右正是第二次世界大战后欧洲的"小阳春"年代，事实上，欧洲人在那几年里正处于极度兴奋状态。而早几年欧洲人还在担心"美国威胁"。20 世纪60 年代中期，法国记者让－雅克·塞尔旺－施赖伯（Jean-Jacques Servan-Schreiber）撰写的《美国的挑战》成为欧洲畅销书，该书断言，欧洲将成为美国大型企业的殖民地，并且这一进程已经走得太远而势不可挡。此前几年，欧洲最受尊敬的经济学家之一，英国人杰弗里·克劳瑟（Geoffrey Crowther）曾直言，在可预见的未来，美元将是国际经济中的王者。然而，到了 20 世纪 60 年代末 70 年代初，人们已经非常清楚地认识到，这些预测完全错误。当时，"美元短缺"已变成"美元过剩"。美国的国际收支逆差逐年上升，欧洲人满腹牢骚地抱怨美国成为世界经济的"病夫"。塞尔旺－施赖伯认为，欧洲的产业已经完全过时，将被美国的创业精神和技术取代。但实际上，欧洲产业已经在出口业务的引领下取得了领先地位，大众汽车的甲壳虫汽车正大举进军美国市场便是明证。1969 年和 1970 年的"明星"货币分别是德国马克和法国法郎，而非美元。政治方面亦然，在那些年里，欧洲人认为他们在"福利国家"和"产业经济"并行的稳定、持续且显然是永久的扩张中找到了答案，因为可以证明两者在某种程度上无法并存的通胀尚未成为经济成长和自由制度的重要威胁。

可以确定的是，即使在当时，英国也已经虚弱不堪，但其经济实力的急剧衰退尚不明朗，而且大家都认为，英国加入欧洲共同市场将提供一剂能快速见效并彻底治愈英国任何经济问题的良药。

当然，欧洲如同当时的美国一样还存在许多异议。但这些异议不论来自保守主义者、自由主义者还是马克思主义者，本质上都是传统的 19 世纪式异议。像《不连续的时代》这样以迥然不同的方式表达出来的异议，在 1969 年的欧洲几乎必定会被置若罔闻。现在，《不连续的时代》在欧洲迅速成为一本得到广泛阅读、深入讨论、认真思考的著作，这可能表明，欧洲人对世界及自身地位的观念发生了深刻转变。最重要的是，1969 年的欧洲人还没准备好接受以下事实：现代欧洲人的特有发明与核心机构（现代政府）正陷入深刻的危机。但到 1978 年时，欧洲人已经认识到了这一点。

　　1969 年前后，很多书都给出了前景黯淡的预言。现在这类书数量更多了。《不连续的时代》不属于这一类。当然，本书并不乐观，但它确实传递出了一些希望。本书识别并讨论了一些非常严重的问题。最重要的是，本书把这些问题视为催生新思考、新政策的重大机会，视为在政治思想与政治行动、教育思想与教育行动、经济思想与经济行动等方面创造性活力大爆发的重大机会。《不连续的时代》论述了人类在工作与成就方面面临的机会，我很高兴这本书能再版发行。我唯一的希望是，本书能触及许多新读者，尤其是许多年轻的新读者，因为对年轻人尤其是受过教育的年轻知识人来说，"不连续的时代"首先应该是一个"机会的时代"。

彼得·德鲁克

加利福尼亚州克莱蒙特

1978 年元旦

在游击战频发的国度，笨重的大型货运列车前方通常行驶着一辆轻便的巡道车，以便引爆轨道上可能放置的炸药。本书就相当于这样一辆"巡道车"，因为未来无疑就像"游击战频发的国度"，某些始料未及的、看似无关紧要的因素会使得今天声势浩大的、貌似不可动摇的趋势脱轨。或者换个比喻，本书或许可以被看作一个"预警系统"，它指出的那些不连续性虽然尚不为人所见，但已在改变经济、政体与社会的结构和意义。相对于那些势头强劲的明显趋势，这些不连续性很可能铸就和塑造我们的未来，也就是20世纪的最后几十年。可以说，这些不连续性是我们"最近的未来"——既是已成的事实，也是临近的挑战。

主要的不连续性体现在四个方面。

（1）崭新的技术正在袭来。几乎可以肯定的是这些技术会创造出新的重大产业和全新的大型企业，同时淘汰已有的重大产业和大型企业。过去半个世纪的增长产业源于19世纪中后期的科学发现。20世纪最后几十年的增长产业可能源于20世纪前五六十年的知识发现，包括量子物理学、对原子和分子结构的探索、生物化学、心理学、符号逻辑。在技术上，未来几十年可能更像19世纪最后几十年，那时每隔几年就会出现一个基于新技术的重大产业，而不像过去 50 年来技术和产业呈现出连续性。

（2）我们面临世界经济的重大变化。在经济政策及理论方面，我们仍表现得好像生活在"国际"经济中，以一个个国家为单位，主要通过国际贸易来相互交往，但在根本上，各个国家在经济上的差异就像在语言、法律、文化传统上的差异一样大。然而，在不知不觉中，"世界经济"出现了。在这种经济中，共同的信息造就了相同的经济欲望、抱负和需求——跨越了国界和语言，很大程度上也不因政治意识形态而异。换句话说，世界已变成一个市场、一个全球购物中心。然而，这个世界经济在经济组织方面几乎是完全缺失的，唯一的（尽管很重要的）例外是跨国公司。而且，我们完全没有关于世界经济的任何经济政策与经济理论。

世界经济还不算是一种切实可行的经济。新兴的主要经济体未能跻身"先进"和"发达"国家行列，这已经在富裕国家和贫穷国家之间造成了一道可能会吞噬双方的裂痕。未来几十年，我们必定会目睹一场巨变。

（3）社会和经济生活的政治格局正在迅速发生变化。如今的社会和政体是多元的。现在，每一项重要的社会任务都被委托给一个由管理者运作的、追求永续存在的大型机构。18 世纪自由主义理论中关于个人社会的假设仍然支配着我们的期望和视线，但支配我们行为的却是有组织的（实际上是过度组织的）、权力集中的现实。

然而，我们正接近这一趋势的转折点。现代政府是一个规模最大、成长最快的机构，但是每个地方的人都不再对其抱有幻想，并嘲讽其执政能力。我们对其他有组织的机构也持同样的批评态度。天主教会和大学内部同时出现了抗议。事实上，每个地方的年轻人都在以同等的敌意拒绝所有机构。

我们已经创造了一种新的社会政治现实，但到目前为止并没有理解它，甚至没有进行多少思考。这个由各种机构组成的新多元社会引发的政治、哲学和精神方面的挑战，远远超出了本书的范围，也非笔者能力所及。

（4）最重要的变化是最后一个。在过去数十年中，知识已成为经济的核心资本、成本中心和关键资源。这改变了劳动力与工作、教学与学习、知识与知识政治的意义。但这也提出了新的掌权群体（即知识人）的责任问题。

然而，本书的主题既非经济也非技术，既不是政治结构也不是知识与教育。本书各章统一的共同主题是：即使对现实匆匆一瞥也会发现的不连续性。这些不连续性可能与预测的截然不同，但它们与我们多数人感知到的"今天"相去更远。

本书呈现的每个图景单看都很熟悉。可当把它们拼成一幅画作时，呈现出的社会风貌却与我们环顾四周时看到的景象鲜有相似之处。或者，换一个比喻来说，身为演员的我们依旧相信，自己正在演出易卜生或萧伯纳的剧作——然而，事实上我们正在演出的是"荒诞派戏剧"（并且是在电视上而非在百老汇"现场演出"）。

现在，预测"2000年"已蔚然成风。我们突然意识到，我们距离2000年这个里程碑，要比距离具有决定性意义的1933年（希特勒和罗斯福上台的年份）更近。然而今天，每个中年人仍把1933年的事当作"时事"。

有些预言家告诉我们2000年可能会是什么样，我佩服他们的勇气，但我无意效仿他们。我很清楚地记得1933年时人们所预言的未来。当时没有一位预言家能想象到1968年的现实。早一些的1900年的那代人中，也没人能够预言或预测到1933年的现实。

我们能预测的是把昨日的趋势延续到明日的连续性。已经发生的事情是我们唯一可以"预测"的事情，也是唯一可以量化的事情。但这些连续性趋势不管有多重要，都只是未来的一个维度，只是现实的一个方面。

最精确的定量预测永远无法预测到真正的要事：事实与数字在未来不同背景下的意义。

在不到 20 年前，也就是 1950 年时，如果预测美国能在 20 世纪把贫困家庭的数量降低到下述程度——生活在"贫困线"以下的白人家庭少于 1/10，黑人家庭少于 1/3，实属极度乐观。然而我们在 1966 年就实现了该目标。即使到了 1959 年左右，也就是在艾森豪威尔政府执政的最后几年，预测 10 年内贫困家庭的数量将减少近一半，也就是从 800 多万户减少到不足 500 万户（这正是 20 世纪 60 年代取得的实实在在的成就），在当时也几乎被认为是空想。然而，在此期间我们还大幅提高了界定"贫困"的收入水平。

正确的数字或许尚可预测。但在今天，仅仅过去了 10 年，我们的经验在意义、性质和感知上都已经发生了变化——这种变化控制着国家的舆论氛围并塑造了国家的政策（更不用说塑造国家自身的形象了），但所有统计和预测方法对此都完全无能为力。1959 年我们讨论的都是富裕，而 1969 年全都在关注贫困。

本书试图从以下维度展开观察：定性的和结构上的，感知，意义和价值观，机会和优先次序。本书的主题虽然只限于社会场景，但视野广泛，涵盖了经济、政治、社会、技术、学习、知识领域。至于个人经验、艺术、人的精神生命等重大领域，本书只是顺带予以关注。

本书并非预测趋势，而是研究不连续性；并非预测未来，而是审视当下。本书不会问"未来会如何？"，反而会问："为了开创未来，我们今天得解决什么问题？"

彼得·德鲁克

新泽西州蒙特克莱尔

1968 年夏

CONTENTS ▶ 目　　录

第二部分 | 从国际经济到世界经济

第三部分 | 组织型社会

1

第一部分

知识技术

THE AGE OF DISCONTINUITY

连续性的终结

如果只知道 1968 年和 1913 年这两年的经济事实和数据，而对其间发生的其他事情一无所知，那么就不会察觉到 20 世纪发生了两次世界大战，俄国和中国爆发了革命，希特勒曾经攫取政权。这些事件似乎在统计数字上没有留下任何痕迹。在过去 20 年间，工业国家经济的高速增长，总体上刚好弥补了两次世界大战间 30 年的经济停滞。这里说的经济增长，主要发生在 1913 年前已跻身"发达"经济体行列的国家，或者起码发生在那些经济迅速增长的国家。

众所周知，无论是在政治与科学、世界观与习俗方面，还是在艺术与战争方面，我们正处于一个大变革时代。但是，大多数人认为发生最大变革的经济领域，在过去半个世纪里却表现出令人惊奇的、前所未有的连续性。

过去 20 年，经济增长非常迅速。但这种增长大多发生在第一次世界大战前"业务规模就已比较庞大"的产业中，依靠的是 1913 年前就已成熟的技术，利用的是半个世纪前的发明。就技术层面而言，过去 50 年只是兑现了维多利亚时代的祖父母辈对我们的承诺，而不是报纸的星期日增刊所说的革命性变革年代。

　　想象一下，如果某位优秀的经济学家在 1914 年 7 月，也就是在"八月炮火"（the guns of August）打碎维多利亚时代的世界之前睡着了，50 多年后醒来，这位做了瑞普·凡·温克尔⊖大梦的经济学家拿到最新的经济报告和数据后一定会感到非常惊讶。他惊讶的不是经济翻天覆地的变化，而是 50 年的变化竟然比任何经济学家的预期都小得多（更不用说优秀的经济学家了）。

　　这些数据表明，如果 1914 年之前 30 年左右的经济趋势能持续下去，在后续 50 年内基本不变，那么到 20 世纪 60 年代中期，所有发达国家基本上都能达到目前的生产和收入水平。

　　所有 1913 年时已经处于现在所谓经济增长"起飞点"的其他国家（美国、西欧国家、中欧国家、日本），今天都大致达到了根据 1885～1913 年的经济增长趋势所预测的 50 年后的经济发展水平。尽管 1913 年时英国的经济增长已经大大放缓，但该结论仍然适用。

　　更令这位像瑞普·凡·温克尔一样从大梦中醒来的经济学家吃惊的是，他会发现，世界经济版图也完全没有发生变化。如今每个主要的工业国家，早在 1913 年就已成为工业领域的领导者。自那时起，没有任何重要的新兴工业国家跻身领先行列，例如巴西，虽然该国中部地区可能已处于崛起的门槛处，但仍未进入上述行列。除此之外，只有那些实际上属于工业国家的延伸区域，如加拿大、墨西哥、澳大利亚等，发展成了工业国家，而且基本上是作为主要工业国家的附属经济体。

　　在 1913 年前的半个世纪，世界经济版图变化的速度之快、幅度之大，不亚于 15～16 世纪地理大发现时代世界地图的变化。1860～1870 年，美

　　⊖　瑞普·凡·温克尔（Rip Van Winkle），美国短篇小说《瑞普·凡·温克尔》的主人公，小说叙述了他从殖民时代的北美穿越到独立后的美国所经历的身份错位与认同。——译者注

国和德国崛起为新兴工业强国，并迅速超越了老牌霸主英国。20 年后，俄国、日本、如今的捷克斯洛伐克、现在的奥地利已经开始腾飞，意大利北部则紧随其后。即使是日本这样一个非西方国家，其经济增长在当时看来似乎也轻而易举。然而，自第一次世界大战以来，经济增长变得非常困难，甚至难以实现，这不仅与维多利亚时代和爱德华时代的经济情况形成了根本性对比，也是当今社会面临的最大政治威胁，其威胁性只有 1913 年以前工业社会内部的阶级战争可以相提并论。

如果这位像瑞普·凡·温克尔一样从大梦中醒来的经济学家把目光转向产业结构和技术领域，他也会发现同样的情况，并对此感到出乎意料。当然，有许多产品是他不熟悉的，包括电器、喷气式飞机、抗生素、计算机等，但是，从经济结构和经济增长来看，承载重任的仍然是与 1913 年相同的产业和基本相同的技术。

过去 20 年来，农业一直是发达国家经济增长的主要引擎。除了苏联及其在欧洲的卫星国，所有这些发达国家农业生产率的增长速度一直超过制造业。然而，农业技术革命早在 1913 年前就已经开始了，大多数"新"农业技术，比如拖拉机、化肥、改良种子和品种在那时已存在了许多年。当今"优秀"农场主的生产率和产出也仅仅达到 1913 年"示范农场"的水平。

钢铁业是仅次于农业的第二大经济增长引擎。

世界钢铁产能自 1946 年起，至今已增长了 5 倍，苏联与日本是主要生产国。但早在第一次世界大战前，钢铁产量就已经是经济实力的代名词。第二次世界大战后建立的几乎所有钢铁厂，采用的都是 19 世纪 60 年代的工艺。但早在 50 年前就有人认为这些工艺过时了。汽车业也许是第三大经济增长引擎。第一次世界大战爆发时，汽车业已经高度发达。1913 年，福特汽车公司生产了 25 万辆 T 型车，比苏联任何一年的总产量都多。1913 年市场上在售的汽车，已经具备了当今汽车的所有主要功能。

50 年前，电器以及有机化学等领域已形成庞大的产业，通用电气、西屋电气、西门子、贝尔电话以及德国的老牌化学公司那时已是成熟的蓝筹股。洛克菲勒的标准石油公司和英国的壳牌石油公司已不再是挣扎求生的小公司，到 1913 年时它们已发展成巨型"章鱼"，触角几乎伸到了世界上每一个国家。虽然电子产业那时初露端倪，但其规模已经大到足以在 1912 年英国的"马可尼事件"中引发一场轰动一时的丑闻，威胁到"民主国家的"新一代领导人劳合·乔治的政治生命。

当然，我们周围有很多新兴产业和新技术，但按经济学家所关注的"重点"（对国民生产总值、人均收入和就业的贡献）来看，这些新兴产业几乎可以忽略不计，至少对国民经济来说是如此。

20 世纪 60 年代喷气式飞机出现后，飞机才开始对经济产生影响。航空货运直到现在才表现出惊人的增长速度。如同卡车在过去 30 年中打破了铁路对陆路货运的垄断，随着 1970 年左右"巨型喷气式飞机"投入运营，货运飞机很有可能在未来几年内淘汰远洋货轮。然而，到目前为止，货运飞机在世界运输业中的重要性还不如牛或驴。

直到现在，当 IBM 公司的出货量达到每月 1000 台时，计算机才开始对经济真正产生影响。

在过去的 30 年里，制药业几乎完全改变了医疗产业。因为有了新药，医疗保健已成为市场上的"热销商品"，也成了每个人的普遍需求。因此，医疗服务及其融资在世界各国都成为政府关注的议题。正如 150 年前，识字首次成为个人有利可图的投资，结果导致学校教育向公众开放一样。然而，在经济方面，也就是从对就业或对国民产值的直接贡献来看，制药业的贡献仍然微乎其微，远远小于食品加工、铁路运输或纺织等传统产业的贡献。

在所有这些新兴产业中，迄今为止只有一个产业具有巨大的经济重要性（这是按经济学家的标准来界定的重要性），那便是塑料业。

即便如此，直到几年之前，塑料本身仍被视作"替代品"，而非主要的新兴产业和技术领域。无论是从经济上还是从技术上看，如今的塑料业仅能模糊地预示未来"材料"产业可能呈现的状态。

在我们眼中，这些伴随新技术产生的新兴产业，比我们熟悉的旧钢铁厂和汽车装配厂重要得多。这些新兴产业引起了大家的兴趣，也成为投资组合中的魅力股。然而，如果把所有新兴产业（除塑料业）及其产出、对就业的贡献等从国民经济统计数据中剔除，那么国民收入或就业人数（也就是经济学家用来衡量经济实力和经济增长的数据）几乎不会有什么变化。

因此，1913 年的经济学家有可能相当准确地预测 20 世纪 60 年代的产业结构。只不过当时只有不理智的经济学家才会想到去预测经济的连续性。在过去的 50 年中，技术和产业的相对稳定与之前半个世纪的动荡形成了鲜明的对比。奠定现代工业文明的大多数发明正是在第一次世界大战前的 50 年内出现的。合成染料及随之而来的有机化学工业、酸性底吹转炉炼钢法和西门子发电机诞生于 19 世纪 50 年代末至 60 年代。电灯和留声机是爱迪生在 19 世纪 70 年代发明的。在同一时期还出现了打字机和电话，它们共同帮助体面的妇女走出家庭、走进职场，并因此引发了半个世纪后的妇女解放运动，最终帮助妇女获得了选举权。19 世纪 80 年代，汽车出现了，铝出现了，稍早还出现了硫化橡胶（这是自中国人发明纸以来的第一种真正的新材料）。马可尼发明的无线电报、第一种有效的合成药物阿司匹林（也是制药业的开端）在 19 世纪 90 年代研制成功。莱特兄弟的飞机在 1903 年飞上天空，德·福雷斯特和阿姆斯特朗在 1912 年发明了电子真空管。

第一次世界大战前的非凡 50 年，孕育了大量新发明和新技术，现如今的多数工业技术都是对其的扩展和完善。

这种连续性反过来又促进了产业结构的稳定。19 世纪的每项伟大发明几乎都能够在一夜之间催生出一个新的重大产业和新的大型企业，这样的产业和企业时至今日仍然在各国占据领导地位。

最好的例子就是第二次世界大战后联邦德国工业的重建。那些主导着当今联邦德国经济并且其股票是法兰克福证券交易所蓝筹股的企业，1913 年时就已主导德国经济和证券交易。这些企业的名称没有变更，其产品范围、市场和技术也基本没变，只是规模大了很多。

当然，这种忠实地、近乎古板地完全恢复第一次世界大战前德国工业的做法，确实有些过头了。例如，克虏伯公司在该家族最后一位继承人的努力下展开重建，他想尽可能地恢复祖父辈于 1900 年左右创建的企业帝国，下设煤矿、钢铁厂、造船厂等。后来，该公司于 1967 年在联邦德国政府的担保之下被银行接管，但其失败的原因是企业帝国缔造者熟悉的老克星，即过度扩张，而不是克虏伯家族最后一位掌门人对其祖先的崇拜。

事实上，即使是具有广泛威胁性的技术经济"灾难"也仍然远在未来，而不是近在当下。到目前为止，"人口爆炸"尚未引发大规模的饥荒和瘟疫。假如苏联的农业生产率仍按第一次世界大战前的速度提高（更不用说像美国农业生产率那样爆炸式提高了），我们实际上会为大批农产品"滞销过剩"而担心不已。我们虽然有控制人口的技术手段，但到目前为止，避孕药尚未对贫穷国家人口的迅速增长产生重大影响。

由新左派、嬉皮士、欧普艺术、氢弹和登月火箭构成的当今世界，似乎更远离维多利亚时代和爱德华时代的确定性和观念，而更接近古典时代末期的大迁徙时代。但在经济领域，包括产业分布、产业结构、工业技术等方面，很大程度上我们仍继承了维多利亚时代的遗产。

按照经济学家的标准来衡量，最近半个世纪是一个连续的时代，并且是以往大约 300 年间（自 17 世纪最后几十年世界商业和系统化农业首次成为主导性经济因素以来）变革最少的时代。

在这个连续的时代，尤其是那些 1913 年以前就非常发达的国家，其经济增长势头迅猛。但这种增长很大程度上是严格遵循我们的祖父辈和曾祖辈确定的路线展开的。

令人惊讶的也许不是前几代人的工作和思想过了半个世纪才结出丰硕的果实。尽管我们现在往往把 1900 年前后的那代人贬为古板的墨守成规者，但正是他们奠定了坚实的经济基础，战胜了过去 50 年中所有的邪恶、疯狂犯罪和自杀性暴力。今日卓越的经济成就、发达国家富庶的大众消费经济及其生产力和技术实力，都立足于维多利亚时代和爱德华时代的地基，并使用了那时开采的建筑材料来建造宏伟的建筑。更重要的是，这些成就兑现了维多利亚时代和爱德华时代的经济和技术承诺，也证明了那两个时代的经济远见。

然而，如今我们面对的是一个世界经济和技术领域不连续的时代。我们也许能使其成为一个经济高速增长的时代，但目前可以肯定的是，这将是一个变革的时代，涉及技术政策与经济政策、产业结构与经济理论、关于治理和管理的知识、经济议题等方面。

当我们忙于将 19 世纪宏伟的经济大厦建设完成时，脚下的地基却已经发生了改变。

新兴产业及其动力

　　预测"技术奇迹"如今已成为一种时尚。几乎每个月都会有一份关于未来的"奇迹"产品和工艺的新榜单受到广泛宣传。不管这些预测多么有说服力，[⊖]它们都很少提及 20 世纪最后 1/3 时期未来技术最重要的定性特征和结构特征，尽管这些特征比任何发明、产品或工艺都重要得多。

　　首先，工业发达国家经济的大幅增长，不能再依靠过去 100 年内为经济增长提供动力的产业和技术。在工业发达国家，这些产业已成为"成熟"产业，这是经济学家对开始衰退的产业的委婉说法。只有在欠发达国家或发展中国家，这些产业才能为快速、广泛的经济增长提供技术基础。

　　1850～1870 年，经济重心从第一次工业革命时期的主要产业（煤炭、蒸汽机、纺织、机床）转移到不同的新产业（钢铁、电力、有机化学、内燃机）。100 年后的今天，我们正处于相似而且同样剧烈的产业变迁初期。这些新兴产业不仅基于不同的新技术，而且基于不同的科学、逻辑与观

　　⊖　最有说服力的或许是哈德逊研究所的赫尔曼·卡恩（Herman Kahn）和安东尼·J. 威纳（Anthony J. Wiener）列出的"未来 33 年可能出现的 100 项技术创新"清单，参见两位作者的文章：《未来 33 年：一个推测的架构》（The Next Thirty-three Years: A Framework for Speculation），《美国文理学会会刊》（*Daedalus*）1967 年夏季号。

念。新兴产业所需的劳动力也不同，因为它们需要知识工作者而非体力工作者。

这些产业能够在几十年甚至一个世纪内带来快速的经济增长，大大促进就业、增加机会、提高收入及生活水平，并助力实现个人抱负。在拥有坚实工业和教育基础的国家（也就是发达国家）之外，这些产业是不可能出现的。

老化的"现代"产业

从技术上看，成熟的"现代"产业可能在很长一段时间内仍然能继续发展和进步。从金融上看，这些产业作为投资渠道可能极具吸引力，而且回报丰厚，甚至在未来几年可能会高速增长。然而，从作为进一步推动发达经济体大幅增长的驱动力来看，这些产业虽然尚未停滞但已相当成熟。不管其发展和繁荣程度如何，它们在增加国民收入、扩大就业和创造新职业机会方面的能力将逐步减弱，越来越无法为发达国家提供经济动力。

为了证明该结论，我将简要回顾三个产业：农业、钢铁业和汽车业。这些产业共同推动了过去 20 年西方发达国家（包括日本）经济的巨大增长。

（1）农业一直是增长行列中最引人注目的产业。在美国，1900 年每 20 名劳动力中就有 10 人务农，1945 年第二次世界大战结束时，美国仍有近 1/3 劳动力务农。现在只有不到 1/10 劳动力务农。然而，他们生产的粮食和其他农作物比 60 年前多得多。农业对国民生产、国民收入和生活水平的间接贡献可能更大。那些不必在田间劳作的人，可以成为日益增长的制造业、服务业以及信息和知识产业的劳动力。处于边缘地位的农场主和农场工人转变为城市劳动力，这一转变本身可能是国家生产力提高的最大影响因素。许多这样的农场工人从乡村转移到城市后并没有从事高生产率的工作，但在许多情况下，他们在农场中本来就没有生产率可言，那么到城市后哪怕是当服务生或打零工，也可以明显提高他们的生产率和经济收入，并且会明显促进整体经济的发展。

日本过去 20 年巨大的经济增长也主要得益于劳动力从低生产率的农业工作急剧转移到高生产率的城市工作。日本的农业人口在第二次世界大战结束时几乎占总人口的 60%，现在仅占 20%。德国和法国的农业人口占比尽管仍然很高，但比 20 年前低得多。德国和法国（以及意大利北部和瑞士）的生产力水平之所以大幅提高，是因为它们从意大利南部和西西里岛，以及希腊、土耳其、西班牙和葡萄牙引入了原来低生产率的农业人口，使他们到工业地区的城市工作。

过去 20 年来英国经济遭遇困难的原因之一，就是缺乏这样一批处于边缘地位的务农人口储备，无法向新兴产业转移。英国早在 100 年前就已经发生了这种从乡村到城市的转移。在过去 20 年里，英国根本就没人愿意离开土地。这在很大程度上解释了为什么英国新兴的高生产率产业一直备受劳动力短缺的困扰。因此，英国整个经济缺乏这种内在的、几乎是自动的生产力增长，而这种增长促进了其他西方工业国家的发展。

在苏联，未充分就业的农村劳动力储备非常庞大，但是集体农场把人们束缚在农村。这既限制了农场的生产率，又导致城市劳动力短缺，尤其是服务业劳动力短缺。因此，苏联的新兴产业只有通过攫取消费者的利益才能实现增长。

虽然现有数据没有太大帮助，但这些数据仍表明，整体生产力增长的一半以上可能都源于上述人口转移。无论是第二次世界大战后 20 多年间美国生产力年均 3% 的增长，还是日本同一时期年均 6% 或 7% 的增长，可能都是如此。现有产业表现良好并非生产力提高的主要原因，由于生产率高的新兴产业比生产率低的老产业增速快，这种"组合"上的变化才是生产力提高的主要原因。在过去 20 年中，这种"组合"上的变化大部分源于劳动力从生产率极低的农场转移到生产率更高的城市。而这一变化又得益于农业技术的迅速发展，让为数极少但训练有素、装备精良的"商业化"农场主越来越有可能取得非常高的产出。

农业技术仍在进步，发达国家农业生产率快速增长的阶段可能即将到来。许多现有技术尚未普及，"系统方法"刚刚开始应用于价值最高的农业领域，如水果、蔬菜和肉类等，在很多方面，这些领域仍在采用过去生产率非常低的劳动密集型生产方式。

> 例如，我们现在第一次开发种植番茄的"系统"，从培植秧苗到包装成熟的果实以供运输都包括在内。同时，我们运用遗传选择技术来培育适合机械栽培的番茄新品种，也在研发适合种植番茄的机器来实现上述目标。

农业生产率的增速基本上已经是制造业的两倍，未来 10 年它甚至可能会更快。

然而，这种扩张对发达经济体的影响微不足道。现在的农业人口太少了，即便美国农场主的生产率 10 年内实现倍增——做到这种经济史上几乎前所未有的壮举，对国民生产而言，也只是增加了四五个百分点而已。更何况这种增长只局限于少数商业化农场主，他们的数量也许不超过 100 万，生产的几乎所有东西都销往市场。其他发达国家的情况也差不多。就目前的情况而言，高生产率的商业化农场主数量太少了，即使生产率大幅提高（这无疑对他们非常有利），也不太可能对整个国民经济产生重大影响。

同时，在农场从事低生产率工作的可雇人员储备几乎已经消失。在美国，这是导致城市年轻人（他们在过去的几年中离开了乡村）无法就业的原因之一。诚然，这些年轻人原来生活在某个生产率极低的农场，但他们也没有受过任何学校教育或职业培训。即使从事最简单的、生产率最低的工作，他们也需要在习惯、基本读写、技能方面接受成本高昂的培训。换句话说，剩下的都是处于边缘地位的务农人员，他们都需要重新接受培训，然后才能有效地受雇从事工作。同样，在日本，剩余的少量农村人口中很大一部分是老年人或还在上学的儿童。

西欧国家这方面的人力资源储备似乎要多得多。例如，在巴伐利亚山区或布列塔尼的贫瘠地区，仍有许多身强力壮的男女在不经济的小农场使用过时的工具和落后的方法劳作。然而对于劳动力从农场转移出去，这些地区存在相当强烈的抵制声音，因为人们认为务农是一种生活方式，而不只是谋生手段。正如戴高乐将军认识到的那样，任何政府都必须保护不种植葡萄的葡萄种植者和不生产牛奶的奶农，不论这些身强力壮的劳动力如果从事工业领域高生产率的工作会对国民经济有多大好处。

意大利南部和西西里岛的失业率仍然居高不下。然而，在人口大规模迁移到北方工业区后，留下的主要是老年人、妇女和儿童。大部分年轻男女都搬走了，那些留下来的人都很难找到工作。这些乡村剩余人口不仅不是资源，反而成了社会问题。要让他们走上任何就业岗位，都需要在教育、健康和技能方面进行大量投资。这就解释了为什么意大利北方工业区即使劳动力严重短缺也不愿意在南部增设工厂。

在所有工业发达国家中，只有苏联的欧洲部分及其欧洲卫星国是例外。现在，那里的务农人口几乎与第一次世界大战前后一样多，即使是最优秀的"商业化农场主"，其生产率水平也很低，但那里有大量体格健壮、聪明上进的人。在实现农业现代化和大幅减少农业人口之前，这些国家首先必须向农业经济领域（包括农民的住房、信贷、教育、卫生等方面）投入巨额资金。

因此，发达国家的情况是这样的：从现在起，即使农业技术和农业生产率得到巨大提高，也不会对整个经济产生重大影响。而如果这种提高迫使生产率极低的乡村剩余人口（这些人虽然在人口普查中按规定也叫"农民"，但并不生产农产品）离开土地，那么农业生产率的提高甚至可能阻碍经济增长。乡村无产者到城市后无法就业所引发的社会问题很可能拖累整个经济，阻碍农业生产率提高所带来的进步——至少在未来 10 年或 20 年内都会如此。

发达国家的农业已成为所有现代产业中生产率最高、资本最密集、机械化程度最高且"工业化"程度也最高的产业。这是一个单位产品上科学知识投入非常高的产业。在发达国家，农业已从最传统的部门变为最先进的部门。现代农业能够生产比今天多得多的农产品。事实上，10 年后，每个发达国家都应该能生产出远超自身消费量的农产品。这不仅是北美和西欧国家的独特现象，日本也是如此，尽管美国和日本最优秀的农业经济学家仅在 20 年前还预测将面临无法解决的长期饥荒。英国农业很可能会实现最大程度的增长，这只是因为该国没有像其他国家那样受到不经济、小规模、生产率极低、处于边缘地位的务农人口带来的社会问题困扰。换句话说，发达国家政府的农业部都会表现出明显的"精神分裂症"：一方面预测全世界将闹饥荒，另一方面拼命为本国的过剩农产品找出路。这是有道理的。但是，即使农业和农业生产率有非常突出的表现，它们也无法像过去 20 年的农业扩张那样继续为发达国家的经济提供驱动力。

（2）第二次世界大战期间，全球第二、第三钢铁大国（德国和苏联）的钢铁业几乎完全被战争摧毁了。然而，现在全球的钢铁产能大约是 1939 年的 5 倍。就产量而言，增长最多的是美国和其他传统产钢国。如果考虑人口和经济规模，发达国家中增长相对最多的是苏联和日本，这两个国家的钢铁业在 25 年前还"不发达"。第二次世界大战前几乎没人会视之为产钢国的日本，现在其钢铁产量已超过德国和英国，成为第三大产钢国。更惊人的是，25 年前根本不生产任何钢铁的国家（也就是拉丁美洲等地区的发展中国家）也发展起了自己的钢铁业，即使是小国，也有了规模相当大的炼钢厂。

这些国家在不久前还只有很少的或根本没有钢铁产能，其钢铁产能的扩张正是老牌钢铁生产国（尤其是美国）的钢铁业增长与繁荣的基础，因为炼钢厂首先是消费钢材的工厂。要实现 1 吨钢的产能，首先需要很多吨钢；在钢被生产出来之前，必须要消费大量钢材。当然，这些钢材只能来自现有的钢铁厂。在第二次世界大战后的头十年里，美国是唯一一个钢铁业未遭破坏的国家，能够大规模生产钢材，并能为德国重建其被毁的工厂和其他国家建设新工厂提供它们所需的钢材。

然而，这种源于钢铁产能激增的繁荣景象，掩盖了钢铁业正在衰退的事实。在发达国家尤其是美国，钢铁自第二次世界大战以来已经失去了整整 1/4 的传统市场，取而代之的是玻璃、塑料、混凝土和纸张等与之竞争的材料。这种情况也出现在容器和包装领域，在这些领域，塑料浸渍纸被用来制造重型容器（如油桶），而仅仅在几十年前，这些容器只能用钢铁来制造。塑料、铝和纸张越来越多地被用于制造传统的"马口铁"罐，仅在几年前这还是钢铁的垄断领域。在桥梁和建筑施工领域，预应力混凝土已成为钢铁强大的竞争对手。尽管钢铁仍是应用最广、用途最多的材料，但现在它作为专属材料的领域已经很少了。在钢铁的每一种用途上，都至少有一种替代材料可以很好地满足需要，并且往往更好用。

在推动早期工业革命的四个产业中，有三个（棉纺织业、煤炭业和铁路业）在 20 世纪急剧衰退，第四个产业（冶铁和炼钢业）被 19 世纪中叶的技术创新拯救了。尤其是人们通过酸性底吹转炉炼钢法和平炉炼钢法能生产廉价的钢，钢取代了工业化第一个百年中的铁。然而，在过去的 25 年中，钢铁越来越边缘化，日益陷入已笼罩现代世界其他基础产业的长期危机中。

至少在 50 年前，人们就已经知道了其原因所在。一个多世纪前发明的炼钢工艺直到最近才出现变化，从物理和经济的角度来看，此前的工艺非常不经济。改变温度是最昂贵的操作之一。然而，在炼钢过程中会产生三次高温，这只是为了立即淬火，而其中的冷却过程和加热一样昂贵。从成本和投入的角度来看，移动重物也是最昂贵的作业之一。然而，在炼钢过程中，高腐蚀性的钢水需要被一次又一次地长距离搬动，就算再怎么巧妙设计，也难以让这个过程具有经济性。而且这种工艺的成本本来就很高。钢铁业要使产能增速高于经济增速，或使它至少与经济增速相当，就必须研发出成本更低的生产工艺。为了恢复钢铁业的增长态势，可能至少要把生产成本降低 1/3。

如今，这样一场炼钢技术革命已经开始了。

第二次世界大战时，奥地利人研发出了新式吹氧炼钢工艺，该工艺在近十年中已足以处理大吨位的钢铁，是把炼钢由机械工业转变成化学工业的主要步骤。同样重要的是像"连续铸造"这样的工艺变革，它避免了温度上的浪费，而且用原钢进入并通过设备的重力流取代了昂贵又危险的单批次起吊、运输和移动。还有若干仍处于试验阶段的新工艺，比如一种新的英式喷射工艺，它实际上淘汰了原先的全部炼钢工艺，代之以直接从原材料生产成品钢的连续化学工艺。

如果钢铁业利用这些新工艺重新变得具有经济竞争力，那么它很可能再次成为一个主要的增长产业，甚至在工业发达国家也是如此。然而，要成为增长产业，钢铁业必须首先经历一场严重的财务危机。目前几乎所有的在营钢铁厂都在采用旧工艺，它们将不得不全部拆除或彻底重建。事实上，未来许多采用新工艺的工厂不会建在现有炼钢厂的所在地，而是要建在容易卸载铁矿石的深水港附近。因此对欧洲国家的钢铁厂来说，其选址是错误的。此外，许多苏联的钢铁厂及美国在匹兹堡最早的钢铁厂也是如此。

即使钢铁厂不搬迁，从旧技术（对大型钢铁厂进行了巨额投资）转换为新技术（同样需要进行巨额投资，即使个别钢铁厂所需的投资额可能小得多）也将是一个漫长而痛苦的过程。欠发达国家与发展中国家也许可以避免这种命运。首先，这些国家各自的钢铁产能仍然很小，因此它们可以很容易地转而采用新技术来开设新钢铁厂。其次，尽管这些国家的钢铁厂成本高昂，但他们不一定要具有竞争力，从节省外汇的角度来看，这是合理的（尽管这是一个值得怀疑的论点）。然而，发达国家的钢铁业必须具有竞争力。即使受到保护以抵御进口产品，它也必须以尽可能低的成本来为本国其他产业供货。由于发达国家的用户可以改用其他供给充足的材料，所以，再多的保护主义（各地的钢铁业者一直相信的论调）也无法真正改变这种基本形势。

即使昂贵的新技术降低了成本，发达国家的钢铁业也只能指望收复部分失地。支撑钢铁业过去 20 年繁荣的世界性钢铁需求恐怕不会再现。印度、拉丁美洲、中国、南非这些国家和地区的钢铁业已达到 1885 年前后美国钢铁业的水平，它们不需要再进口钢材来建造更多的钢铁厂。从现在起，贫穷国家的钢铁生产商可能会进口专用机器和设备，而不会再进口钢材本身。

因此，尽管技术发生了变化，成本也大大降低，但在未来 10 年或 20 年内，钢铁业仍可能成为一个长期不景气的产业。在传统材料中，没有任何一种材料会像钢铁那样受到新"材料"产业的威胁（在下一节中讨论）。

（3）在过去 20 年中，作为工业发达国家经济迅速发展的动力，汽车业的重要性位居第三。在西欧国家和日本的经济迅速发展的过程中，汽车业发挥了主要作用，也许是最主要的作用。但汽车业在美国也有相当大的发展。在发达国家中，汽车业可能仍有相当大的增长机会。在地理条件与美国接近的苏联，汽车业的繁荣只不过刚刚开始。最重要的是，汽车业对经济和社会的间接影响（道路、加油站、观光旅行和旅馆）在该国尚有待实现。在欠发达国家，如果其经济有任何发展，那么汽车业肯定会成为主要的增长产业。

　　汽车是现代人的一项主要价值选择，它代表着流动性与自由。汽车也是现代社会的主要动力之一，其本身就是经济增长与发展的推进器。它把整个国家紧密地联结起来，使人们有可能从偏远乡村的低生产率工作转向高生产率工作。如果没有汽车，大量劳动力就不可能从边缘的农场转移到城市工作，至少不能那么快实现。而且，也许汽车带来的最重要影响是创造了需求，这主要因为它是一种连最偏僻乡村中最自给自足部落的成员也渴望拥有的经济财产。巴西在过去几年里已成功建立并能够支撑起本国庞大的汽车业，这个令人印象深刻的证据表明，该国正在接近，甚至可能已达到了经济发展的"起飞点"，即产业和经济发展能够自我维持的临界点。

　　但在发达国家（苏联除外），无论汽车业还有多少成长空间，它总体上都已处于守势。城市的日益拥堵使得汽车越来越不适合作为交通工具。

　　我们将越来越关注客货运大众运输的替代方式，否则拥堵会让城市寸步难行，并且空气污染会让所有人窒息。内燃机（甚至是汽车本身）被禁止进入中心城市，这只是时间问题。几年前，只要提到这件事，市民就会感到愤愤不平。然而，当纽约空气污染防治专员最近宣布，很快将不得不永久禁止汽车在纽约市最重要的四五条大街（如时代广场所在的街道等）上通行时，每个人都认为这是顺理成章的事，甚至早该如此。在英国和联邦德国，政府交通部门已经建议禁止重型卡车在公路上行驶，或者对此行为进行严厉处罚，虽然该建议在卡车司机的抗议下不得不进行了修改，但普通民众以及两国的议会显然对此予以默许。

西欧国家的汽车可能已接近饱和，日本在一定程度上也是如此。若以每平方英里[⊖]的汽车数来计算，西欧与美国的机动化水平同样高。即使按户均拥有汽车数这种更合适的方法计算，西欧国家和日本在最近 20 年内（日本也许晚几年）汽车密度的增长速度如此之快，从现在开始其增长速度也必定会大幅放缓。

在发展中国家，人与汽车的"恋情"也许刚刚开始（苏联的情况肯定也是如此）。各地的年轻人都想买车。然而在发达国家，尤其对成年人而言，汽车正在从人们的酷爱之物变成一种方便实用之物。汽车成为一件必需品，但不再是一种强烈的自我需求和"身份象征"。近年来，美国关于汽车安全的争议，非常像一段长期关系结束时的激烈争吵。

我再重申一遍，完全可以想象，这些"现代产业"仍有很大的增长空间。当然，这些现代产业在发展中国家和地区（印度、巴基斯坦、南美、东南亚等）的增长速度应该是最快的。实际上，现代产业是这些国家发展的基础，因为这些产业的技术是现成的，可以从发达国家引进。发展中国家需要如此多的创造力来进行社会和文化创新，以至于它们无法额外承受有风险的、危险的、苛刻的技术创新过程。

此外，农业、汽车业、石化业等主要的"现代"产业都是发展中国家经济快速增长的良好基础。这些产业既能对经济产生强烈的直接影响，又具有巨大的乘数效应。迅速现代化的农业不但生产经济增长所必需的粮

⊖　1 平方英里 $= 2.589\,99 \times 10^6$ 米 ^{2}。

食，而且还为许多新兴产业创造了需求——从化肥到农业设备，从修理厂到农业信贷，从运输、公路到食品加工，这些产业反过来又提供了高收入的就业机会。同样，汽车业为汽车制造厂中的每个工人创造了大约 8 个工作岗位——涉及筑路、养路、加油站、修理站、经销商等领域。同时，这些领域所提供的服务也很好地满足了消费者的需求，由此可见，它们为所有人都带来了巨大的发展能量。

这些产业在贫穷的发展中国家迅速扩张，也会通过创造出口市场而为发达国家带来经济机遇，就像世界各地兴建钢铁厂而为发达国家的钢铁厂带来繁荣一样。

即使目前没有新兴产业出现，发达国家的经济也不会出现萧条。从发展中国家对设备、物资和高端产品的需求来看，发达国家还可以享受一段经济活动水平高涨、就业机会增加且繁荣富裕的时期。

然而，这个时期内经济形势尽管很好，却也太像英国最近三四十年来的那种繁荣了。英国人已发现，这种看起来富足与安逸的情形表明经济正处于缓慢而持续的衰退之中。发展中国家迅速建设本国经济是十分重要的事，而且它们只有依靠最近 50 年兴起的"现代"产业才能迅速发展经济。虽然这些产业对发展中国家而言已经足够了（总体而言，这些产业已经超过了发展中国家在过去 20 年里所能做到的），但对发达国家而言还不够。发达国家需要自身的动力，也需要增长，而这些是已逐渐老化的"现代"产业无法继续提供的。

因此，我们听到"技术成熟"或"技术停滞"等预言就不足为奇了。最近几年，大家讨论最多的书——加尔布雷思的《新工业国》（*The New Industrial State*）[⊖]，正是基于这一预言。

20 世纪 30 年代末，我们也听到过类似的预言，那时所有经济学家都

　⊖　Boston：Houghton Mifflin，1967.

在谈论西方国家（尤其是美国）的"经济成熟"，以及随之而来的"经济停滞"。然而，几乎紧随这个预言而来的是西方世界在与之类似的时间跨度内经历了最大规模的经济扩张。如今，在这种关于技术成熟和由此导致的经济停滞的预言出现之后，也很可能会出现巨大的技术变革和经济扩张。当然，就算是最灿烂的前景也有可能被人类的愚蠢毁掉。人类在 20 世纪已屡次表现出这种自残能力。然而，除非西方国家犯下参与另一场重大战争的罪行或遭遇另一场重大萧条，否则我们可以预期基于主要新技术的重大新兴产业会迅速崛起。

未来的新兴产业

四个新兴产业已然在望。

信息业

信息和数据处理的范畴比计算机广得多，而计算机对信息业的作用大致相当于中央发电厂对电气业的作用。

1856 年，当西门子发明第一台实用发电机时，电气业的诞生就成为一种必然了。然而，电气业成为现实是在 23 年后，即 1879 年爱迪生成功发明电灯泡时。在这期间，一群才华横溢的发明家积极研发相关的应用。如果那时流行说"第一代""第二代"或"第三代"发电机（就像现在流行说"第一代""第二代"或"第三代"计算机一样），那么在电力真正得到广泛应用之前，就已经有"第五代"或"第六代"发电机了。实际上，在 1879 年之前，每个工业国家，包括瑞典、瑞士、匈牙利这样的小国，都已经成立了所有到今天为止仍家喻户晓的大型电气公司（比如西屋电气）。然而，只有爱迪生的电灯泡让电力成为一种普遍使用的能源。

没有中央发电厂，就没有电气业；没有计算机，就没有信息业。然而，电气业的大部分资金和工程技术方面的才智都投入到了传输和应用设备领域，包括电线、电灯、电机或其他电器等。同样，信息业的大部分资金和才智也将投入到信息的传输和应用领域，而不是信息的生成和存储领域（即计算机领域）。而这个产业的大部分利润也将来自传输和应用领域。

自 20 世纪 40 年代末计算机发明以来，信息业的诞生已成为一种必然，但我们还没有把它变为现实。我们仍然缺乏有效的方法来建立一个"信息系统"。但我们正致力于此。我们可能已经有了创建信息系统的工具，包括通信卫星和其他信息传输手段、显示并存储信息的微缩胶卷和电视显像管、把信息转变为永久性记录的快速打印机等。从技术上讲，像西尔斯这样的公司很快就可以推出一种售价低于电视的电器，这种电器可以在任何有电的地方接通电源，并能够立即获得从小学一年级到大学学习所需的全部信息。

然而，尽管 IBM 现在每月生产 1000 台计算机，但信息业尚缺乏一个能与爱迪生的电灯泡媲美的东西。我们缺少的不是电灯泡这样的硬件。我们仍需加强对信息的概念性理解。只要我们还需要费力地把每组数据转化成某个单独的"程序"，就意味着我们没有理解信息。我们必须能够根据信息的特点对其进行分类。我们得有一种"记谱法"，就像圣·安布罗斯（St. Ambrose）1600 年前发明的记录音乐的方法那样，可以用适合电子脉冲的符号来表达文字和思想，而不必用现在笨拙的计算机语言。在这种情况下，每个人不必受多少训练，就可以把自己的数据存储到一个通用系统（也就是计算机工程师所说的"例行程序"）中。这样我们才会真正拥有

"信息系统"。

20 年后，个人用户甚至大公司大概也不会有自己的大型计算机，正如现在单个制造商不会单独建造发电厂一样。60 年前，假如某个工厂要用电，就必须自建发电厂。如今，工厂通过"分时系统"（time-sharing）从某个中央发电厂获得电力。同样，几年之后信息可能也会主要立足于"分时系统"，那时大量用户会把数据存储在同一台大型计算机上，他们不仅拥有完全的隐私，而且可以随时随地地即时访问数据。信息成本已大幅下降，几年前，使用计算机每小时需要花费几千美元，如今只需要大约一两百美元。10 年之后可能只需要一两美元。最终，其成本应与每小时的照明成本差不多，也就是每小时约 1 美分或更少。

计算机和发电机在一个重要方面大不相同，即信息业可以在没有计算机的情况下运作。这在教育领域表现得非常明显。

学习和教学将会比人类生活中的其他任何领域都更深刻地受到新信息可得性的影响。教学是人类最古老且最保守的技艺，它迫切需要一种新途径、新方法和新工具。我们迫切需要迅速提高学习的成效，尤其迫切需要能使教师工作更有成效且能力倍增的方法。事实上，在传统技艺里面，只有在教学领域我们尚未打造出能让普通人有卓越表现的工具。在这方面，教学远远落后于医学，医学的工具在一百多年前或更早以前就已经出现了。当然，教学也远远落后于机械制造技艺，在这个领域，我们已经有了几千年行之有效的学徒制。

我们需要一个新的信息概念，并对学习和教学有全新的理解。（关于这一点的讨论，详见第 15 章。）然而，虽然"信息革命"将对教育产生最显著的影响，但学习和教学也许根本不用或只是偶尔使用计算机。今后的教学资料必定与我们一直在使用的资料大不相同（就像 500 年前的印刷书籍不同于更早期学校的传统口授一样），但也许不需要是那种有大容量内存的大型机器。正规学校教育多年所需的信息量实际上相当有限，几乎不需要任何像电子存储器这样复杂的物品。"程序"可以比计算机使用的任何东西都简单得多。毕竟，一个普通的台历其实也是一种"程序"，而且是一个非常有效的程序。换句话说，没有计算机的信息系统完全是可行的，而且可能同围绕计算机构建的系统一样重要。

然而，若没有计算机，我们就不会认识到，信息和电力一样，也是一种能量。对机械运行来说，电力是最便宜、最丰富、用途也最广的能量。但信息是脑力工作的能量。这确实是第一个可获得用于脑力工作的能量的时代。自古以来，信息一直极度匮乏。在最好的情况下，信息也是很昂贵、有延误且非常不可靠的。如今，无论是在政府机关、医院、实验室，还是在企业，大多数负责人都要把大部分时间花在了解昨天发生的事情上，而且只能得到一点点不准确且不可靠的信息。

廉价、可靠、快捷和普遍可得的信息所产生的影响，无疑将不亚于电力产生的影响。可以肯定的是，年轻人在几年后会把信息系统作为日常工具，就像他们现在使用打字机和电话那样。然而，80 年前电话在某种程度上也曾引起今天计算机所引起的那种恐慌。我们可以肯定地预测，再过一代人的时间，人们会认识到计算机是其工具而非主人。计算机使他们能做今日想做，但因缺乏廉价、可靠、快捷的信息而做不了的脑力工作。

信息业将创造大量的就业机会。例如，从现在到 1975 年，美国将需要大约 100 万名计算机程序员，而现在仅有 15 万～20 万名。计算机程序员对信息业而言，就像装配线上的工人之于以往的制造业：他们是半技能型的、高薪的、高生产率的工人。但与此同时，信息业也创造了大量需要高超技能的、高要求的工作岗位，例如系统工程师，在未来 10 年中，我们可能需要多达 50 万名系统工程师。然而，这仅仅是开始。

海洋业

人类从游牧者、狩猎者与采集者转变为海洋探险者与开拓者，这可能也会产生与信息业同样大的影响，也许我们在海洋领域的进展更快。

大约在 7000 年前，我们的祖先成为陆地定居者和开拓者之后不久，古王国时期的埃及人几乎在同一时期，或许在一代人的时间内完成了两项伟大的技术壮举：建成第一座大金字塔⊖，发明犁。金字塔对西方人的想象力、世界观、哲学、数学和科学都有非常大的影响（虽然影响的是古希腊人而非古埃及人的想象力）。然而，当时很少有人注意到犁。但这个工具却在一两百年内使农业产量增加了 20～50 倍，从而使人们拥有了大量的粮食，人类最早的城市由此得以诞生。

我觉得，太空探索就是我们这一代人的"金字塔"，而海洋探索则是我们的"犁"。海洋实际上是一个尚未开发的物质资源宝库，比陆地富饶得多。到目前为止，我们对海洋几乎一无所知。事实上，在青铜时代初期，我们的祖先对猎物的位置与迁徙路线的了解，远远超过我们现在对海洋中鱼群的位置与迁徙路线的了解。我们不过是碰到什么就捕捞并收集什么而已。现在，这种情形已在迅速改变——在海洋中的食物资源，尤其是鱼类资源方面（我们将从捕鱼者转变为养鱼者）；在海水中的矿物资源方面；最重要的是，在海底以及海床的矿物资源方面。

从经济角度看，我们没有必要在海面或海底定居。与陆地交通相比，海上交通既方便又便宜，因此无须把定居点转移到海洋资源附近。然而，

⊖ 目前被视为埃及第一座金字塔的左塞尔金字塔，建造于公元前 2600 年左右。——编辑注

我们将系统地开发海洋这一地球上最大的经济资源宝库。随着海洋资源的开发，我们会有新的食物和材料供给、新技术、新重大产业，当然也会有新的大型企业（以及许多新问题，例如，一个有史以来一直被认为是无主的也不受任何政府管辖的区域所面临的法律问题）。

材料业

我们也在深入研究另一项重大技术，即材料技术。我在前文中说过，塑料业可以算是唯一根植于 20 世纪而非 19 世纪科学的主要产业。它的基础是 X 射线衍射——放射性现象发现过程中的早期成果之一。塑料业是第一个新兴"材料"产业，这类产业是为特定用途和特定性质创造某种材料，而不是利用自然中已有的物质。

我们很少认识到，现在使用的基本材料有多么悠久的历史。玻璃、铁、钢、有色金属、陶瓷、混凝土和木材在四五千年以前就有了，也就是说在古希腊时代之前就已存在，纸张是耶稣诞生前后中国人发明的。只有橡胶和铝是"现代的"，如今又有了塑料。

人们甚至更不怎么能认识到，古人的技艺有多么高超。文明诞生之初，最先在新月沃土（Fertile Crescent）一带开发出来的材料，此后就一直没有改变或改进过。德国的科隆现在仍使用罗马人 2000 年前铺设的混凝土水渠供水，这个水渠自建成以来就没有维修过。没人能比古代大马士革或日本的刀匠锻造出的钢更好。腓尼基人制作的玻璃至今还保持着亮丽的色泽和优良的质地，其中的秘密我们至今还无法参透。

因此，几千年来，直到今天人们都认为不言而喻的是，特定材料只能由一种资源（如矿石）制成，而且只能用于某些特定用途，这实际上是一种垄断。材料在源头和最终用途上都是确定的，可以说它们彼此是平行的，没有任何交集。结果，每个人都无须了解其他材料，只要了解自己擅长的材料就行。而每个人所擅长的材料的应用，似乎也受到与生俱来的、不可改变的法则保护。

铝是第一个挑战者，但在很长一段时间里，铝一直被视为"替代品"，直到第二次世界大战期间，铝才成为许多领域的首选材料。塑料一开始也被当作"替代品"，但人们很快就认识到塑料与众不同。首先，塑料不是在自然界中被发现的，也不是精炼天然原料制成的，而是人造的。此外，自第一次世界大战期间德国研制出塑料之后，塑料就被认为是人类设计的"材料"或"物质结构"。也就是说，塑料的分子排列方式是可变的，人们能根据特定目的并基于对物质基本特性的理解进行开发。因此，塑料从一开始就违背了这样的公理：一种材料只能由一种原料制成，且这种材料有"属于"它的特定用途。

然而，从技术角度看，塑料仅是新材料技术的开端，而且是一个很有限的开端，因为塑料仍基于把分离出来的物质视为"材料"的旧观念。越来越多的人认识到，我们有能力设计复合材料，其中不同的结构元素有不同的用途——就像在建造房屋时，木材可用来承重，而砖块可用于分隔空间。我们设计了越来越多的"复合材料"，例如，把纯金属晶体的巨大强度与有机化合物的弹性结合起来。人们正在设计一些结构，旨在将某种原子构型的导电性与其他原子构型的电阻特性结合起来，比如有意"掺杂""杂质"的电晶体。这些复合设计的产物是一种具有特定全新性能的新材料。这种新材料的起点不是一种物质，而是原子与分子的某种微观结构，以及这种结构在量子力学定律下的物理、化学及电学特性。

这一点在太空技术领域的应用最广，因为太空技术在特殊性能方面的需求最多，而超重或体积过大造成的后果也最严重。因此，"材料"是一个可以期待太空技术会对和平时期的国民经济产生"落尘"效益的领域。

空军的太空与设计部门前任负责人施里弗将军声称，新的航空材料是"三千年来最伟大的一次进步"，这种热情洋溢的评价并没有多少夸大之嫌。

例如，为用于某款先进飞机而开发的一种新材料，其强度是铝的 2 倍，硬度是铝的 2.5 倍，但重量却减少了 25%，并且最终其价格应该会便宜得多。这是一种把纯硼晶体制成的微小纤维嵌入塑料树脂中的复合材料。还有许多类似的材料，通常是将纯晶体形式的金属与塑料等有机材料结合在一起（也与硅酮和玻璃等无机材料结合），所有这些材料比自然界中发现的任何材料都更结实，或者具有更强的耐热性或耐腐蚀性——而且比传统金属更轻、更便宜。

新的"材料"概念本身比任何一种新材料或任何一种新应用都更重要。它标志着人们从关注物质到关注结构的转变，人类的发明家从工匠到科学家的转变，基础学科从化学到物理学的转变。最重要的是，它标志着从车间中的具体经验到抽象数学的转变，以及从始于自然所提供之物到始于人类想要实现之物的转变。

在经济方面，这可能对那些一直以来都有多种用途的材料（尤其是现代的钢铁）产生最大的影响。（实际上，从冶金学的角度来看，现代的钢铁是铁的一种形式，而不是传统意义上的"钢"，但这与本节内容无关。）

特定用途的材料（混凝土是一个最明显的例子）不太可能很快受到新材料技术的强烈影响。一方面，在其应用范围内，这些特定用途的材料已具备卓越性能，所以从经济角度来看，很难用某种新材料取而代之，因为新性能不能抵消其成本（除非是在苛刻的新环境中，比如太空或深海，这些环境对重量、体积、耐热、耐腐蚀、耐压的要求是天然材料永远无法满足的）。另一方面，钢一直是现代文明的"通用"材料，而不是（像以往铸剑师所用的钢那样）为某种特殊用途而制造的材料。正是这种"多用途"的性质决定了，钢不是任何特定用途的最佳材料，而是一种在廉价与特定性能不佳之间权衡的结果。但是，如果能把任何一种材料的特定性能大幅提高，使其远远超出以往所能达到的水平，那么"多用途"材料就必须便宜得多才能有竞争力。

新材料技术的出现，让我们能够以适度的成本制造出非常适合任何单一用途的物质，因此，相比于经济上已过时的炼钢工艺，新材料技术可能会给钢铁业带来更大的压力。即使成功开发出经济上比较合理的化学工艺流程，大幅降低钢铁的生产成本，钢铁业仍会在各种最终用途和应用方面面临压力，在这些用途和应用领域，新的、专门设计的材料尽管按重量计算价格更高，但从性能来看可能更经济。

但从现在起，所有材料都必须考虑到自己可能与其他材料展开竞争，所有材料都得被视为同一类材料的一部分，最终消费者将能够按性能选择材料，而不是满足于使用这种或那种物质。

然而，这并不能改变以下事实：从石油裂解塔中出来的只有原油的馏出物，从玻璃窑中出来的只有玻璃。需要容器的最终消费者可以从十几种材料中选择，有些是现有的材料，如纸张、塑料、玻璃、马口铁罐等；有些是未知的材料；还有些是已知和未知材料的复合材料。然而，容器制造商必须从特定工艺中获得物质，而不是生产"包装材料"。

可以预见，"材料革命"将使各国越来越少地依赖自然资源，因为几乎任何自然资源，不论是有机的还是无机的，都可以满足同样的最终用途。材料革命将使最终消费者越来越能够摆脱特定物质的限制，也将使大量的新产品、新需求的满足和新市场成为可能。但材料革命也将极大地干扰现有的产业结构，挑战传统的产业组织和现有的经济格局。

美国罐头公司是最大的马口铁罐制造商之一，最近几年，其旗下已增设了一家造纸公司、一家玻璃公司以及一家产量极大的塑料厂。同时，世界上最大的玻璃瓶制造商——位于俄亥俄州托莱多市的欧文斯－伊利诺斯公司（Owens-Illinois）已大举进军塑料业和造纸业。

我们也可能看到全新产业的出现，这些产业始于终端用途，随后成为供应特定用途材料（例如，建筑商可能需要的材料，或者人们在食品存储和加工中可能需要的材料）的"专家"。因此，我们几乎肯定会看到工业部门发生巨大的、迅速的、令人不安的变化。数百年来，工业部门向来是界定最明确、划分最清楚的一个部门，比如采矿业、伐木业等重工业，或者钢铁、砖、铜、玻璃或纸张等生产大量特定材料的工业。

特大都市

最终，人类的新栖息地——特大都市（megalopolis）[⊖]很可能催生出一系列新技术，以及基于这些新技术的新重大产业。

造成特大都市中贫困和混乱问题的一个原因是，它已经变得过大，以至于我们所认为的现代技术无法支撑，这具体表现在交通和住房方面、供水和排污方面，以及最重要的基本生活必需品（如清洁的空气、干净的水以及整个自然环境）的保护方面。同时，我们无疑将继续生活在特大都市，越来越多的人将以特大都市为家。在可预见的未来，只有世界范围的核灾难或史无前例的瘟疫才能扭转这个趋势。

一百多年前，工业城市出现了。尽管只有德国人为其创造了一个词，即 Grosstadt，但 Grosstadt 与传统的西方城市截然不同。1800 年时，巴黎、

　　⊖　这个词是由法国地理学家让·戈特曼创造的，并迅速得到了普遍认可。

伦敦、纽约和维也纳仍然保持着原来的面貌，是乡村社会和农业经济的政治、手工艺和贸易中心。50 年后，这些城市变成了工业城市，工厂的烟囱取代了贵族的府邸，成为其特色，工厂工人成了城市的主要居民。正如今日的特大都市既无序混乱，也不是一个完整的社区一样，19 世纪 50 年代的工业城市同样无序混乱且分崩离析。骚乱此起彼伏，反抗日益公开化，例如 1848 年席卷整个欧洲的暴乱、美国南北战争期间的反征兵暴动。19 世纪早期的工业城市看起来越"组织有序"，实际上越"混乱无序"。最不受动乱困扰的是那些没落的工业城市，如利物浦、伯明翰、埃森或法国与比利时边境地区的博里纳日，新的工业没有集中在这些前工业城市的周边。

虽然工业城市从未变得美丽宜人，但它确实变得组织有序了，而这需要对"何谓城市"有一种新观念——奥斯曼（Haussmann）伟大的"林荫大道"计划就是最好的例子，它造就了现代巴黎。奥斯曼关于工业城市的观念，通常被视为纯美学观点，或者被（那些比传统的"布杂艺术"建筑师更有洞察力的人）视为一个优雅的交通流几何模型。然而，就像一切真正的远见一样，奥斯曼的计划在各方面都极大地释放出了人类的能量。完全采用该计划的两个城市（维也纳和他本人所在的巴黎），在 19 世纪后半叶无论如何都应该是走向衰败的城市，它们作为战败国的首都，在当时最重要的领域，即在经济、科学、技术和军事等领域正在迅速失去优势。然而，这两个城市反而几乎立刻成为欧洲的知识和艺术中心，对当时的人而言，直到第一次世界大战前它们都充满了创造力、活力和生活的乐趣。

奥斯曼的远见也为新技术和与之相关的新兴产业创造了市场。事实上，工业城市是 19 世纪最重要的增长市场。工业城市为重大发明提供了动力，也为基于这些发明的产业提供了市场，这些产业包括照明业（先是采用人造煤气，后来采用电力）、电力运输业（地铁、有轨电车或高架铁路）、电话业、高层建筑所需的钢架结构业（这是罗马时代以来建筑材料领域的第一次重大突破）、零售业、报业，等等。

就像工业城市不同于 1800 年的城市，今日的特大都市也不同于工业城市。这种不同不仅体现在规模和人口方面。特大都市是人们主要的居住地，而在工业城市时代，多数人还生活在农业社会，从事农业生产活动。工业城市立足于产业工人，特大都市则立足于知识工作者，并围绕着知识工作者组织起来，信息是特大都市最重要的产出，也是其最重要的需求。大学校园而非烟囱林立的工厂是特大都市的特征，大学生而非"无产者"是特大都市的核心政治现实。

要让特大都市"组织有序"，我们需要一种新观念。我们迫切需要一位像奥斯曼这样的人才。因为缺乏这样的观念，所有城市规划的努力都归于徒劳，正如 19 世纪早期的努力那样白白浪费了。在奥斯曼接受了工业城市的现实并深入思考之前，当时每一位"城市规划师"[⊖]都想把新兴的工业城市改造成原来传统城市的样子。类似地，今日我们所有的城市规划师都试图让特大都市回到原来工业城市的面貌。然而，到目前为止，每次想要回到以往工业城市的企图都失败了，伦敦的"绿带"（Green Belt）便是最明显的例子。

我们也需要真正的新技术来建设特大都市。

> 例如，只是说我们需要大众交通工具是不够的，我们需要的是现在所没有的东西：一种能在相对较小的空间内容纳大量人员的交通工具，这种交通工具应该能够结合火车的运输量和汽车的灵活性。与传统城市不同，甚至与工业城市不同，特大都市不止有一个中心，甚至不止有几个中心。在奥斯曼的模型中，从城中任何一点到另一点的最短路线，只须经过一个节点中心（如协和

⊖ 当然，那时并没有这个称呼。

广场）。而且，这些节点都在一条轴线上，换言之，所有节点中心都位于一个小型的"核心城区"里。

在今日的特大都市里，没有这样的"核心城区"。因此，使每个人都能方便地到达这个"核心城区"并不能解决特大都市的交通问题。然而，19世纪的交通系统，尤其是有轨电车和地铁系统，就是建立在"核心城区"假设之上的。这就解释了为什么尽管所有举措都是为了让人们摆脱汽车，改乘火车、有轨电车和地铁，但人们仍然固执地要开车。因为只有自行开车才能灵活地从一个地点随意到达另一个地点。大众交通系统只有既能满足这些随意移动的需求，又能提供真正的便利，才能被人们接受，才能解决可能导致特大都市陷入瘫痪的危机。

还有一个需要创新的例子是特大都市新"街区"内的"垂直街道"，即高层公寓楼。一条人口稠密、人来人往的街道是社区生活的主轴，也是街区安全的关键。街区之所以"不安全"，并非因为流氓横行。流氓之所以横行，是因为街道上空无一人。世界上很少有城市像罗马一样有那么多粗野之人，然而在罗马的任何一条街道上行走，无论白天还是黑夜都非常安全，因为街上总有人。

相比于传统街区，特大都市的公寓楼里住着更多人。然而，电梯这个19世纪工业城市的非凡发明，其设计目的是把同一建筑中的人彼此隔离开来，从而让乘客可以从自家公寓门口直接走到街上，而不必接触公寓楼里的其他人。这样一来，大型公寓楼就不是街区，它也就无法成为社区，最重要的是，它越来越不安全。然而，特大都市的"街道"只能存在于这些大型建筑物内部，因为人们居住在里面。因此，设计垂直街道就成为一项重大挑战。我们可能已经有了相应的技术手段，比如自动扶梯。但要以此为基础在高层建筑内创建社区中心、购物中心以及人们可以聚会、消遣、休闲、散步、交际的"户外"，将需要大量技术创新和美学智慧。

特大都市的大众交通与垂直街道本身并非特别奇妙的构想，却需要极富想象力的解决方法。大体上，这些构想仍然基于特大都市是工业城市的延伸这一假设，但对特大都市有用的技术可能基于完全不同的假设。例如，我们可以想象，特大都市的交通问题可能不是通过方便人们出行来解决，而是通过设法降低人们出行的必要性来解决，也就是把信息和思想传递给人们。这就需要新而不同的产业，这些产业不同于现在已有的任何产业，就像地铁、电话和电灯不同于18世纪城市中的技术和产业那样。

上述这些是我们已经可以清楚地看到的一些新兴产业，这些产业虽然还没有成为人们关注的焦点，但已经登上了舞台。相比于错误的预测（即预测了不会发生的事情），任何这样的预测都有更大的风险。它冒着变得无关紧要的风险（即没有预测到即将发生的重要事情）。预言家预测的一切事情皆有可能发生，然而他可能没有理解最有意义的新情况，或者更糟的是根本没有留意这些情况。在预测过程中，我们没有办法避免预测本身变得无关紧要这种情况，因为重要的和独特的事项总是价值观、观念和目标（也就是人们能猜测但不能预测的事情）发生变化的结果。

因此，我试图描述的新兴产业可能现在还不是主导产业，但它们在未来的经济大戏中却是"主角"。这些产业告诉我们，全新的事物已然存在，而不仅仅处于展望之中。这些产业表明，新生事物足够强大，足够有活力，足以在未来几十年中为发达国家的经济提供前进的驱动力。然而，它们表明的关键点在于，新兴技术在知识、社会和经济方面不同于传统技术。新兴产业不是补充，而是创新。

新的知识基础

所有新兴产业都基于 20 世纪的知识，这些产业的根基是 20 世纪的物理学，包括关于辐射和量子的物理学、关于物质与结构的新科学、关于分子与原子键的物理化学等。然而，对这些新兴产业而言，传统"科学"以外的知识领域同样重要。计算机首先以符号逻辑为基础。如果没有罗素和怀特海的《数学原理》（1910 年出版），计算机就不可能出现。计算机发展的最大推动力来自已故的理论数学家冯·诺依曼，而不是某位电气或电子工程师，甚至不是某位物理学家，这并不是偶然之事。

这些新兴产业基于一种新观念，即"系统"观念，它对信息业、海洋业、材料业、特大都市相关产业而言同样至关重要。它把第一次世界大战前诞生的"完形"（configuration）观念转化为技术，这具体表现在生物学家的"生态学"中、心理学家的"人格"中、德国感官知觉研究者的"格式塔"中以及人类学家的"文化"中。[⊖]

这种新技术不是"应用科学"。基于符号逻辑的现代数学以及完形观念都不是通常所说的"科学"。然而，两者都是新技术的核心，因此也是新兴产业的核心。现代数学和完形观念都是新事物，它们使得新兴产业与 20 世纪上半叶的产业截然不同。20 世纪的技术拥抱并吸收了人类所有的知识，包括物理科学和人文科学。实际上，在这些新技术中，物理科学和人文科学没有区别。在这些新技术中，物质世界和精神世界之间的分裂，即 300 年前笛卡儿引入西方思想领域的"分裂"，正在逐渐被克服。

这种分裂的影响远远超出了经济甚至技术领域。这可以解释为什么我们今天担忧"两种文化"之间的分裂，用 C. P. 斯诺（C. P. Snow）的流

　　⊖　更详细的讨论请参阅《已经发生的未来》（*Landmarks of Tomorrow*, New York: Harper & Row, 1959）第 1 章 "新世界观"。（该书中文版已由机械工业出版社出版。）

行说法，就是科学领域与人文领域之间的分裂。我们不能再容忍这种分裂了。我们将不得不要求受过科学训练的人再次成为一名人文主义者，否则他将缺乏必要的知识和观念，无法使其科学变得有效，甚至无法使其科学成为真正的科学。我们还将不得不要求人文主义者对科学有一定的了解，否则他的人文知识将是无关紧要和无效的。最重要的是，我们将不得不要求关心经济的人，无论是政治人物、企业人士还是研究人员了解这两种文化，并在两者间游刃有余地行动。

新技术不仅基于科学，更基于全部新知识，这个事实也意味着技术不再与文化分离，而是文化不可分割的组成部分。当然，文明总是由技术塑造的。有人认为技术只是在最近 200 年里才变得重要，这是一派胡言。工具和工作的组织（我们称为技术的两个要素）一直在塑造着人的行为和能力，两者在很大程度上决定了人们想成为什么样的人。然而，数千年来（在西方国家，自从古希腊人将奴隶制变成一种经济制度和从事生产的基础以来），人们一直认为工作以及与之相关的工具、方法和组织都位于文化之外，不值得有文化的人关注。假如我们的新技术像现在这样位于当今文化的中心，那么古希腊知识分子蔑视奴隶（奴隶的辛苦劳作让知识分子得以过上奢侈和悠闲的生活）的遗产就将被最终清除。反过来，这也必然会改变文化和技术。

同样重要也同样新颖的事实是，每个新兴产业都完全是基于知识的，没有一个新兴产业是基于经验的。

1850 年前，每项技术及与之相关的产业都基于经验。知识，也就是有系统、有目的、有组织的信息，几乎与这些产业没有任何关系。即使是在 19 世纪下半叶出现并且今天仍主宰着我们经济和工业生活的所谓"现代"产业，也主要是基于经验而非知识。在飞机或汽车的诞生过程中，科学几乎没发挥任何作用，甚至连"教母"的辅助作用都没有，更别提助产士的作用了。这些技术仍是基于经验的。电气业在很大程度上也是如此。比如，爱迪生更像是传统的工匠，而非现代的研究者。只有在化学工业中，才有在大学受过科学教育的发明家。除此之外，在"发明的英雄时代"，也就是在第一次世界大战前的六七十年里，几乎完全没有出现受过大学教育的发明家，这一点非常引人注目。[⊖]

因此，新兴产业体现了一种新的经济现实：知识已成为核心经济资源。系统地获取知识，也就是有组织的正规教育已取代传统上通过担任学徒获得经验的做法，成为生产能力及业绩的基础。

最后，这些新兴产业与传统的"现代"产业的不同之处还在于，前者主要雇用知识工作者，而非体力工作者。例如，拥有大量就业机会的计算机编程是一项半技能型工作。做一名程序员只须具备初中数学水平，外加3个月的培训和6个月的实习就够了。虽然这种技能并非十分高深，但它基于知识而非基于经验或体力训练。新兴产业可能创造的其他就业机会也是如此。在数量上，新兴产业创造的工作岗位可能很多。其中有些工作肯定需要高深的技能，例如许多为了开发海洋而产生的工作岗位。但在任何情况下，无论是技能型工作还是非技能型工作，都是以知识为基础的。做好这些工作所需的准备就是学习相关课程，而不是担任学徒。工作者的生产率将取决于他把概念、思想、理论（即在学校学到的东西）应用于工作的能力，而不是把通过经验获得的技能应用于工作的能力。

我们很容易高估新兴产业及新技术的影响。毕竟，蒸汽船直到1860年之后才开始在海洋上取代帆船，也就是说，那时电力和内燃机新技术已开始取代燃煤蒸汽机成为"现代的"原动力。然而，未来的新兴产业代表一种质变而非量变。在结构、知识基础和社会方面，这些产业都不同于

　⊖　详见梅尔文·克兰兹伯格（Melvin Kranzberg）、卡罗尔·W. 珀塞尔（Carroll W. Pursell, Jr.）编辑的《技术与西方文明》（*Technology and Western Civilization*, New York, London, and Toronto: Oxford University Press, 1967）中本人撰写的两章："20 世纪的技术发展趋势"（Technological Trends in the Twentieth Century）、"20 世纪的技术与社会"（Technology and Society in the Twentieth Century）。

以往的产业。因此，这些产业不仅代表了变化速度的加快，而且代表了一种不连续性，其不连续程度堪比 19 世纪 60 年代到 1914 年间新出现的产业。

因此，企业或政府实际上大同小异的现有政策不适合新兴产业。新兴产业要求企业人士和政治人物从根本上做出改变。它们既需要新政策，也需要抛弃当今工业社会习以为常的做法。

新创业者

第一次世界大战爆发前的 50 年向来被称为"发明的英雄时代",也可被称为"创业者的英雄时代"。这一时期的发明家必须懂得如何把自己研发的技术转化为经济业绩,把自己的发明转化为一家企业。⊖当今的大型企业就是在那时创立的,即使在那时,管理能力(即把一群人组织起来持续开展工作的能力)也是非常重要的。再伟大的发明家,如果缺乏管理能力,那么不管他多么渴望成为大亨,也会丧失自己的企业。爱迪生的命运就是如此,尽管他有成为大型企业所有者和负责人的强烈抱负。但在这个时期人们最需要的是创业精神——创造新而不同的事物的能力。

自第一次世界大战以来的 50 年内,管理一直是重中之重。这并不是说该时期缺乏创业精神,也不是说创业机会有限。恰恰相反,在第二次世界大战结束后的 20 年里,每个发达国家新创立的企业数量,不论是绝对数还是相对数,都超过了以前任何类似的时期。相比于以前,这些新企业中有越来越多的企业已经成长到相当可观的规模,有些企业甚至成为世界

⊖ 德国人将这一时期称为 Gruenderjahre,即创始人的时代。

巨头，比如 IBM 公司、施乐公司以及一些制药公司。然而，对该时期由大量人员组成的富有成效的组织来说，亟须做的是那些已经可以计划、规划与布置的事务，也就是已经众所周知的事务。

现在，我们再次迈进了一个强调创业精神的时代。然而，这并非指一个世纪前的创业精神，即强调某个人组织一家他能亲自运营、控制并拥有的企业的能力，而是指创建并指挥一个组织开创新事业的能力。我们需要的是能在过去 50 年奠定的管理基础上建立新的创业结构之人。人们常说，历史是螺旋式上升的，人们会回到先前的位置，或者面临先前的问题，但是会通过螺旋式路径处在一个更高的层次上。我们将以这种方式回到创业的道路上，也就是从单个创业者到管理者，现在再回到创业的道路上，不过层次已经上升了。

今后，企业人士将不得不掌握许多新能力，它们在本质上都是创业能力，但所有这些能力都要在某个管理型组织内且通过组织来运用，并且这个组织通常是一个大型的、复杂的组织。

技术的动态

企业人士必须学会理解技术的动态，并预测技术变革的方向和速度。如果新技术源自现有经济组织之外独自行动的发明家，那么就不需要这种理解。然而，如果一个正在发展的发达经济体想要实现迅速创新和变革，那么其中的企业人士就必须能预测技术的发展，并利用技术发展所带来的机会。

"预测"（严格意义上的"预测"）技术变革要求具备以下能力：知道什么变革将会发生，以及这些变革何时会发生。对于提前洞察重大技术变革发生的时间，我表示怀疑。但我们有很高的概率知道哪些技术变革可能会发生，其中哪些变革可能会对经济产生重大影响（也就是说会衍生出新的产业），以及这些变革是否真的即将到来或已迫在眉睫。总之，技术的动态并非特别神秘。

技术的第一个动态要素，也是最容易识别的要素，就是经济需求和机会。需求并非发明之母，而是发明的助产士。重大创新需求的首要指标是经济学家一百多年来早已熟知的，即一个主要产业的资本生产率下降。凡是一个主要产业需要更多投资才能生产相同数量的产品，尤其是如果增加的资本需求没有被节省下来的劳动力所抵消，那么该产业就会急剧衰退。不管该产业当时看起来多么繁荣，利润多高，除非有办法逆转这一趋势，否则它就会迅速衰退。　　　.

新技术不是按照命令产生的。我们不能仅因为投入了人力和财力就期待获得技术成果。但与此同时，新技术也只能是人们付出努力后获得的成果。如果一个主要的产业很少让最优秀的人才致力于基本的变革，而是经常把他们的精力浪费在不顾一切地努力让昨天的工作再延续一段时间上，那么产业外富有想象力的有识之士通常就会看到机会并放手去做。一旦他们取得成果，就可能迅速产生重大影响。

关于这种重要的新技术所创造的经济机会，一个例子就是我在前文中提到的炼钢工艺。20 年前，在人们还不知道一家不起眼的奥地利炼钢厂在第二次世界大战期间开发了新式吹氧炼钢工艺时，某些人，尤其是钢铁业以外的经济学家，已经清楚地看到进行重大技术变革（把炼钢转变成化学流水作业）的需求。事实上，他们比任何钢铁业从业人员都更清楚地看到了这一点。（局外人几乎总是比局内人更清楚地看到这种基本的经济弱点，而局内人往往会成为熟悉事物的囚徒。）虽然他们还不能具体说出新工艺的方法，但 20 年前的人们可以说："如果某种工艺能把炼钢转变为保持温度的流水作业，或者说只是让炼钢朝这种工艺的方向发展，那么它将很快创造出一种新的炼钢技术。"

同样，甚至在第二次世界大战前，人们就可以依据远洋运输业资本生产率的迅速下降来预测造船业的重大技术变革。这再次揭示了现有流程的一个根本性弱点——自腓尼基人以来几乎没什么变化的港口装卸系统造成了经济上的浪费。或许在20世纪30年代末或40年代初，没有人能预测到集装箱船的出现或美国国防部想以"快速部署补给舰"的名义打造浮动军事基地（实际上，这将完全消除港口及其设施）。然而，30年前人们就可以说，就像我们已采用的处理石油、铁矿石或谷物的流程那样，能够在码头处理货物的任何流程都会立刻产生重大的经济影响。它将迅速创造一种新技术。

造纸业的情况也一样——同样是因为资本生产率的稳步下降表明，如果在经济上的薄弱环节开发出新技术，那么马上就会产生直接的、重大的影响。

类似的分析也揭示了技术缺口所创造的机会。

使瑞典人成为电力传输领域领导者的那种思维就是一个典型例子。瑞典人显然在20年前就看到了核能将变得有竞争力，而且如果建造超大规模的发电站，核能发电实际上将成为最经济的发电方式。然而，他们也看到，无损耗高压输电能力而非发电能力将成为关键。一旦看清了这一点，接下来只要开展相对较少的工作、投入少量资金就可以开发出所需的新技术。因为所有必要的知识实际上早在70年前就已经具备了。

这种对技术动态的分析让瑞典这个人力、财力有限的小国成为当今高压输电技术领域公认的领导者，尽管拥有更多资源的其他国家（如美国、苏联、英国、法国、联邦德国和日本）都在高电压研究方面投入了比瑞典多得多的资金——但都花在了错误的地方。

为了对技术进行预测，第二个需要关注的动态要素是各类知识。人们会问："知识领域正在发生什么？这可能会创造哪些技术机会？"

现在，流行的观点认为知识转化成技术的速度比以往快得多。然而，证据并不支持该论断。事实上，知识转化成技术的时间似乎延长了。例如，海因里希·赫兹在波动物理学上的科学发现不到20年就被马可尼转化为新无线电报技术，现在可没有能与这一速度相提并论的。今天，新知识与新技术之间的转化时间更可能是30~40年。此外，把新技术开发成适销对路的产品和工艺所需的时间似乎也延长了。

新产品或新工艺进入市场与得到普遍采用之间的时间则明显缩短了。50年或75年前，人们需要相当长的时间才能适应新产品或新工艺。新产品或新工艺跨越国界需要5年甚至10年，跨越大西洋需要更长时间。然而，这不包括电灯泡、电话或有轨电车这类重大创新，所有这些都以前所未有的速度传播到全世界。现在，新产品或新工艺的传播期是几周或几个月。

因此，人们可以通过系统地寻找新知识，以及留意新知识转化为技术的第一个迹象来预测技术。然而，正如前文对新兴产业的分析所表明的那样，新技术不再纯粹源自"科学"，而是源自所有对知识进行系统研究的领域，无论是不是传统意义上的科学领域。

某个领域的重大新变化更可能源自其他领域或学科，而不是源自该领域内部，这向来是一条规律。

现代心理学的完形概念，比如"人格"或"格式塔"，源自19世纪物理学的"场论"。反过来，现代电子工程学的"系统工程"概念也源自心理学（生物学家也提供了帮助）。当代遗传学的巨大进步部分源自物理化学，后者发现了空间关系的重要性；部分源自电子工程学，它发现了一种作为电子电路通用理论的"信息论"。

纵观历史，不论"专家"如何把知识分门别类，人类知识都像一套连通器中的液体：某个领域的知识有进展，其他领域也会随之发展。

因此，要理解技术的动态，人们往往要从自身知识之外的领域开始。在自身的知识领域内，人们有可能被蒙蔽，因为在这个领域中，他们通常知道得太多，尤其是知道所有不能做的事情——当然，其中大部分都未经检验。而且，真正的重大进展更可能来自其他领域的发展，而非自身知识领域的发展。

知识界的新态度，甚至口号都预示着新的重大技术机会。例如，在人们能真正设计并制作材料的 10 年或 20 年前，产业界其实就开始谈论"材料"了。愿景通常先于行动，而理解则更晚。IBM 公司的创建者和缔造者老沃森生前并未目睹计算机的巨大成功。但早在 40 年前，他就开始谈论"数据处理"了，尽管当时根本没人能说清楚这个术语是什么意思。现在，人人都在谈论"特大都市"或"超级城市"，尽管还没有人能给它下定义。

这类口号不只表明了新需求，也体现了新见解。许多新技术并非新知识，而是新观念。它把以往没人想过要放在一起的事物放在了一起，而这些事物本身已经存在了很久。

人们常说，亨利·福特没有任何创新，这话很有道理。确实，没有任何机器、工具、新产品、工艺是以他的名字命名、由他发明的，或者是可以由他申请专利的。福特所用的一切都是众所周知的。在他推出首辆汽车之前，市场上已经有很多汽车了。然而，亨利·福特是一位真正的创新者。他的贡献在于大规模生产、大众市场定位、薄利多销等。一般而言，在经济、社会和文化方面，观念通常会比许多"新"事物甚至"新"想法具有更大的影响力。

分析技术及其动态不是一个"科学的"过程，但也不是凭借"直觉"的过程，而是真正的分析。这种分析本身并非"技术"。事实上，技术专家自己通常做不好分析。做得最好的是那些像创业者一样思考的人，他们会问："一个新产业，或者起码一个新工艺的机会在哪里？哪些新技术的发展由于符合现有产业和市场的主要需求而可能产生重大经济影响？哪些重要的新知识已经出现，但尚未产生经济影响，尚未创造出新产业、新工艺、新经济能力或新生产力？有哪些新见解、新观念可能会创造出有效的新技术，以及创造出何种新技术？"

从这类分析中，我们不可能推断出这样或那样的发展将在某年出现，并在 5 年内带来多少百万美元的销售额。但我们可以基于这些分析说一些更重要的事：如果某种"发展"一旦出现，就将产生重大影响，那么它确实有可能成为一个新产业，而不仅仅是一种新产品、一项新技术，也不仅仅是一个新工具或新方法。

在瞬息万变的时代，技术战略对一个企业乃至一个工业国家的成功和生存都至关重要。我们有必要事先深入思考技术工作的方向是什么，是否应该像现在产业界几乎所有以"研发"为名的工作那样，把重点放在改进和优化上？是否应该致力于开发新技术，或者致力于创造新知识？还是应该像瑞典人在输电领域所做的那样，利用技术与经济潜力之间的缺口？这样的技术战略还应当认真考虑，一个企业是应该以开发供自己使用的基础技术为目标，还是应该开发授权他人使用的技术，以及企业应该在什么阶段引进技术？当新技术出现时，企业应该寻找并准备好接受哪些技术？

在迅速变革的年代，没有企业能开发出所需的全部技术，即使是在自己所处的领域都不可能。即使是规模最大的企业（甚至最强大的国家），也不能再像 1890～1930 年间成立的研究机构那样，开发某个领域所有的新技术并进行所有创新，甚至创造所有新知识。

这种在技术上自给自足的想法是近一个世纪前德国化学工业中最早的研究实验室得以创建的基础。一代人的时间之后，这种想法仍然是德国政府资助的大型科研机构——威廉皇帝协会（现名为马克斯·普朗克协会）得以创建的基础。它也奠定了美国第一批大型研究实验室成立的基础，比如 1900 年左右通用电气公司在斯克内克塔迪市的实验室，以及大约 10 年后美国电话电报公司的贝尔实验室。

然而今天的每个组织，即使是政府提供所有资源的最强大研究机构也不得不接受以下事实：没有任何组织能够在技术上自给自足。每个组织都得学会聚焦，也得学会从外部引进以及明白应该在哪个阶段引进。

在国际贸易中，增长最快的领域可能不再是货物贸易，而是技术、专利和许可贸易。每个组织都得学会制定应对战略：我们自己要做什么？打算把什么东西卖给别人？我们要买什么，在什么阶段买？

日本是成功实施技术战略的一个早期例子。现代日本的奠基者清楚地认识到，该国不能试图在技术创新方面领先，日本人的全部精力都得投入到社会和文化的创新领域中。一个国家虽然不能引进社会与文化，但可以引进技术。结果，日本人学会了如何寻找已出现的新技术，如何在适当的阶段从国外引进新技术，以及如何将来自国外的创意迅速转化为成功的、适销对路的产品。然而到目前为止，即使是日本人，也只知道如何购买技术，他们很少有机会学习如何销售技术，或如何集中自身资源，以便通过自己的努力在新知识、新技术和经济成果方面获得最大可能的收益。

在西方，到目前为止，只有瑞典人考虑过这种技术战略。

高压输电只是瑞典在深入思考技术缺口位于何处以及如何利用该缺口方面取得成就的一个例子。瑞典汽车业则是另一个例子，它专注于制造一款兼顾乘用车造型与恶劣路况所需坚固性的汽车。瑞典飞机工业也是如此，作为小国中唯一存活的飞机制造业，它聚焦于生产能够在非常短的跑道上起降的飞机，也就是说，在并非大国或富国的那种典型的跑道条件下也能够起降的飞机。

然而，一直以来瑞典的技术战略并不是由技术专家制定的，而是主要由领导该国三大银行的产业开发银行家制定的。他们不是科学家，也不是工程师，但显然都明白需要一种适合小国的技术战略，即在这种国家，现有资源必须集中用于填补少数几个领域的缺口，而不是推进重大的技术进步。第二次世界大战结束时，瑞典在很大程度上仍是一个以采矿业和伐木业为主的经济体。现在，从人均产出来看，瑞典已成为欧洲领先的工业经济体，生活水平已仅次于美国。

市场的动态

企业人士将越来越需要理解市场的动态。市场是创新思想最有力的源泉。例如，美国商务部过去几年所做的一项研究表明，即使是具有专利的产品和工艺，也就是技术含量高的产品和工艺，大多数也源自市场需求，而不仅仅源于技术推动。

为了防止技术成果的损失，人们有必要理解市场的动态。从技术上看，过去25年没有哪个国家比英国做得更好。仅举三个例子——抗生素、雷达和喷气式飞机，它们都源自英国。计算机在很大程度上得益于英国的技术，核反应堆也是如此。然而，在这些领域，英国人都没有在他们播种和耕耘的地方得到收获。虽然导致这一问题的原因不止一个，但未能关注市场并理解其动态显然是一个核心原因。

一项关于美欧间"技术差距"的研究表明了营销对技术的重要性。[⊖]该研究表明，在战后几乎可以完全归功于一个国家的发明中，有19项是在美国完成的，10项是在西欧国家（英国、法国、联邦德国）完成的。然而，关于这29项发明所带来的重大创新，美国在其中22项上处于领先地位，而所有欧洲国家加起来只在其中7项上处于领先地位。这样的差异完全是营销造成的结果，[⊜]也就是说，完全是将新技术转化为经济成效的能力所产生的结果。

但是，营销在使技术产生经济效益方面的作用在更早以前就已得到证明。

　　在电灯泡技术方面，做得最好的不是爱迪生，而是其来自英国的竞争对手约瑟夫·斯旺爵士。然而，在市场上胜出的却是爱迪生的电灯泡，原因很简单，不同于斯旺，爱迪生着眼于市场。他站在电力公司的角度设身处地考虑："它们需要什么？它们可以使用什么？"他还设身处地站在房主的角度考虑了同样的问题。从技术上看，斯旺的电灯泡可能要高明得多，但不符合这两类市场主体的期望、行为和价值观。新产品要在经济上可行（更不用

⊖ J. 本－戴维（J. Ben-David）著，《基础研究与政府政策》（*Fundamental Research and Government Policy*, Paris: Committee for Science Policy, OECD, 1966）。
⊜ 关于这方面的基础工作是美国经济学家 J. 施穆克勒（J. Schmookler）撰写的《发明与经济成长》（*Invention and Economic Growth*, Cambridge: Harvard University Press, 1966）。

说成功了），就必须被这两类市场主体接受。

大多数企业人士在谈到"营销"时，只不过是指系统地、有目的地安排所有必须做的工作以销售产品，将其交付给顾客并获得报酬。在一个技术迅速变革的时代，创业者需要的是另外两种意义上的"营销"。

首先，我们需要的"营销"是从最终目的和证成性[⊖]的角度，也就是从顾客的角度，或者更确切地说是从"顾客们"的角度来看待整个企业，因为每家企业和每个产品至少要满足两种，通常是更多种完全不同类型的顾客的需求。这意味着最重要的是，不要试图从"我们的产品"出发来看待顾客。人们只要想到"我们的产品"，就仍是从销售的角度思考，而非从营销的角度思考。重要的是顾客的行为、价值观和期望。在这样的视角下，自家企业无足轻重，更不用说自家的产品了。从真正的营销角度来看，任何产品和企业对顾客而言都无足轻重，甚至不会被顾客注意到。不言而喻的是，顾客只对自己寻求的满足感、自己的需求和期望感兴趣。顾客的问题始终是："这个产品（或这家公司）以后能为我做什么？"

其次，企业人士得学会将营销本身作为一种创新力量来实践。他们得明白，真正的新事物通常不会去满足已存在的需求，而是会创造新的期望、设定新的标准，使新的满足成为可能。因此，"创新性营销"创造了市场。新技术总是需要新市场，而在新技术创造出新需求之前，这些市场甚至是不可想象的。

化工业一直都明白这一点。

在化工业收购美国大量地毯厂之前，地毯业正在走下坡路。地毯业为产品打广告，"努力"进行销售，但地毯在顾客住房和

⊖　证成性（justification），政治哲学术语，关注权力的效用和达成的目的，从"目的的进路"去评价相关的对象。——译者注

家居总消费支出中的份额却稳步下降。后来，在20世纪50年代初，化工企业进入地毯业——主要是为了保住其合成纤维的一个重要顾客。该产业立刻开始了创新性营销。

地毯业者首先问："典型购房者未实现的最大期望是什么？"像所有正确的答案一样，答案一旦给出，听起来就是显而易见的，那就是：让年轻家庭购买的房子更接近他们的愿望和品位，也就是说，要弥合年轻顾客在家居杂志上看到的房子与他们买得起的房子之间的差距。这个答案立刻凸显了地毯的新作用，因为地毯是为数不多的可以用较少花费来提升住房品位和舒适度的方法之一。

接下来的问题是："年轻人买得起什么？"同样显而易见的答案是，他们可以每月多支付几分钱利息，却无力在买房时一次性支付更多费用，各种支出已经让他们微薄的收入不胜负荷了。一旦得出这个答案，情况就很清楚了，年轻夫妇能买的地毯是最昂贵的那种，即满铺地毯。因为这种地毯能够固着在房屋结构上，能够列入房主的抵押贷款中。

最后的问题是："谁决定买什么？"换句话说，"谁是真正的顾客？"这个问题的答案是大众建筑商而非年轻夫妇。换言之，因为地毯能让大众建筑商节约地板费用（这意味着需要全屋铺满地毯），因为地毯让住房看起来更好而使建筑商更容易将房子售出，而且因为建筑商能够在不增加首付的情况下出售铺有地毯的住房，但每月的利息只会略微增加，所以提供地毯的选择对建筑商有吸引力，进而，地毯立刻成为房主的主要满足点。通过这样的创新性营销，美国原本衰退甚至濒临消亡的地毯业恢复了健康，得以增长并实现了盈利。

与此同时，比地毯更能提升家居品位与舒适度的电气照明设备仍是一个处于衰退中的行业。整个行业都在努力设计出"更好的"产品并"努力销售"。

国外有一种普遍看法，认为是新技术创造了销售，并随之创造了就业和产业。然而，新技术只是有这种潜力。是营销，尤其是创新性营销，把这种潜力转化成了现实。唯有在严重短缺的情况下，商品才会不愁卖。比如治疗癌症的药物从不需要太多营销。因为在这个领域，我们面临严重短缺，如果我们有正确的知识和有效的产品，甚至都不需要"销售"。然而，即使是治疗癌症的药物，也必须以医学专业人员可以有效使用的形式存在。

只要不是面临癌症治疗药物这样严重短缺的情形，新技术就首先需要有效的营销，需要理解市场及其动态。事实上，就像前述成功的瑞典技术新产品的例子所表明的那样，这对于指导技术领域的工作是必要的。创新性营销需要为顾客创造新观念，使其能够利用这种新观念来拓宽视野，提高自己的期望和抱负，并获得新的满足。

经济进步不是指在更大程度上满足原有的需要和欲求，而是指提供了新的选择，以及期望与抱负的视野的扩展。这在很大程度上是营销的一项功能，因此，要让技术变革取得经济成效，也就是满足人们的需要和欲求，就需要进行营销。

创新型组织

企业人士将不得不学会建立并管理一个创新型组织，一个"人的群体"，它能预测新事物，能把愿景转化为技术、产品和工艺，愿意且能接纳新事物。

在过去的半个世纪中，我们基本上已经学会了如何为实现共同绩效而组织人力。总体而言，我们已经学会了如何利用组织来有效地做我们已经知道该如何做的事情。这是一个巨大的进步，也是我们当今社会所依赖的基础。而我们现在需要让组织成为能够创新的组织。

如今，我们周围已经有了规模庞大的创新型组织。

美国电话电报公司的贝尔实验室就是一个典型例子。近50年来，贝尔实验室异常高产，一直是众多不同领域新技术的来源。然而，贝尔实验室是一个大型的、高度结构化的管理型组织的组成部分，该组织必然主要聚焦于有效地做它已经知道该如何做的事情上。

到目前为止，贝尔实验室只是一个特例。现在，我们必须把这种特例转变为常态。我们需要创新的能力。我们需要把这种创新能力融合到经济中，在这种经济中，我们拥有大型的、永久性的管理型组织，而这在19世纪是不存在的。

这将需要进行重大的组织变革。正如贝尔实验室的成功所表明的那样，创新型组织必须与管理型组织区分开来。管理型组织负责开发利用现有的东西，它们可以调整、扩展、改进，却不能真正地创新。

例如，越来越多的企业已经认识到，根本无法指望企业内部现有的产品部门生产出真正的新产品。新产品需要一个独立的"开发事业部"来负责，直到它不再是"新"产品，而成为一项成熟、持续、成功的业务。这也是杜邦公司教给我们的经验，该公司位于特拉华州威尔明顿市，是化工企业中最成功的创新者。40年前，该公司就设立了一个独立的"开发事业部"。

然而，也许更重要的是，创新型组织需要一种不同的人际关系结构。它需要成为一种团队型组织，而非命令型组织。它需要在人际关系上保持灵活，然而，它也得有纪律、有权威、有决策者。尽管小型爵士乐队和手术室的外科团队都是团队制的例子，但传统组织理论在很大程度上对其一无所知。

创新型组织需要最高层人员秉持一种新态度。在管理型组织中，最高层人员是评判者。在创新型组织中，最高层人员要鼓励各种想法，不管这些想法多么幼稚或粗糙。而且在创新型组织中，最高层人员要设法把尽可能多的想法转化为好的建议，以推动有效的、有目的的工作。他们应该问："必须要怎么做才能让这个想法得到认真对待？"而不该像管理型组织里的人那样说："这不是一个好建议。"

没有一个真正的新想法从一开始就是现实的、严肃的、深思熟虑的、可行的。它总是从摸索、猜测、探索开始。可以肯定的是，这些"好想法"十有八九最后都变成了一纸空文。在剩下的那一小部分中，绝大多数也没有任何进展。"好想法"的死亡率跟青蛙卵的死亡率一样高，想法是大自然的一部分，而自然是慷慨大方的。所以，我们从来都不缺乏想法，就像池塘里总不缺青蛙卵那样。1000 个想法才能孵化出 1 个可行的最终成果。而我们事先并不知道这 1000 个想法中哪个会存活下来并发展壮大。

创新的态度要求最高层人员愿意倾听、鼓励，并亲自努力把粗略的猜测转化为清晰的理解，把最初的一瞥转化为愿景，把令人兴奋的事物转化为成果。这并非许多人认为的"创造力"，也不是"杂乱无章"的。这是一个相当有组织、有纪律、系统化的过程。但这需要一种不同于管理型组织的方法和程序。

如今，"专业的"管理者往往自视为"法官"，对他人提出的想法说"是"或"否"。这不可避免地导致了下面这首著名的打油诗所描述的情形。据说，有一天人们发现写有这首打油诗的纸被钉在伦敦联合利华公司公告板的组织结构图上：

> 纵贯这棵大树，
>
> 从树根到树冠，
>
> 想法向上涌动，
>
> 否决向下流淌。

　　一个认为自己的职责就是评判的最高管理者，将不可避免地否决新想法。新想法总是"不切实际的"。唯有最高管理者认为自己的核心职能是设法把不成熟的新想法转化为有目的的行动时，才能真正让组织（不论是企业、大学、实验室，还是医院）有能力进行真正的创新和自我更新。

　　创新型组织难以承担的一个风险就是把目标定得太低。把已经在做的事情做得更好一点，与做完全不同的事情一样，都需要聪明才智和大量的工作。同样，为现有产品线增加一个产品和创造一项新业务一样，都需要做大量的工作，付出大量的努力。但是在真正的创新中，我们不能只满足于推出另一种产品。与可能取得的成果相比，为现有产品线增加一个产品所需的工作量太大——而且其风险与开创一项新业务甚至一个新产业的风险相差无几。真正有成效的科学家与仅仅是有能力的科学家之间的不同之处，很少在于知识或努力，更不在于天赋。真正有成效的人（牛顿或法拉第这类极少数的天才除外）是那些把自己的知识、智慧和努力聚焦于一个伟大的、真正有价值的目标上的人，是那些着手创造新事物的人。

　　多年来，我一直在阅读诺贝尔奖得主的获奖感言。他们一次又一次地说："让我开始从事这项工作并取得这项成就的，是某位老师偶然说过的一句话，他说，'你为什么不做一些能真正带来改变的事情呢？'"在一个创新型组织中，要问的第一个问题是："这件事情是不是足够重要，以至于如果我们成功了，那么就算无法开创一个新产业或新技术，起码也能打造一项新业务？如果不是这样，我们就无法承担风险。"这个问题与管理型组织在进行"长期规划"或分配资源时所问的问题截然不同。管理型组织设法将可能遭受的损失最小化，而创新型组织必须把可能取得的成果最大化。

新的经济政策

我们正处于一个创新和技术变革的时代，这个时代对政府政策提出了很高的要求。这些要求可能比对创业者提出的要求更难满足。

在一个迅速变革的时期，新兴产业成为新的动力，政府政策最重要的是不能阻止或抑制生产资源的流动。劳动力和资本是经济体中的两种流动性资源，它们必须能够流出之前的工作领域，流入生产率最高的领域。

对个人的福利而言，这种流动必不可少。生产率较低的工作必然报酬较低。因此，阻碍人员向生产率更高的领域流动，就会使那些"受保护"的人收入降低。事实上，这会使个人面临失业的威胁，或者起码会让个人感到不安、恐惧和忧虑。通常情况下，工作的生产率越高，就越令人愉快，也越能给个人带来满足感。今天尤其如此，因为在发达国家，生产率最高的工作越来越不是体力工作，而是知识工作。这为个人提供了更多机会，让他们通过做自己喜欢的、引以为荣的事来谋生。

资本也必须能够流向高生产率的投资领域。经济越发达，资本的最优利用就越重要。因为"发达"经济体实际上是指资本生产率稳步提高的经济体，也就是资本从低生产率工作稳步转移到高生产率工作的经济体。这是一个国家能够享有较高或不断提高的生活水平和充分就业的唯一途径，也是发达国家在其他欠发达国家开始增长并提升其经济能力和表现时保持竞争力的一种方式。

然而，由于持续 50 年的经济连续性，当今的发达国家会有组织地阻碍人员流动，并惩罚资本流动。这种趋势在英、美两国尤为明显——这可能确实是英国经济没有增长反而衰退的主要原因之一。但其他发达国家，无论是西欧国家、苏联，还是日本，都没有太大区别，尽管其中某些国家已经找到了把流动性注入其经济体系的方法。

英、美两国经济增长的最大障碍在于同业组织，尤其是同业工会，它们极其重视按过去的方式做事。同业工会有"管辖区"（美国对工会限制条款的说法）和"分工"（英国人的说法），顾名思义，就是禁止会员学习新技能，也不允许非会员从事技能性工作。

手把手传授已经过时了。它是获得技能的错误方式。因为不论是在经济上还是在教育上，我们都已承担不起学徒制。现在，要让技能有生产率——成为今日名副其实的"技能"，就必须使其以系统化的知识为基础。但即使手艺技能仍是合适的技能，关于工作的同业组织也是不当的组织。

手艺技能是手艺人自身的敌人。通过断言技能是不变的，有技能的工人是不可调动的，同业工会越来越多地剥夺了其会员的工作，让他们陷入了无法发展的境地。纽约市报业和美国船运业、造船业的例子，应该是对同业工会主义（craft unionism）日益威胁手艺人自身的严重警告。

事实上，通过提高流动性，可以更好、更容易地实现同业工会的宗旨，即保障收入和就业。

瑞典工会的一位领导者戈斯塔·雷恩（Gösta Rehn）在 20 年前制定的政策已证明了这一点。根据这项政策，一个与政府、企业、工会合作的自治机构可以系统地促进工人的流动。该机构能够预测未来的工作机会及未来一两年内可能出现的裁员，系统地帮助人们做好从某种工作转移到另一种工作的准备，并取得了巨大成功。若有必要，该机构会安排工人及其家人从衰败的社区迁往成长中的社区。总之，这项政策的成本比支付失业金的成本低得多。

因此，瑞典在过去 20 年中经历了比其他西方国家更为剧烈的产业转型，为新兴产业培养了劳动力，同时也不断提高了瑞典工人的技能、生活水平、工作满意度。

其他任何工业国家都没理由不采用雷恩的政策。这项政策将实现工会想要的一切，并且比今天的工会政策更好。正如瑞典的例子，这项政策将清楚地表明，经济与社会既致力于劳动力的流动，也致力于让流动性成为个人优势、工作保障、事业成功和满足感的来源。

然而，在美国，甚至在英国，同业工会主义已根深蒂固。它不是"自然规律"，甚至不是"工业化规律"，其他工业国家都没有同业工会主义。过去 20 年内增长最快的国家，包括日本、联邦德国和苏联，显然都没有同业工会主义。

在希特勒上台以前，德国的劳工都是以职业为基础组织起来的。然而，希特勒政权被推翻后，再度重建的工会却基于产业而非职业。因此，尽管联邦德国的工会拥有很大的权力，但美、英两国产业中因"谁有权从事什么工作"而不断发生的斗争在今天的联邦德国并未出现。

在美、英两国清除同业工会主义是极其困难的，但该任务将越来越紧迫。可以预见的是，这将成为美、英两国面临的一个核心政治问题。如果无法解决该问题，两国经济几乎不可避免地会衰退。

每个发达国家都大致需要去做瑞典人已做的事情：把流动性作为国家政策的目标。而且，该目标必须以这样的方式来实现：加强并提高劳动者的工作和收入保障，并使流动性成为他们想要和渴望的东西，而不是害怕的东西。

错误的税收激励措施

同样重要也同样困难的将是，把惩罚资本流动的政策转变为鼓励资本流动的政策。

长久以来，民间都认为新技术不会从老牌企业中诞生，尤其不会从大型老牌企业中诞生。虽然没有任何内在理由说明原因所在，但到目前为止鲜有例外（前文提过的贝尔实验室是一个例外）。最早推出计算机的不是美国无线电公司（RCA）或通用电气公司，而是国际商业机器公司（IBM）。在第二次世界大战前夕，该公司还没有科学家或工程师，尽管其名称中有雄心勃勃的"国际"二字，但实际上它只是一家非常小的公司。提出新的复制和复印技术的不是那些看似坚不可摧且处于垄断地位的印刷机制造商，而是施乐公司，它在1950年还只是一家地方小工厂。新兴制药业的领导者并非主要的化工企业。此外，尽管通用汽车和福特汽车公司拥有庞大的资本与工程人才等资源，但它们却没有成为飞机制造业或航天业的领导者。

核电站可能是一个明显的例外，通用电气和西屋电气在该领域是全球翘楚。但从经济上看，核反应堆算不上什么创新，它只是利用新技术来产生一直以来用于发电的蒸汽。不论核反应堆是多么伟大的科技和工程成就，对经济、电力使用者甚至电力公司而言，它只不过是另一个"锅炉"。事实上，对通用电气和西屋电气而言，进入核反应堆行业是防御性行动而非创新性行动，因为近一个世纪以来，这两家公司在发电和配电领域一直占据主导地位。

一般而言，虽然有些重要的例外，但那些小家伙，不论是小型公司还是单打独斗的"车库发明家"，一直都比大企业更有创新性。[⊖]举个例子：尽管铝业公司投入了大量资金从事研发，但铝加工工艺领域的 7 项变革中只有 1 项出自大公司，其余 6 项基本上都出自个人或小公司。

整体来说，对新的小微成长型公司而言，老牌大型企业一直都不算是一个好环境。而政府资助的研究，顾名思义几乎都是"大型研究"，却显然都处于最没成效的环境中。虽然目前在美国的大学或大企业里，从事研究工作的科学家和工程师有 4/5 左右受到了政府资助，但其总产出可能不到所有新想法、新知识和新产品总量的 1/5。

在一个技术创新非常活跃、迅速、重要的时代，小公司的形成与发展将是最为关键的。然而，这意味着它们需要获得资本。创新不仅成本高昂，而且在实现创新的过程中，每花 1 美元，就必须花 10 美元将其发展成一种产品、工艺或服务。在开始获利前，甚至还需要花更多的钱来制造和销售该产品——每 1 美元用于最初的研究，就需要高达 100 美元用于制造和销售产品。

然而，目前美国的税法却极力鼓励资本留在现有的老牌大企业中。事实上，税法是有史以来人们设计的最大的垄断引擎。不管反垄断者如何试图阻止经济权力集中，阻止大企业变得更大，税法都不可避免地挫败了他们的努力。对作为股息支付的企业所得进行双重征税（政府先对企业的利

⊖　至少这是由美国 16 位重要的研究型管理人员得出的研究结论，他们都来自联合碳化物公司、施乐公司等大公司，1967 年春，他们向约翰逊总统和国会提交了技术创新报告。

润征税，再对获得股息的个人征税），这种做法会"资助"并鼓励股东把资本留在现有企业中，尤其是现有大型企业中。除非股东每年的总收入低于 8000 美元，否则他最好以资本收益而不是以股息形式获得投资回报。因此，绝大多数股东都希望自己投资的公司保留资金，并将其用于新的投资。这意味着，新进入者，也就是小型公司、成长型公司以及独立创新者越来越难以获得经济资本。

令人惊讶的不是那些老牌大型企业能够维持自己的地位，而是尽管税法如此，仍有那么多新公司能够发展壮大，以至于许多 20 世纪 30 年代的产业"巨人"要么已经不复存在，要么相比于那些 40 年前甚至 25 年前尚寂寂无名的新公司，已成为相对不重要的小公司。但我们不能永远靠上帝来帮助我们摆脱愚蠢。

正确的政策是众所周知的，它甚至不会减少政府收入——事实上，甚至还可能增加政府收入。政府所要做的就是消除股东保留收益的诱因，让他们重新产生获得股息的正常愿望。例如，如果税法允许获取股息者用已支付的企业所得税来抵消他的个人所得税，那么股息将立刻对股东产生吸引力。而政府收入的损失很容易通过将个人所得税的税率提高几个百分点来弥补，特别是针对高收入者（在美国，可以取消对市政债券等各种投资的大量税收优惠，这些优惠让非常富有的人根本不用缴纳所得税）。为避免被视为补贴富人，税收抵免可以限制在企业所得税的有效税率范围内，也就是说，限制在法官、国会议员或相当成功的医生等中等收入群体的个人当前所应缴纳的税率范围之内。

要摆脱现有的这种鼓励垄断的税收政策，还有一个显而易见的办法是用欧洲的增值税取代对企业利润的征税。这个转变的另一个益处是：它也将加强美国和英国的产品在世界市场上的竞争地位。

然而，尽管税法及其背后基本理念的转变在技术上很简单，但在政治上极其困难。美国现有税法背后的真正理念是不与大企业为敌。这出于一种保护现状并让"肥胖且懒惰者"生活得轻松舒适的强烈愿望——在企业中是如此，在工会中也是如此。无论是对管理者、工会领导者还是对政府行政人员来说，随着新产业和新企业的快速涌现，迅速变革既不容易也不舒服。

双重征税有着深厚的既得利益。世界各地的工会都致力于对利润征收高额税款（而不是对高收入征收高额税款，尽管从工会的角度来看，这要合理得多）。美国的高等教育机构和慈善机构在维持目前的税务理念方面有庞大的利益，例如，若个人股东再度将企业视为"个人"资产，而非管理者的财产，那么就不再会有个人股东愿意给高等教育机构捐款。现有大企业的管理者也不太可能对这种变革抱有极大的热情，无论他们现在多么抱怨"税收负担"，多么反对增加企业所得税的税负。这些阻力实际上是无论如何也要推进税法变革的附加理由，但它们不会让变革更容易或者在政治上更容易被接受。

我们几乎肯定会看到有人试图回避这个问题。英国工党政府于 1967 年秋天曾做过一次这样的尝试。人们普遍认为，资本无法进入生产率更高的新产业是英国经济停滞的主要原因之一。甚至社会主义经济学家也普遍认为，英国的税收政策和政府的投资政策是造成经济停滞的一个主要原因。然而，工党政府没有修改这些政策，而是在 1967 年秋天提议，通过用政府资金购买低利润的新企业的股票来补贴新技术。如果这项提案被采纳，只会导致公共资金的大量浪费。在对这条路线的早期尝试中，尤其是在飞机制造业上，英国政府经常支持错误的创新和错误的投资。此外，就算税收结构允许资本流向可能产生成果的领域，也会因为可用资金太少而无法产生任何影响，无法取代资本市场提供的资金。事实上，工党政府拟采取的措施会降低资本流动性——因为对错误创新无利可图的（即配置不当的）投资，就跟以前的情况一样，会需要越来越多的新补贴。

政府有义务提供保护。在经济迅速变化的时期，政府会面临要求提供

保护的巨大的、正当的压力。期望一个发达经济体的现代政府回归到 19
世纪末的自由放任立场是不现实的，无论这种立场有多么可取、对社会多
么有利。然而，传统的、从根本上来说不诚实的保护方式，即隐蔽的方
式，往往弊远大于利，甚至对需要保护者来说也不是正确的方式。

由肯尼迪总统提出并由国会通过、旨在保护美国工业免受更自由的贸
易突然冲击的措施表明了什么是正确的方式。这些措施为受影响的企业和
工作者提供了优厚的短期补助。这种公开和直接的保护与关税或配额形成
了鲜明的对比，关税或配额是隐蔽的，不作为政府支出出现——尽管它们
当然是社会的支出。

因此，我们需要的是发达国家承诺实行直接补贴的政策，而不是采取
间接保护的政策。一方面，保护会变形，而补贴至少是公开的。更重要的
是，保护会产生依赖，这种依赖会越来越难以消除。另一方面，补贴可以
用来弥补弱点。它可以像瑞典对劳动力流动的补贴那样，让受影响的一方
有能力重新站起来。此外，由于公共舆论和立法机构对任何永久性补贴最
终都会感到不耐烦，因此补贴的时间是有限制的。当然，要终止一项公开
补贴并不容易，但这总比终止隐蔽的保护简单得多。这类隐蔽的保护有税
法中的关税保护、"购买美国货"条款，以及在税法中对石油生产商的损
耗予以补贴等。

正因为补贴是公开的，所以它不受政治人物和官僚欢迎。然而，公开
却是补贴的唯一优点。发达国家需要自律和政治诚信，用补贴取代间接的
保护主义政策。因为间接的保护主义政策总是限制性的，最终总会让被保
护者比以前更弱、生存能力更差。

专注于世界经济

最后，发达大国将不得不从世界经济及其发展趋势中寻找线索，这可

能是最大的冲击。

目前，没有一个发达经济体有针对国内市场的可靠的衡量标准和指标。每个市场都被政府的各种政策严重干扰，包括价格政策、工资政策、税收政策、补贴政策、预算政策、信贷政策等，以至于所有衡量标准都被"操纵"了。然而，经济政策首先需要的就是可靠的衡量标准。特别是，它需要可靠的衡量标准以确定技术和经济的前沿位于何处。它需要能够预测新兴产业将是什么，以及人力或资本在何处能得到最有成效的利用。但在这方面，国内市场无法再提供任何可靠的信号。

然而，在经济中有一个"操纵"不占主导地位且不可能占主导地位的领域，这就是国际舞台。国际贸易在一定程度上是无法被操纵的。所有国际贸易，包括资本交易、人员流动（无论是旅游者还是移民）以及"技术平衡"都不可能被操纵得太严重。这些国际贸易可以被暂时中止，然而一旦有了任何资本、人员、技术或货物流动的自由，它们就会重新达到一个真正的平衡。

因此，发达经济体的政府必须学会向外看，根据国际经济指标制定国内政策。这并不是让国际经济占主导，而是以国际经济为准绳，后者要微妙得多。

荷兰、瑞士和瑞典这些小国一直以来都不得不这么做。不管它们愿意与否，国际贸易和国际市场都主导其经济。然而，在大国中，只有日本自1950 年起一直受国际经济的引导，这无疑是日本经济取得惊人成就的核心原因之一。

20 世纪 40 年代末，若有人要对日本或英国的战后经济表现下注，肯定会毫不犹豫地把赌注下在英国上。在这两个岛国经济体中，英国不仅发达得多，而且其工业在战后也比战前强大，有了新工厂、新技术及许多新产品，并在这些领域已经取得领先地位。相比之下，日本的工业则被摧毁了。英国人的技能水平、教育水平、经济表现都比日本人好得多。英国人在世界各地都备受推崇，并维持着战前就覆盖全球的贸易和金融网络。反观日本人，他们曾拥有的一切（而且也不多）都被破坏殆尽。

然而20年后，日本走在了前列，英国却落伍了。其中一个主要原因是，日本让世界经济决定其经济政策，而英国的经济政策主要是为了维持传统的国内经济。如今，把英国经济的衰退归咎于"福利国家"的观点相当流行。没错，日本为工人和农民提供的社会福利远不及英国、联邦德国或美国。但相比于日本的生产力及人均收入，该国虽然以相当不同的方式提供福利（大多依据惯例，而非合同式的员工福利），但其福利水平至少跟英国式福利国家一样高。日本的福利制度有其严格之处，比如"终身雇佣制"，这远远超过了英国经济可能承受的任何福利负担。其实，英、日两国之间的真正差异在于不同的基本态度、基本观点和基本政策。

每个人（包括大多数日本人在内）都会说："日本人有什么选择呢？毕竟，日本经济依赖国际贸易。"不管有多少人相信这种说法，事实却并非如此。在所有主要工业国家中，只有美国的外贸依存度低于日本。其他所有主要的工业国家，包括法国、英国、联邦德国，更不用说瑞典、荷兰和瑞士等小国了，其外贸依存度都远高于日本。日本的国民生产只有10%供应出口，反之，其国民需求也只有10%依赖进口。英国和联邦德国的外贸依存度为15%，而荷兰和瑞典的远高于20%（美国的是5%）。

20年前，日本人就意识到，必须确保有生产率的资源用于未来而非以往的工作。他们进一步认识到，是世界经济为其指明了未来的方向。因此，过去20年来，日本人系统地根据世界经济趋势制定其经济政策，包括国内和国际经济政策。

因此，在国际贸易谈判中，日本人从不会为了给传统产业争取更多时间而在新兴产业上让步。例如，他们从未提出限制其电子产品出口，以便为棉纺织品、自行车或运动鞋等换取更大的市场准入。相比之下，英国人总是愿意牺牲新兴产业，以换取其他国家对英国衰退的传统产业的让步，而且不管对方让步的幅度多么小。一方面，英国的现代产业与任何国家的现代产业都可以并驾齐驱，但英国在出口上仍依赖传统产业。另一方面，日本将传统产业在出口中的比例从 1950 年的近 3/4 减少到 1967 年的 1/3 左右，同时把新兴现代产业在出口中所占的比例从 1/3 增加到近 2/3。

日本虽然不是一个"计划"经济体，但同英国一样受控于官僚体制。然而，日本人利用这些控制来支持未来，英国人却利用它们来捍卫过去——这等于是把传统产业国有化。一方面，英国维持着采煤业、铁路业、钢铁业和大部分棉纺织业（即使没将其国有化）的原有格局。另一方面，日本人却利用官僚体制把资本推向新兴产业，而阻止其进入传统产业。日本人还利用官僚体制让新兴产业能够获得大量受过教育的人力资源。他们利用对日本企业与外国企业间关系的控制，积极推动电子、光学、制药等产业的新技术进口，同时限制传统产业的技术进口。

这两个经济体在海外亮相时的表现，最能体现上述差异。在过去 20 年的任何世界博览会或贸易展览会上，英国人展示的都是老产品，如威士忌、羊毛织品和瓷器，所有这些都质量上乘，但都是昔日的传统产品。日本人却摆出了新产品，如电子显微镜（在 1964～1965 年纽约世界博览会上，电子显微镜就是日本展馆的主角，以至于大部分参访者都认为那是日本人发明的）、现代装配线造船法、合成纤维，当然还有照相机、录音机和晶体管收音机。

在日本国内，传统产业依旧非常重要。日本政府如果不支持国内的棉纺织业和煤矿业，就不可能长期执政。但在经济政策方面，日本人已强迫自己从世界经济增长的前沿寻找启示。

日本人在过去 20 年间所做的事情，世界上其他国家在 20 世纪余下的时间里也必须学会去做。即使在像美国那样的世界经济对其国内经济似乎很不重要的国家，世界经济也是一个风向标。它预示着未来的方向，预示着国内经济应该向何处发展才能保持竞争力、增长能力和与时俱进，更不用说领先了。

换句话说，无论是企业还是政府，都必须学会在政策、态度、组织和结构上把未来置于昨天之上。在一个有连续性的时期，我们可以预期昨天会延续到未来，因而强化昨天差不多就等于强化未来。但是在一个变革的时期，尤其是在一个新兴产业将成为经济领导者的技术迅速变革的时期，强化昨天就会削弱未来。

或许很多人会问："我们为什么需要这些令人不安的新技术？现在不是应该停止技术变革吗？难道我们还不够富裕，还得继续增加财富而不是更好地分配现有财富吗？"但是，如果不进行技术变革和保持经济增长，尤其是在快速创新的时期，那么迎接我们的就不是维持现状，而是衰退。对于目前的发达国家，也就是经济已经达到富裕水平的国家来说，情况更是如此。

工业发达国家确实在科学与技术的方向上面临着基本问题。这不是一个是否需要科学与技术变革的问题，而是一个应该把非常稀缺的人力资源用在何处才能使知识工作取得最佳成果的问题。争论的焦点将是优先次序，而不是科学与技术进步的吸引力——是何处会产生最大的成果，而不是我们是否想要成果。

当今世界迫切需要的是增加生产。不论是国内贫困问题还是全世界的贫困问题，只靠分配都无法解决。解决这些问题的唯一办法是提高穷人的生产率，这反过来又要求发达国家和发展中国家都实现经济增长。

至于发达国家是否愿意停止技术变革和经济增长，这并不重要。没有迹象表明人类已经准备好放弃经济增长和技术变革。也没有迹象表明，当发达国家的少数人过着极度富裕的生活时，全球的大多数人愿意发誓生活在贫困之中。不仅发展中国家渴望经济进步，其他发达国家，特别是西欧国家和日本（更不用说苏联了），都迫切想赶上美国，并推动经济以尽可能快的速度增长。

不论我们愿意与否，在重要产业上保持技术领先地位并鼓励技术创新，这在未来几十年里将变得越来越重要。对失败的惩罚将比过去 20 年更严厉——英国的例子表明，在新技术的开发和应用上落后，哪怕是稍微落后，都是非常危险的。美国将不得不认识到，"国际技术平衡"这个尚很少使用的经济学术语，就跟过去常讲的"贸易平衡"或"国际收支平衡"一样重要，甚至可能更重要。每个国家都要能够进口新技术。现在有许多新技术纷纷涌现，再也没有哪一个国家、哪一种产业、哪一家企业能生产自己所需的一切。然而，从长远来看，唯一能用于购买他人技术的东西就是自己的技术。唯一能支付专利和许可的"货币"就是专利和许可本身。

技术交易是为自家产品和劳动力创造市场的最好、最有效的方法。把专利或许可卖给外国所得的每 1 分钱，都会为新技术发明国的产品创造价值 1 美元的市场。在国外制造业领域的投资对创造出口市场也有类似的影响，但这么做必须先有资金支出，也就是会先给国际收支平衡带来压力。而技术出口则需要外国买主投入资金，这在国际收支平衡中能立即产生收入。

显而易见，新技术及以其为基础的产业是发达国家（尤其是美国）保持现有生活水平与经济健康的唯一方式。新兴产业富有成效地利用了发达国家的优势资源，即受过教育的人。这些新兴产业无一例外都是"知识产业"，雇用了大量的"知识工作者"，生产高知识含量的产品和服务。然而，贫穷的发展中国家只有通过发展过去 50 年来发达国家的"现代"产业，包括现代的、高生产率的农业、汽车业、化肥和有机化学工业、钢铁和机械业等，才能变得更富裕和更强大。

20 世纪 30 年代，西方发达国家发现它们已无法在劳动密集型产业上同日本竞争，包括棉纺织业、制鞋业、玩具业和缝纫机业，这些产业的主要成本是低技能工人的工资。在发达经济体中，从事低技能工作是对所有经济资源中最有生产率和最昂贵的资源——人力资源的严重错误配置。现在，仅仅 30 年后，日本人发现他们在这些产业中不再有竞争力。中国香港地区、新加坡和巴基斯坦这些后起之秀才是目前真正有竞争力的劳动密集型产品的生产者。

同样，西方国家和日本都在接近这样的时刻，即目前的"现代"产业，尤其是采用流水装配线的大规模生产行业无法再与后起之秀竞争的时刻。因为随着一个国家增加对知识与教育的投资，大规模生产行业的就业会越来越成为人力资源的错误配置。

一个经济体的成本取决于最有生产率的资源的成本。因此，任何一种资源，如果其生产率远低于生产率最高的资源，那么它必然会因过于昂贵而无法得到广泛使用。或者说，发达经济体已经支付了知识的成本，现在它们将不得不获得知识的生产率以保持竞争力。反过来，这意味着发达国家不能指望在知识含量相对较低的产业长期保持竞争力，即使是过去50年来一直在发达经济体中扮演重要角色的那些"现代"产业也一样。

美国对知识的投资最多，人们的受教育程度也最高，但除非它能在发展以知识为基础的新兴产业中取得并保持领先地位，否则它将越来越没能力保持其在世界上的竞争地位，进而也越来越无法维持其经济表现与生活水平。

因此，我们是否想要技术变革和新兴产业并不是特别重要。摆在我们眼前的问题是，如何使一个技术迅速变革的时代，即新兴产业可能像一百年前那样快速而频繁出现的时代，成为一个经济增长、社会公正、个人有福祉和成就的时代。

2

第二部分

从国际经济到世界经济

全球购物中心

第二次世界大战结束时，不论什么学派的经济学家都知道一件事，那就是如果法国（或任何一个其他西欧国家）的经济复苏并再度繁荣，那么其经济将截然不同于美国的经济。法国无疑会发展出符合其独特文化和传统的市场与消费习惯。每个人都确信，拥有"非西方文化"的日本更会如此，位于热带地区的亚非国家当然也是这样。

甚至在 10 年后，赫鲁晓夫访问美国时还反复强调，"富裕的"苏联消费者的欲求与"颓废的、资本主义的"美国消费者的欲求截然不同。例如，他认为苏联消费者对私人汽车的需求不大。

少数人对此持反对意见，但没有人听他们的。

当海因茨·诺德霍夫（Heinz Nordhoff）博士在 20 世纪 40 年代末接管被炸毁的大众汽车工厂时，他显然梦想着生产出一款欧洲版福特 T 型车。然而，在德国他无法说服任何人。相反，他得到了英国驻德占领当局的支持——但这只是因为占领当局的专家确信这件事根本不会成功，更不用说大众会成为英国汽车制造商的竞争对手了。

直到进入 20 世纪 60 年代好几年以后，英国人还一直确信欧洲共同市场必将失败。他们认为（大多数专家也同意），共同市场与欧洲人的气质和民族主义格格不入。他们在 1957 年拒绝与欧洲大陆国家签署《罗马条约》，这是后来英国陷入困境的主要原因之一。

当然，大众汽车的成功已载入史册。英国人现在迫切要求加入共同市场。而苏联也已实施一项速成计划，试图通过引进西方国家整套汽车工厂而成为主要的乘用车生产国。

我们现在也知道，20 年前大家确信不疑的事情之所以被彻底推翻，其原因不是"美国化"或"可口可乐化"，更不是戴高乐所说的"盎格鲁 – 撒克逊人的邪恶阴谋"，而是美国先于其他国家进入了大众消费经济——我们的经济稍早展现了当今世界各地人民的价值标准、需求、兴趣和经济偏好而已。一旦公众瞥见，甚至远远瞥见经济增长和发展的前景，他们就会渴望把工作从谋生手段转变为过上舒适生活的手段。因此，经济学家过去根本看不到的会给人们带来满足感的领域，包括出行、信息与教育、医疗保健，如今正在成为各国人民关注的核心。

人们如果还买不起汽车，至少会买一辆摩托车；如果买不起摩托车，至少会努力买一辆自行车。收音机和电视机对那些有其他途径了解世界的富人而言只是娱乐，但对全球大多数人而言，它们不是娱乐，而是接触自己所在的那个村子或小镇贫民区以外广阔世界的首要途径。

在电视机进入日本市场之前，一家领先的日本电子产品制造商曾预言，电视机永远不可能普及到乡村，村民根本买不起这样昂贵的物品。然而，3 年后几乎所有日本农舍的茅草屋顶上都装上了电视天线。

25 年前,安第斯印第安人还会破坏秘鲁政府在偏远山区修建的几所学校。他们想方设法让自己和村庄与世隔绝,不让外界人造访。如今,他们最不满意的首先是缺少学校,其次是没有道路让他们及其产品进入外部世界。

印度可能是一个几乎所有产业都不发达的国家,但制药业除外。就像其他许多发展中国家一样,在先进且复杂的制药领域,印度在短短 20 年内已经成为其中一个高度发达的市场。

对小奢侈品的普遍爱好已经出现。这些小奢侈品代表着人们的一点点经济独立,以及对经济命运的一点点掌控,也象征着自由。对手头资源非常有限的人群,也就是对穷人或自己不挣钱的青少年而言,这种小奢侈品可能是一瓶软饮、一支口红、一本电影杂志或者一颗糖果;对新兴中产阶层而言,它可能是一台厨房电器;对真正富裕的人来说,它可能是一个高等教育学位。小奢侈品并非生活必需品,而是心理必需品。

在这些新的要求和偏好背后,是一种更新颖的信念:现代人无须忍受贫穷,而是能为所有人带来经济发展和富裕生活。这种信念即使在 30 年前都是不可想象的。然而,就在人类经历有史以来最具破坏性的战争,半个工业世界成为一片瓦砾和废墟之时,人们认为,在这个技术和专业管理的时代,贫困不是必须存在的,它是一个"工程上的缺陷",而不是命中注定的、人类天生的状态。

关于这种新的经济世界观,最典型(也是最可悲)的例子或许是第二次世界大战以来在最偏远、最原始的南太平洋群岛上兴起的"船货崇拜"(cargo cults)。这一宗教派别相信,美国总统派来的神奇货船总有一天会靠岸,给每个人带来发达国家的物品——留声机、熏肉、晶体管收音机、摩托车、药品等。

　　一个经济体首先是由需求定义的。当今世界，无论其实际经济状况如何，无论某一地区实行何种政治制度，有一份共同的需求表、一套共同的经济价值标准和偏好。换句话说，整个世界在预期、反应和行为上已成为一个经济体。这是人类历史上的新现象。

　　这种共同的经济行为背后是同一个信息社区的存在。如今，全世界都知道每个人是怎样生活的。世界经济就是由新媒介创造的新感知。新媒介首先是电影，其次是收音机和电视。如今，资本主义世界每个地方的上空都有通信卫星（覆盖拉美国家的通信卫星计划在 1970 年前发射）。这些新媒介使安第斯山脉或马来亚湿热雨林中最小的村庄与纽约、伦敦或洛杉矶高速公路上的交通堵塞之间的距离，就像居住在这些城市的人自己与它们之间的距离一样近。有了这些新媒介，大家都能直接地、即时地体验别人是怎样生活的——穿什么、吃什么、住什么样的房子、生活水平如何。每个人对其他人的了解，就像以前村民对隔壁邻居的了解一样多。事实上，每个人都将成为别人的邻居。用马歇尔·麦克卢汉（Marshall McLuhan）的话说，全世界将变成一个地球村。从信息方面来看，相比于 18 世纪或 19 世纪同一个城市的贫民区与豪宅所组成的"社区"，如今这个跨越大洲的"社区"要更紧密。

　　这些电子媒介传播的是事物，而非人们的所思所想。换句话说，它们传播的是经济状况。它们缔造了一个全球购物中心。这个事件的重要意义和新颖程度，堪比共同的需求表、共同的经济价值标准和偏好的出现。同时，它也缔造了一个新社区。

　　传统上，社区被定义为信息能在一天内传递到的区域。直到 100 年前，这样的社区还只是方圆 10～25 英里的地方。世界各国的地方政府，例如英国的郡、美国的镇、德国的县、日本迟至 1871 年才设置的县，其传统界线都在该范围内，这并非偶然。但如今，信息在几秒内就能传遍世界各地。第二次世界大战以前，人们从美国东海岸到西海岸还要花 50 个小时，现在地球上没有哪个地方是乘飞机在一天以内到不了的。只要看看机场内熙熙攘攘的人群，就会发现新媒介对人类想象力的影响有多大。即便在非洲内陆或巴拉圭的亚松森，人们仍可听到扬声器中传出飞机往来世界各大城市的广播。而对成长于四五十年前的人而言，最遥远的地方就是有轨电车在郊区的终点站。

如果一个经济体被定义为一个共同的需求模式，那么它也是一个共享的信息池。我们在共享信息的那一刻，就为整个相关领域做出了关于目标和资源配置优先次序的决策。当我们共享信息时，也就形成了市场。世界范围内的"信息爆炸"推动全世界成为同一个经济体。

相比于在 18 世纪出现，到 1900 年几乎在每个地方都已占主导地位的国际经济，如今的世界经济在本质上是不同的。在国际经济中，不存在共同的爱好和需求，共同信息也很少。国际经济中的国家都是独立的单元，拥有自己的经济价值标准和偏好、自己的市场以及基本上独立自足的信息。各国都用自己过剩的产品交换其他国家生产的产品。在结构和行为方面，国际经济不同于单个国家的经济。传统上，即使是在小小的欧洲大陆上的邻近国家之间，人们在衣着、建筑、饮食上也有很大差异，以至于直到第二次世界大战期间，旅游指南仍要花大量篇幅介绍这些陌生的异域经济体。如今，这些已被认为是"民俗"。差别不再是人们拥有什么或想要什么，而是他们拥有和买得起多少相同的东西。差别在于他们的贫富状况，但他们属于同一个经济共同体。

从许多方面来看，从国际经济到世界经济的变迁，堪比从北美殖民地经济到美国一体化大陆经济的变迁。

当初，北美的 13 个英属殖民地各自都深度融入了国际经济。事实上，各殖民地在进出口方面对国际贸易的依赖程度远高于美国建国后的任何时期。每个殖民地与欧洲的关系，都比与美洲大陆上相邻殖民地的关系密切得多。18 世纪中叶以前，从波士顿或费城到伦敦都比到纽约更容易。每个殖民地都有独特的产品出口到海外（不论是缅因州的木材还是南卡罗来纳州的靛蓝），也有自己独特的进口需要。

美国成了第一个"大陆经济体"。然而，这并不仅仅意味着美国是一个大型贸易区，还意味着美国各地拥有相同的需求、相同的偏好、相同的经济价值标准和共同的信息。个人不再是"国际化的"纽约人或弗吉尼亚人，而是成了美洲大陆上的生产者和消费者（事实上，他从原先的"殖民地居民"变成了"美国本地居民"）。这种转变并非一蹴而就。直到南北战争结束之后，也就是美国制定宪法的 80 年后（或许直到 1914 年《联邦储备法》[⊖]建立起一个经济和信贷体系之后），转变才真正完成。然而，某个生产者或消费者是位于美国的东部、西部、南部还是北部，在经济上已经无关紧要，唯一重要的是其生产能力或购买能力。

在美国，政治统一先于经济统一。首先出现的是一个法律事实，很久以后才产生了经济后果。在共同贸易区域出现几十年后，才形成共同的经济价值标准和共同的需求表。正如人们反复提到的那样，"美国经济"是一种政治想象的行为，而不是经济力量的产物。

⊖　1913 年 12 月 23 日，《联邦储备法》生效。——译者注

然而，目前的世界经济几乎与政治想象无关。尽管政治上四分五裂，但世界经济仍在形成之中。需求、愿望和价值标准的变迁远远先于贸易单元的创建。事实上，对多年前已形成的经济观念与消费行为这个现实而言，欧洲共同市场是一个迟到的制度性承认。

总而言之，目前的世界经济是一种观念经济而非制度经济。纵观历史，以美国的发展过程为例，生产者创造了经济单元（通常会有政府的帮助），而消费者没有发挥任何作用，事实上他们对此表示反对（就像在早期的美国那样），或者充其量是在冷眼旁观。相比之下，新的世界经济是消费者的成就。消费者生活在一个统一的世界经济中，而生产者远远滞后，政府就更不用说了。

尽管这就是世界经济的需求所在，但迄今为止世界经济制度还没有出现。因此，没有世界经济政策这一工具，也就没有预防或应对世界经济危机的办法。

全球货币与信贷

货币与信贷的自主性是现代经济学的重要主题。包括马克思在内的古典经济学家认为，货币与信贷是商品"实体"经济活动的简化。现代经济学家（凯恩斯不是这方面的先驱，而是对 75 年的研究工作做了总结）认为，货币与信贷是自主的经济制度，在很大程度上控制或至少指导着"实体"经济。古典经济学家希望货币体系是被动响应的，现代经济学家则呼吁货币与信贷政策主动作为，并呼吁建立一个能在货币方面有目的地采取行动的机构。

然而，两派经济学家都同意：一个经济体必须要有货币体系才能维系；只有当货币与信贷的供给能够与贸易和投资同步增长时，经济体才能扩张；贫穷国家尤其需要一个强健的货币体系，否则最轻微的经济衰退都会导致贷款回撤，从而置其于通缩的境地。

古典经济学家和现代经济学家都认为，要防止经济波动演变为严重危机，就需要建立适当的货币体系。否则，即使是最轻微的经济不景气，可以说仅仅一点"擦伤"或打个"喷嚏"，都会演变成致命的全球经济崩溃，就像患上败血症或急性肺炎一样。

古典经济学家和现代经济学家都同意，20世纪发生的大萧条，尤其是1929～1939年的经济大萧条，其主要原因是货币体系不足以应对国际经济的需要及其面临的问题。

最后，双方都认为，目前的世界经济确实缺乏一套可行的货币与信贷体系。

黄金已经非货币化了，尽管相关人员仍在试图向外行隐瞒这一事实。有鉴于此，我们是否应该提高金价以将黄金是货币的假象维持得更久，是否应该立即停止把黄金作为储备货币，或者是否应该巧妙地维持过去30多年的金价，即每盎司[⊖]35美元，同时转向世界经济的另一个货币基础，这些都已经无关紧要。我们现在在意的是，把黄金当作货币金属储存起来，这个事实本身就清楚地表明，黄金已经不再是一种货币金属。

黄金已经不再能够作为世界经济的货币基础。美国的国际收支问题与此没什么关系，而与另外两个因素更为相关：一个因素基于世界经济的现实，另一个因素基于黄金功能的变化。

世界贸易增长得太快，以黄金为基础的贸易已经难以筹集到足够的资金。不论是国内贸易还是国际贸易，货币需求的增长都快于贸易的增长。而信贷的增长总是快于实物交易的增长。因此，货币媒介所代表的"符号"经济的增长必须远快于商品及其交换所代表的"实体"经济的增长。我们是否真的可以通过创造货币媒介来促进实体经济的增长（这是可以推

　　⊖　1盎司 = 28.3495克。

衍出现代经济学的基本公理），关于这一点的肯定答案尚未得到证实。然而，货币供给不足显然会扼杀实体经济。换句话说，商品生产和分配的扩张有赖于货币供给的持续稳定增长。

黄金之所以能成为良好的货币基础，是由于其相对稀缺性，因此，当贸易增长的速度快于黄金开采的速度时，黄金就无法作为货币金属使用了。只有在贸易有限且静态的经济体中，黄金才能作为货币金属发挥作用。

19 世纪初，人们在美国的国内经济中就发现了这一问题。目前关于世界货币的讨论，与导致现代中央银行首先在英国诞生的 1820 年大辩论非常相似。通过这场以经济分析之父李嘉图的名字命名的辩论，我们认识到，真正的货币经济不能仅以黄金或其他任何自然资源作为货币供给的基础。经济体需要中央银行这个专事创造并管理货币与信贷的机构。19 世纪的国际经济立足于金本位制，然而每个发达国家的国内经济虽受到金本位制约，但实际上是由管理货币与信贷的中央银行控制和指挥的。

现在，世界正在成为真正的同一个经济体，150 年前的事件正在重演，只不过这次是在世界范围内。

黄金不再是可靠货币单位的第二个理由也同样重要，即黄金作为工业原料的用途越来越多。一百多年来，每本教科书都指出，货币金属不能有其他任何用途，必须完全脱离商业和工业，否则其价格和供给就不再取决于它的货币功能。经济体的货币与信贷体系受到变幻莫测的技术、产业波动、微小经济事件的影响，这是无法容忍的。

当照相胶片开始把大量银用于非货币用途时，银就不再适合作为货币金属了。到 19 世纪末，摄影行业已经把银转变成了一种工业原料，从而终结了银作为货币金属的历史。现在，黄金也遇到了同样的情况。新开采的黄金越来越少地被用作货币，越来越多地用于工业领域，这也意味着黄金作为货币金属的历史的终结。

因此，提高金价充其量只是权宜之计，根本没有抓住真正的问题。然而，这却比美国 20 多年来采取的做法更务实、更可行。在我撰写本书时，威望崇高、实力强大的美国仍在坚持这种做法。美国的做法基于一种"关键货币"观念——以美元为关键货币。

根据这种观念，一个国家的货币同时也是世界经济的货币。然而，正如李嘉图指出的那样，这两项功能无法兼容。再聪明的招数也无法协调这两种相互冲突的要求。^㊀

如果更大的经济体（在我们的例子中是世界经济）在增长，那么就需要稳步增长的货币与信贷供给。根据关键货币观念，世界经济可用的关键货币供给（过去 20 年来是美元）必须一直增加。因此，世界经济越增长，美元的国际收支逆差就不得不越大，否则世界经济就会被"流动性危机"扼杀，也就是由于货币和信贷短缺而无法进行贸易。

然而，这个进程有一个限度，而且它永远不会太遥远。首先，世界经济中的其他国家不会无限期地接受某个国家的货币。他们迟早会（而且是正确地）要求"关键国家"整顿其金融机构，并在国际账户中保持适当的平衡。然而，这意味着要减少世界经济的信贷供给。一个由关键货币提供货币供给的经济体越成功，就会越快陷入严重且不可避免的通缩危机。经济越成功，危机必定越严重。

然而，关键货币观念对关键国家而言也是一种无法忍受的威胁。只有在外国人接受货币承诺即接受关键国家的货币时，这个观念才能发挥作用。只有当外国人非常确定可以将这些货币自由转换成本国货币时，他们才会这么做。因此，基于关键货币观念，世界经济越成功，"银行挤兑"的风险就越大，也就是向关键国家挤兑的风险越大，关键国家由于自身货

㊀ 在李嘉图时代，这些讨论是在国民经济的背景下进行的。当时的关键货币是由一个国家内部的商业银行发行的货币，它同时也是一种交换媒介（也就是钱）以及银行为其商业业务融资的形式。

币体系崩溃而陷入瘫痪的风险也就越大。

然而，这正是自第二次世界大战结束以来美国一直奉行的政策。1946年，在建立战后货币体系的布雷顿森林会议上，当时最伟大的货币经济学家凯恩斯警告不要采用关键货币方法，并提出了一种他称之为"班科"（Bancor）的真正的国际货币。凯恩斯知道，关键货币观念的真正危险不在于经济层面，而是这个产生关键货币的国家会因自身的显赫地位而骄傲自大，然后不可避免地犯下最严重的错误。

凯恩斯之所以能意识到这一点，是因为他在第一次世界大战后曾亲眼看见自己的祖国英国发生了这种情况。当时，源于英镑关键货币地位的骄傲自大导致英国于1928年将英镑的国际汇兑价值恢复到了第一次世界大战前的水平，但对第一次世界大战后的经济状况来说，这个价值太高了。凯恩斯当时尖锐地批评了这个错误，该错误无疑是三年后英镑大幅贬值、经济大萧条席卷全球且影响深远的主要原因之一。

从凯恩斯所担心的关键国家的骄傲自大这一点来看，美国这些年来一直在浪费可能一去不复返的岁月。在约翰·肯尼迪总统刚上台时，美国或许可以通过建立一个真正的世界货币体系而形成一套持久的解决方案。当时美国既有雄厚的经济实力，又有崇高的政治领导地位。从那时起，法国一直在与建立这种体系的所有尝试作斗争，但它当时既没有经济资源，也没有政治权力来发挥哪怕是消极的作用。应该说，美国对这个问题并不陌生。1960年，多个有关世界货币改革的建议方案就已提出并广为人知了。然而，直到1965年，美国政府非但没有推行这些方案，反而反对其中的每项建议。

与英、法两国的情况一样，美国这种奇怪的行为是有缘由的。这个问题在经济上非常清楚，在政治上却非常棘手。虽然从经济上看，世界是一个整体，但政治上的分裂却日益严重。早期最大的一体化经济体——美国的经济是政治行动取得的成果，这种行动先于经济联合，且实际上创造了经济联合，而目前的世界经济却是在没有政治基础的情况下产生的。

然而许多个世纪以来，"铸造货币"一直被视为政治主权者的特权，实际上它也的确是主权的一种基本属性。但我们需要的世界货币体系，不需要任何政治权力。它不是"超国家的"，但必须是"非国家的"。它必须把世界货币与信贷供给的控制权从政治权力手中夺走，使其成为一项由技术考量（即纯粹的经济考量）决定的技术性职能。我们创建现代中央银行时，在国内货币供给方面很大程度上做到了这一点。然而，各国一方面要求中央银行遵循政府政策，另一方面要求货币与信贷"非政治化"并且仅取决于经济理由，这两种要求之间的长期冲突表明，世界经济所需的"非国家"货币与信贷功能将是一项非常艰难的政治创新。

当然，认为某个国家拥有完全货币主权的想法是非常荒谬的。即便这种国家曾经存在，它也在国际经济出现的那一刻就消失了。每个国家总得根据其国际经济地位的现实来调整其国内的货币与信贷政策。如今的英国工党政府并不是第一个认识到这一点的政府，但也不是第一个憎恨这一点并寻找替罪羊的政府（尽管之前很少发生像英国1967年挑选"苏黎世侏儒"⊖作为替罪羊那样的荒谬事件）。尽管管理世界经济的货币与信贷体系所需的权威是有限的，并受成员国政府的严格监督和控制，但它仍旧是一个"权威"。当然，设立这样一个拥有权威的机构是全部目的所在，因为我们需要一个从经济全局出发、为世界经济的最佳利益做出决策的机构。这些决策不会总是符合各国当时所认为的最佳利益，也不能由多数票决定，它们必须是负责世界经济货币体系的最优秀的专家研判的结果。因

⊖　苏黎世侏儒（Gnomes of Zurich），指瑞士的银行家。——译者注

此，难怪戴高乐总统，即当今世界最直言不讳也最坚定不移地坚持传统国家主权的人，一直是领导着反对建立这种体系的主要力量。

制度的雏形

19 世纪末到 20 世纪初的美国货币体系的历史与我们目前所处的困境非常相似。在该时期结束时（也就是 1914 年）出现的美国联邦储备系统是一个典型例子，说明了政治上似乎不可能之事是如何实现的。

> 我们今天知道，威廉·詹宁斯·布赖恩及其"白银阵营"在 19 世纪 90 年代所持的观点有对有错。他们认为，美国经济的增长，特别是穷人及债务人的经济生存，被我们今天所说的"流动性危机"扼杀了，这个观点是正确的。然而，他们认为白银货币化（也就是国内通胀）能够解决危机，这是错误的。
>
> 东部保守的银行家们（一群金本位拥护者）的观点也有对有错。他们反对布赖恩，这是正确的。然而，他们认为除了农场主和制造商缺乏远见所引发的危机和问题外，就没有其他问题了，这是错误的。金本位拥护者认为没有其他问题，是因为强大的经济实力让他们能垄断现有的货币与信贷供给，但对美国其他地区的人来说，确实存在问题。
>
> 19 世纪 90 年代末，南非和阿拉斯加等地新发现的金矿让黄金产量激增，延缓了危机的爆发。其作用与现在提高金价的作用如出一辙。但到了 1905 年，危机又卷土重来，直到 1914 年美国联邦储备系统成立才得以解决。美国联邦储备系统为美国提供了一个金融机制，既能集中管理货币与信贷，又赋予了地方自治权。事实上，美国联邦储备系统使相同数量的信贷发挥了几乎两

倍甚至三倍于以往的经济作用。

这两段历史的相似性还可以进一步延伸。纽约银行家间的竞争，特别是摩根、洛克菲勒和斯蒂尔曼集团之间的竞争，是美国联邦储备系统迟迟未能成立的原因。同样，如今富裕国家之间的竞争，特别是美国、英国和其他西欧国家之间的竞争，也延误了建立必要的世界信贷机制的时机，并且已经过了关键时间节点。

从某个重要的方面来看，世界经济的状况比 70 年前的美国要好得多。在第一次世界大战前，没有任何机构能够完成建立世界信贷机制这项工作。大家唯一知道的是那些无法奏效的体系——纽约的大银行在现有安排的混乱和束缚中各自管理着一套货币体系，互相竞争，用现在的货币术语来说，就是每家银行都声称为整个国家提供关键货币。小型、紧凑、同质的欧洲国家设立中央银行的做法，对美国这个幅员辽阔的多元国家来说是非常不合适的。当保罗·沃伯格对美国货币体系的混乱深感绝望时，他创立了美国联邦储备系统，大家只好不加怀疑地接受它。

然而，如今我们有了一个可用的机构——国际货币基金组织，它凭借过去 20 多年的服务证明了自己。该机构成立于 1945 年，在几任非常能干的总裁的领导下（包括瑞典人佩尔·雅各布森和现任总裁法国人皮埃尔-保罗·施魏策尔），获得了世人的普遍尊重。

换句话说，如今我们可以迅速行动，不需要太多立法，不需要大量政治辩论，也不需要在公众中引起太大骚动。迅速行动最基本的条件已经具备。我们再次重申，基于所有意图和目的，基于中央银行、经济学家、财政部的考虑，我们已将黄金非货币化。当公众发现时，他们会大吃一惊，但届时木已成舟。

事实上，在 1967 年，我们可能已经在一种高度技术性且鲜为人知的安排下迈出了决定性的一步，即国际货币基金组织成员国政府创造了一种新的货币资产，称为"特别提款权"。特别提款权在很大程度上取决于使用的方式。而且，特别提款权可能会发展为世界经济中第一个真正的货币机制。

由于缺乏一个与过去 20 年的经济成就相适应的货币与信贷体系，我们仍有可能扼杀世界经济，并在此过程中严重伤害自身。我们可能会让有史以来最严重的经济危机降临，这主要是因为缺乏政治勇气，对美元作为关键货币角色的虚荣和自负，以及在长达 20 年的时间里宁愿做聪明之事而非正确之事。

世界经济需要的第二个机构是一个在经济运行和立场上不完全局限于某个国家的生产和分配机构。世界经济需要这样一个代表世界经济的利益，而不是代表各成员国的局部利益和特殊利益的机构。世界经济需要一个真正关心世界经济福祉的机构，它在追求自身目标的过程中为世界经济而非某个国家的经济服务。

传统上，这类机构一直都是政治性的，也就是政府。由于世界经济是一个严格意义上的经济共同体，所以代表它的机构必须是一个经济机构，而非政治机构。事实上，若是不尊重民族国家的政治机构，该机构就不可能发挥作用。各个主权国家，尤其是大国、强国、发达国家，不会接受任何形式的超级政府。

我们也已经有了这样一种机构。过去 20 年，这种机构的发展可能是世界经济中最重要的事件，从长远来看，它将带来最大的收益。这种机构就是跨国公司。

长久以来，企业一直在全球各地运营，比如东印度公司这类大型贸易公司，以及 19 世纪的商业银行，特别是伦敦的商业银行。制造业也早已走出国门——国际收割机公司、胜家缝纫机公司、标准石油公司和福特汽车公司等企业，它们几乎都是一在美国起步，就开始在许多国家生产和销售。瑞士的化工和机械企业、荷兰的电子和化工企业很早就开始在国外拓展业务。它们的母国市场太小，无法满足高效率运营的需求。

然而，即使是瑞士和荷兰的公司，它们以往的国际业务也与现在的不一样。过去，在母国以外经营业务的公司被称作"子公司"，其成立主要是因为关税对母公司的出口造成了妨碍。子公司由母公司管理，而且通常是由母国人管理。子公司的运营严格服从母公司的需要和利益。实际上，子公司只是在海外制造产品的销售机构，因为子公司别无选择。子公司不是跨国公司的成员，而是某国企业的分支。

这种差异首先表现在管理结构上。在以往的国际公司里，最高管理层通常也是国内业务的管理层，也就是母公司的管理层。最高管理层主要关注的是母国市场，外国业务或国际业务在管理上处于附属地位。他们处理完母公司的需要和需求后，余下的时间无论有多少，国际业务都不得不接受。

20世纪20年代，阿尔弗雷德·斯隆在通用汽车公司建立的著名的组织结构，至今在大多数管理教科书中仍被视为"最终答案"。该组织结构清楚地表明了上述差异。通用汽车公司在美国的国内业务分为几个大集团，它们各由一名集团执行官领导，并且此人是最高管理层成员。所有国际业务则属于一个单独的集团，且该集团的负责人不是公司最高管理层成员，在管理该公司的主要委员会中也没有席位。

相比之下，通用汽车公司在1967年采用的组织结构把公司最高管理层跟任何地区（无论是美国、欧洲、亚洲，还是非洲）的运营都分开了。虽然在管理结构上美国仍占主导地位（在这方面，通用汽车的组织结构仍远远落后于该公司业务的经济现实），但至少其目前的海外运营是由一位在最高管理层中与他人具有同等地位的集团执行官领导。

越来越多的情况是，跨国公司在组织结构上只设立一个最高管理层，而这个最高管理层根本不关心任何地区的运营。运营单元不按地区设立，而是根据发展阶段确定。美国、加拿大、欧洲和日本等发达国家和地区可能是一个主要的管理责任区，南美洲、印度、中东等发展中国家和地区可能是第二个管理责任区，其余的可能是欠发达地区。

第二次世界大战以来成立的跨国公司，在很大程度上是精心策划的结果，这类策划把整个资本主义世界的经济视为一个整体，然后试图找到经济资源能产生最大成果和带来最高回报的地方。现在跨国公司设立的理由越来越不再是无法跨越关税壁垒进行出口，而是需要根据现代技术、经济运营、低成本生产、大规模分销所要求的技术性与管理性资源的规模来进行规划、组织和管理。

跨国公司越来越倾向于按照世界经济来运营。这适用于那些进入欧洲、在日本建立合资企业或在印度建立化肥厂的美国公司，也适用于瑞士的制药公司。第二次世界大战后，瑞士企业没有将资本用于在欧洲的扩张，而是有意将资本用于其美国子公司的扩张，直到这些子公司的规模超过母公司。

跨国公司不仅在管理人员方面是跨国的，在科学的和技术的基础领域也日益具有跨国色彩。

直到第二次世界大战爆发和在整个战争期间，几乎从来没听说过发展中国家的人能担任当地外国子公司的高级管理职位。第一个担任西方国家外资公司高级管理职位（联合利华子公司印度斯坦利华公司的董事）的印度人，是第二次世界大战爆发后才被任命的。多年来，纽约的工业和贸易企业格雷斯建材公司几乎是唯一聘请拉丁美洲人进入它在秘鲁、智利和哥伦比亚等地子公司管理层的公司。然而，格雷斯建材公司最初成立于秘鲁，尽管其创始人是一位很快就搬到了纽约的爱尔兰人。

外国人担任跨国公司母公司最高管理职位的情况还比较少见，但在美国的 IBM 公司、玉米制品公司、新泽西标准石油公司，以及英荷壳牌石油公司等大型公司中已经出现了这种情况。而在跨国公司最高层的下一级职位上，外国人已经越来越常见。

瑞士那些总部位于巴塞尔（或许是欧洲仅存的"城邦"）的制药公司，因不允许非巴塞尔人进入管理层而臭名昭著。在其中一家公司，现在有一位法国人负责科学研究，还有一位美国人负责全球营销协调，他能够决定公司旗下的哪家工厂（是位于瑞士、英国、日本、联邦德国的工厂还是位于美国的工厂）应向全球哪个市场供应某种药品。

研究和开发越来越跨国化，哪怕这仅仅是因为跨国公司必须去能够找到合适人才的地方。

一家美国制药公司分别在英国和法国建立了一个大型研究中心，并在东京附近设立了研究中心与某日本公司合作开展研究。IBM 公司至少在五个国家（包括美国、英国、联邦德国、法国和日本）设立了大型技术中心，不久的将来它会在拉丁美洲设立技术中心。这份清单可以一直列下去。

这种趋势发展下去将产生巨大影响，尽管政府中很少有决策者意识到这一点。

欧洲一位知名经济学家在最近的一次会议中说，欧洲共同市场已然成为事实而不是纸面文章，这是美国跨国公司的成就。这也是法国记者塞尔旺－施赖伯的著作《美国的挑战》所探讨的主题，该书自 1967 年首次出版以来一直畅销欧洲。这些美国公司从一开始就认为共同市场意义重大。它们习惯于在大市场里运营，也知道其经济影响和重要性。因此，早在 1957 年《罗马条约》刚刚签署时，美国公司就开始按照统一的欧洲市场（即货物、人员和资本可从一端自由流动到另一端）来做自己的规划。

迄今为止，很少有欧洲公司以"欧洲人"的身份行事。荷兰人、瑞士人和瑞典人是例外，它们"跨国"已经有一段时间了。总的来说，联邦德国人基本上没有看到或理解这个机会。英国人除了少数例外，仍把目光投向"海外"而非欧洲大陆。法国人迫于本国政府的压力，积极抵制欧洲统一。

> 特别是戴高乐迫使法国工业走上了一条对法国企业、法兰西民族和欧洲最不利的道路。他迫使那些规模太小、实力太弱而无法在一体化的欧洲市场中竞争胜出的法国公司相互合并。这样组建起来的公司，其规模仍然太小，地方性仍然太强，无法在欧洲市场上胜出，但其规模又大到一旦陷入困境就会危及法国经济。戴高乐这么做只有一项成就（这是一项非常值得怀疑的成就），那就是几乎可以肯定，政府最终将不得不接管他强加给法国的这种纯国家"恐龙"企业，因为每家企业迟早都会陷入困境。

换言之，如果没有美国的公司，不论《罗马条约》的条款是什么或部长会议的决定是什么，鉴于多数欧洲企业的鼠目寸光和欧洲各国政府的怂恿，欧洲共同市场都将遭到破坏。然而，由于美国公司的存在，才有了现在运作良好的欧洲共同市场。正如塞尔旺－施赖伯指出的，在欧洲的美国公司是世界第三大工业综合体，其总产出超过了联邦德国或日本。

同样，如今在拉丁美洲开展业务的跨国公司（当然大多是美国的公司，也有一些荷兰、瑞士、英国的公司），正在从拉丁美洲和拉丁美洲共同市场的角度进行规划。大多数拉丁美洲公司，甚至更多的拉丁美洲国家的政府正在考虑如何保护自己免受经济一体化的影响。而外来的跨国公司理所当然地认为拉丁美洲经济一体化是有益的，并思考："我们如何才能加速一体化进程？"

> 大多数拉丁美洲人都知道，经济一体化对拉丁美洲的经济增长至关重要。然而，我在 1967 年春季参加一次拉丁美洲企业人士会议时，会议的议题却是"我们如何才能避免受到拉丁美洲共同市场的伤害？"与此同时，一家美国跨国企业——胜家缝纫机公司就在同一家酒店举行了其旗下所有拉丁美洲经理人参会的会议，讨论如何充分利用南美大陆经济一体化的机遇。几周后，一家在南美领先的荷兰公司也举行了类似的会议。

同样重要的是，跨国公司作为人类发展的引擎所做出的贡献。

当今的贫穷国家和地区取得的最鼓舞人心的发展是，那里出现了这样一小群人，他们主动承担起发展自己社区的责任。他们就是我所说的"创业者"。虽然他们大多来自企业，但并不限于企业。他们还对当地的医院、大学、住房、公共卫生以及政府承担责任。他们是印度迄今所有发展背后的推动力量（因为印度政府表现出来的能力显然是阻碍发展的，而不是促进发展的）。这些团体的领导者通常一开始是跨国公司在当地子公司的管理者，特别是在南美洲；或者起初是跨国公司在当地合资企业中的合作伙伴。

因此，要实现经济与社会发展，培养领导者是最重要的任务，而跨国公司正在证明自己是培养领导者最有效的工具。

最后，在创造真正超越国界并且尊重国家主权和地方文化的经济共同体方面，跨国公司是迄今为止唯一的机构，可能也是未来唯一可见的机构。

跨国公司的管理层会议，是当今世界上唯一真正意义上的超国家场合。在这类会议中，来自不同国家和地区又自豪地代表着自身文化的人士为了一个共同的目的走到一起。这是一个经济目的，因此很容易界定、衡量和控制。

跨国公司仍然是一个非常不完善的机构，它在组织、人员、沟通等方面问题重重。然而最严重的问题在于，如今在世界大多数地区，"跨国公司"就是指美国公司。尽管有许多非美国的跨国公司，但美国跨国公司的数量远远超过了其他所有国家和地区。实际上，美国的跨国公司如此引人注目，以至于其他国家和地区的跨国公司很少受到关注。

瑞典跨国公司的发展速度可能比美国公司快得多。瑞士或荷兰的跨国公司很可能在某个小国的某一行业占据主导地位。比如，荷兰的飞利浦公司在许多拉丁美洲国家的电子消费品行业占据主导地位。但当拉丁美洲人谈到"章鱼"时，他们指的并不是飞利浦公司。他们很少意识到，拉丁美洲最大的公司（石油公司除外）不是美国企业，而是阿根廷的邦吉博恩公司（Bunge & Born）。邦吉博恩公司生产食用油、化妆品、涂料和香皂的工厂遍布整个大陆。拉丁美洲人谈论"跨国"公司时，那些即使知道邦吉博恩公司的人（其实也没有多少人），想到的也是规模小得多的美国公司，如格雷斯建材公司。

原因当然在于，在美国的公司中，巨型企业的经济实力与世界上最富有、最强大国家的经济政治实力结合在了一起。没有人害怕瑞典或瑞士的"帝国主义"。但美国的跨国公司代表着美国。它既代表着管理能力，也代表着政治实力，因此它带来的影响远超仅凭经济资源理应带来的影响。

美国政府（无论是行政分支还是立法分支）一贯的麻木极大地加剧了这种情况，相比于戴高乐将军，这在现在和将来都是跨国公司更大的敌人。当然，戴高乐将军之所以反对跨国公司，是因为它是跨国的。但美国政府却无意中希望跨国公司始终是美国的。

美国国会的政客和行政部门的官僚都坚持把美国企业的国外分支机构视为美国的延伸。这不仅表现在他们要求外国子公司遵守不符合业务所在国法律伦理的各种法律（反托拉斯法就是一个例子）上，更表现在对拥有其他主权国家合法"公民"身份的子公司强加的各种规定（即直接违反所在国政策的美国政策）上。

这种态度及其危害的一个典型例子就是，把美国与共产党执政的国家做生意的特殊规定（无论如何，这些规定违反了美国人自己一直理解的国际法）强加给在加拿大注册但由美国母公司拥有的公司。也许，没什么比这种经济实力凌驾于法律权利之上的主张更能激起人们对"美国统治"加拿大的怨恨了。

跨国公司给美国带来了丰厚的利润。投资于海外子公司的每一美元，都能在很短时间内带来许多美元的出口，此外还有源源不断的股息。实际上，在过去的 20 年里，海外投资促进了美国的充分就业，还维持了美国的外交政策，而这些外交政策的基础是挥霍主要由跨国公司通过出口和股息赚取的资金。总之，总部位于美国的跨国公司的外汇收入已成为美国国际收支中最大的收入来源。

然而最重要的是，跨国公司是迄今为止唯一能够有效促进经济发展的工具，它远远超过了政府援助项目所取得的成就。因此，强化这个工具符合美国的最佳利益，也符合一个发展、和平、繁荣的世界的最佳利益。跨国公司唯有扮演好"跨国"机构的角色才能有效，如果忘记这一点就太鼠目寸光了。

美国的政客和官僚仍生活在一个美国例外的世界里。他们认为国际礼让原则只约束外国政府，而不约束美国政府，这个想法即使在美国能够承受的时候，也就是第二次世界大战结束后美国作为唯一健康和强大的经济体的时候，也是非常愚蠢的。但这一时期随着 20 世纪 50 年代中期苏伊士运河危机的爆发而结束了。现在，美国需要外部世界，如同外部世界需要美国一样。除非能顺利推动某些重要的贫困地区实现经济发展，否则美国的经济实力将毫无意义。这反过来又要求我们使跨国公司能够发挥其作用。迄今为止，只有跨国公司能把这项工作做好。这意味着在利用跨国公司这个最重要也最脆弱的工具时，要自我约束并尊重他人。而且，这个工具值得被给予的关注和照顾远超美国政府目前所给予的。

如果"跨国公司"仍是"美国公司"的委婉说法，那么跨国公司不会长久。因此，非美国的新跨国公司的迅速发展，对跨国公司这种宝贵机构的生存而言必不可少。例如，迅速成长为资本主义世界第二工业强国的日本建立起自己的跨国公司，这对世界经济非常重要，也符合日本的迫切利益，因为除非日本能在海外尤其是在发达国家设立从事制造业的子公司，否则它便不能指望进一步增加出口。随着日本工业日益高度发达、技术水平不断提高，该国将会需要那些只有跨国公司的子公司才能充分提供的出口市场。

同样，为了在世界经济中保持竞争力和生存能力，欧洲国家将不得不建立新的跨国公司——从范围上看，这些公司是欧洲的，但也要像美国公司那样，有能力在世界上任何地方运营。事实上，过去 15 年来欧洲经济的伟大复兴，如果只依靠欧洲是不可能维持下去的。不仅每个欧洲国家都太小，不足以成为现代大工业的基地，而且世界上任何一个地区都太小了。世界经济需要能够在全球范围内运营的企业。这要求企业能够从世界经济的角度思考问题，能够根据世界经济进行规划，能够在整个世界经济中制造和销售产品。

与此同时，我们需要为跨国公司制定法律和政策。跨国公司必须是其业务所在国的真正"公民"。然而，我们必须鼓励跨国公司在经济政策方面，在为其管理者、科学家及技术人员提供机会、奖励和激励方面，尤其是在对经济的看法方面，真正做到跨国化。我们必须鼓励（至少不应阻止）跨国公司代表世界经济的联合。这意味着我们需要改变美国的公法（public law）和公共政策，以鼓励跨国公司的发展。

我以前就说过，过去 20 年内促进经济增长和发展的传统产业，今后很可能在贫穷的发展中国家最有潜力。在这些国家，钢铁业、制药业、电子业、食品加工业和其他传统产业依旧是增长产业。而且，这些产业很可能成为这些国家主要的增长产业，因为它们可以通过引进技术、营销知识和管理来建立。仅仅出于这个原因，跨国公司就需要得到发展和扶持。跨国公司是我们在发展中国家培养创业能力、管理能力和技术能力的最佳工具，也是号召和培养愿意且能够领导自己国家与社区的真正爱国者的最佳工具。然而，除非我们能让跨国公司成为更好的工具，否则它将无法存续。跨国公司在使命、工作方式，以及在业务所在国呈现自己的方式和在母国政府对待它的方式上，都必须真正实现跨国化。

　　世界经济还不是一个共同体，甚至不是一个经济共同体。然而，"全球购物中心"的存在是一个无法抹杀的事实。一个为所有人服务的经济愿景将不会再被置之脑后。商品、服务、生活水平和生活方式的全球性交流将变得越来越普遍。

　　世界经济要发展为一个真正的共同体，就需要让目前还处于萌芽阶段的机构成熟起来，需要一个货币与信贷体系让购买力与投资流通起来。或许，非常富裕的国家可以在没有它的情况下繁荣昌盛，因为即使没有这套体系，货币与信贷也会流向这些国家。然而，除非有一个正常运作且管理良好的货币体系，否则贫穷国家甚至连原本仅有的一点东西也会被剥夺。

　　世界经济需要跨国公司——一个立足于全球经济而非地方经济、寻找并发展共同增长机会的机构，一个为了自身利益能够发现和培养负责任的领导人才的机构。

　　世界经济是一项伟大的成就，也是一项企业的成就，而非政府的成就。它是第二次世界大战以来的一项积极成就。它既是一个巨大的经济增长机会，又是一个在四分五裂、冲突不断的世界中创造联合焦点的宝贵机会。

提高穷人的生产率

世界经济的到来是一个和平与发展的大好机会，也孕育了世界革命的新威胁，即世界上穷人对富人的战争威胁。现在的贫富差距比以往任何时候都更大。贫富差距越来越多地发生在同一个信息社区内。同时，这也是种族之间的不平等而非阶级之间的分裂。

这是一种新现象。在16世纪，中国比英国富裕得多。但在伊丽莎白时代，中国绅士与英国绅士的生活水平不相上下，两国穷人的生活水平也差不多。然而，现在英国工人（更不用说美国工人了）的生活水平之高，远远超过世界上大多数国家除富豪以外的人所能想象的水平。目前，发达国家的工人，甚至是这些国家里靠救济度日的穷人，也算是世界上的"富人"。世界已被划分为两部分：一部分是知道如何利用技术创造财富的国家，另一部分是不知道如何做到这一点的国家。在富裕国家，技术在缩小贫富差距方面取得了惊人的成功，其方式不是让富人变穷，而是让穷人变富。因此，技术在很大程度上战胜了19世纪一直挥之不去的幽灵——工业社会内部的阶级战争。但取而代之的新问题是不同国家间、不同文明间在收入与机会上出现了前所未有的差距。

即使这种差距过去就存在，在那时它也不会有太大影响。400 年前，如果最穷的中国人过着英国公爵般的生活，在英国也不会有人知道。这会同美人鱼、独角兽和其他寓言故事一样，成为一桩奇闻轶事。然而，现在我们通过坐在客厅里看电视，就能知道别人每天如何生活，这是一种直接的、个人的、即时的体验，因此这是同一"社区"内的差距。

这种差距主要存在于种族之间。最近，人们热衷于谈论"南北差距"，这意味着 2/3 的人类无法摆脱工业化前的贫困状态的原因在于气候。⊖然而，这是一种非常危险且自欺欺人的委婉说法。中国人是最大的前工业化族群，他们都是北半球的人；印度全境都位于北半球，大部分印度人生活在热带地区的北部；拉丁美洲的每个人口中心都位于温带，包括墨西哥城、布宜诺斯艾利斯、波哥大、利马、圣地亚哥、圣保罗甚至里约热内卢。事实上，除了日本之外，现在世界上所有富裕国家都是白人国家，苏联当然也包含在内，而所有贫穷国家，除了拉丁美洲的部分国家，都是有色人种国家。⊜

这种分裂首先是种族之间的，这一点在美国表现得特别明显，那里的穷人主要是黑人。美国黑人确实是最富裕国家中贫穷种族的代表。因此，美国黑人问题是世界性问题中最重要、最尖锐，或许也是最危险的例子。如果美国这个世界上最富裕、技术最先进、管理最成功的国家，都不能使其国内的非白人少数族裔实现经济和社会发展，那么白人和有色人种都会认为，这证明存在着无法克服的种族冲突。然而，出于同样的原因，美国解决黑人贫困问题和实现黑人迅速发展的能力，也可能是对世界种族问题

⊖ 这是纲纳·缪达尔的近作《亚洲的戏剧》（*Asian Drama*, New York: Pantheon Books，1968）中的论点。

⊜ 即使在拉丁美洲，这种分裂也主要是种族间的，例如，在巴西快速发展的、以白人为主的工业三角区（里约热内卢、圣保罗、贝洛奥里藏特）同极度贫穷、完全是黑人居住的东北部之间，或者在不断发展的、以西班牙裔为主的利马同苦难深重的安第斯印第安人居住区之间。

的最大贡献。美国黑人代表了在工业社会中世界上仍处于前工业化时代的乡村人口，也代表了"殖民主义"最尖锐的问题，即全球白人与有色人种间日益加剧的不平等。

然而，种族不是对不平等问题的解释。非白人显然也有发展能力——正如日本人所证明的那样，其文化背景中没有任何一点可以使其成为"犹太－基督教传统"的一部分，更不用说他们的基因了。中国香港地区、中国台湾地区和新加坡这三个华人社会，过去 20 年内一直表现出强劲的经济社会发展能力。同时，有些欧裔人，例如南美人，显然没有这种能力。在拉丁美洲，很少有地区像西班牙或西西里岛的大多数地区那样"欠发达"或"殖民化"。

不管出于什么原因（迄今为止，我们对这些原因已经了解很多），这种分裂显然将会被克服。要么穷人变得更富有，要么富人无法长期保持富有。

有人预言，到了 2000 年，北美、西欧和日本等发达国家和地区的居民每周只要工作半小时，生活水平就能比目前高许多倍。坦率地说，这是不可能的事。一个"社区"中一定不能有 2/3 的人每周辛苦工作 80 个小时才能勉强糊口，而其他 1/3 的人过着悠闲奢侈的生活。在大家都知道别人如何生活之际，在世界经济已成为一个全球购物中心时，这种情况是不可能出现的。无论如何，人们都要阻止在富人变得更富的同时穷人最多只能保持现状这种情况发生。一种显而易见的方式就是战争——无论我们多么不喜欢听到这个词。人类总是发现破坏财富比创造财富更容易。或许，一连串的越南战争也无法阻碍工业世界生活水平的提高。但是，这将保证在工业世界的生活水平提高的同时，闲暇时间不会一直增加。

因此，自从 50 多年前的第一次世界大战以来，没有一个国家新发展为先进的工业国家，这是世界经济中一个核心的社会和政治问题。这也是第一次世界大战之前 50 年和之后 50 年最大的反差（如前所述）。
1860～1910 年，大约每 20 年就会出现一个新的主要工业国家。这让全世界都相信经济发展的确会发生，以至于没人认为有必要提出一种"经济发展理论"，甚至没人认为有必要思考该问题。经济发展已被视为理所当然之事。

　　然而，最近 50 年的情况并非如此。除非我们使"经济发展"发生（而且是在足够多的地区发生，以表明发展不是种族问题，而是恰当的政策和努力的问题），否则将面临一个比困扰 19 世纪和 20 世纪初的阶级战争更可怕的幽灵——国际种族战争。

　　毋庸置疑，这首先是对富裕国家的威胁。贫穷的有色人种国家几乎没什么可失去的，美国和苏联的损失最大。在这样一场种族战争中，日本将陷入绝望的两难境地：要么基于经济和社会地位而效忠白人世界，要么基于文化、传统和肤色而效忠非白人世界——不管在哪个世界都无法找到归属感。

　　美国自己的历史证明，这类种族战争未必会发生。目前的国际形势跟 1870 年或 1880 年北大西洋发达工业社会的国内形势非常相似。当时，从原来分散的、孤立的、基本上自给自足的单元中突然产生了大型经济共同体。那时也有一个群体（该群体大到足以引人注目，但仍然只是少数人）正在迅速致富，而大多数人似乎越来越穷。当时，在美国、英国或德国的有识之士中，很少有人不知道，少数人因为技术的应用获得巨额财富，而大多数人贫困潦倒，两者间的紧张关系已变得让人难以忍受。

　　阶级战争不仅困扰着马克思主义者，也困扰着亨利·詹姆斯，他在 1886 年撰写了一部优秀的"无产阶级"小说——《卡萨玛西玛公主》，其中对不可避免的社会灾难的看法简直是对世界末日的预言。阶级战争还困扰着银行家 J.P. 摩根和历史学家亨利·亚当斯，以及福斯特、易卜生、霍普特曼和左拉。在 1880 年，谁要是相信除了社会大灾难外还有别的出路，他要么具有极大勇气，要么极端自负。至于出路是什么，即使是乐观主义者也无法预测。

近20年前，杜鲁门总统在"第四点计划"（Point Four Program）中宣布了"帮助贫穷国家发展经济"的目标。

该计划取得了令人瞩目的成果。事实上，从数字上看，经济增长的幅度甚至比1950年乐观主义者敢于预测的还要大得多。在世界欠发达的许多地区，特别是在南美洲，工业生产的增长速度确实非常快。拉丁美洲国家的城市地区（从人口和购买力看，这是比意大利更大的市场）不再是欠发达地区。这里虽然依旧贫穷，但正在蓬勃发展。拉丁美洲的主要经济体，不仅是工业发达的巴西，还有墨西哥和哥伦比亚的主要城市，它们即使没有处于经济增长的"起飞点"，也可能已接近"起飞点"，即将迎来迅速的、自我推动的增长。如今，拉丁美洲人自己会说："拉丁美洲不再是欠发达地区，只是管理不善罢了。"如前所述，三个华人社会也表现出了惊人的增长能力。

同样，印度虽然有庞大的贫困人口，但也有一个规模相当大的现代经济体，其人口占目前印度总人口的10%或更多，即5000万人。巴基斯坦和伊朗的经济也在迅速增长。

最鼓舞人心的也许是，当所有人都对避免全球饥荒不再抱希望时，农业产量和生产率却突飞猛进。除了拉丁美洲西海岸国家和阿根廷之外，欠发达国家的粮食产量增长速度都超过了我们1950年的预测。但是，众所周知，人口增长如此之快，以至于到了20世纪60年代初期，其人均粮食产量几乎无法持平，在干旱年份，例如在印度，其人均粮食产量甚至跌至无法维持生计的危险水平。然而，在60年代末，情况出现了变化——这是推广新种子和新品种、使用更多化肥以及由于对农民提供了适度激励而改善的农业营销等因素共同创造的成果。

就像 20 世纪 60 年代报道的那样，粮食产量增长了 4%，每英亩[⊖]产量甚至增长得更快，实际上，这是人类历史上前所未有的高产量。如果这种增长速度保持下去，到 1985 年，世界上大部分地区的粮食产量将翻一番。这些进步（尤其是在东南亚和印度迅速推广的高产新品种水稻和小麦）让一些保守甚至持怀疑态度的观察家首度感到乐观。

莱斯特·R.布朗是美国农业部的国际专家，是早先预测 1970 年将发生世界性饥荒（这方面的悲观情绪几乎使他在农业专家中丧失信誉）的主要人物，1968 年冬天，他在华盛顿举办的第二届向饥饿宣战国际会议上表示："在许多饥饿的、人口稠密的欠发达国家，特别是亚洲国家，我们可能即将迎来一场农业革命。此外，我们正在见证粮食种植技术的进步，如果这些技术可以商业化，就能以更低的成本生产高品质食物，并提供给数以百万计的人。"布朗继续展望说，到 1975 年，资本主义世界中的贫穷国家（当然包括印度）将为所有人提供充足的食物，只有南美洲西海岸国家是例外。

人们可以继续引用统计数字来证明，过去 20 年的情况验证了我们的发展政策，而公众的失望显然反映了他们对所获成就的无知。可以说，如果没有"人口爆炸"，人均收入的增长速度会比 20 年前预期的还要快。可以进一步说，自 1956 年以来，拉丁美洲经历了其历史上最严重、最持久的经济萧条，但仍表现出持续发展和增长的能力。有人可能会说，发达国家和发展中国家民众的期望根本不切实际。期望整个世界在 10 年或 20 年内发生转变是愚蠢的，尽管这正是杜鲁门总统的"第四点计划"和肯尼迪

　　⊖　1 英亩 = 4046.856 米²。

总统的"十年发展"口号对许多人的意义所在。有人可能会说，发展并没有失败，只是在发展的努力真正获得回报时，我们没有勇气继续以所需的水平和努力致力于发展而已。

所有这些论点都正确无误。然而，公众仍然不相信。公众也是正确的。杜鲁门总统所设想的发展以及我们过去20年所设想的发展都是失败的。这种发展没有带来一个必不可少的成果——一个新的、主要的成长型经济体榜样。发展援助带来了大量产品的生产和大量就业机会，但到目前为止它并没有产生新愿景；经济成果相当可观，但到目前为止，政治和道德成果尚不够。

经济发展的要求，比20年前杜鲁门总统宣布"第四点计划"时我们所认为的更苛刻。最重要的是，我们对智慧的需求远远超过对资金的需求——而智慧要稀缺得多。

行不通的做法

我们现在明白了，发展所需的资金不再能像19世纪那样由农业提供。因此，发展不再是"自动"的。我们甚至明白了，即使能在有计划和有指导的基础上从国外获得投资资本，也并不会像19世纪那样自动实现发展。而且国外援助和政府行动的有效性存在严重的局限。

第一，在19世纪，技术对人们定居生活的乡下的农业影响相当小。新的工业文明在旧的农业社会和农业经济一旁出现，但很大程度上独立于它们之外。

> 我成长时期所熟悉的乡村（英国的郡，奥地利、瑞士、意大利北部的村庄），直到20世纪20年代仍处于传统文化和文明中，人们完全生活在传统世界。当然，这些地方也有许多新"工具"

可用，如铁路或电力，但这些工具对当地居民的生活方式、自我
看法以及社会、政治或知识愿景影响甚微。它们对经济的影响也
有限。那时，烟雾弥漫的城市刚刚出现，但尚未对本质上属于前
工业时代的世界产生影响。法国和斯堪的纳维亚半岛的情况更是
如此。

同时，19 世纪"发展中"国家因"人口爆炸"而产生的粮食需求，
是由新开垦土地（也就是以前从未被耕种过的土地）上栽种的农作物满
足的。

德国东部、匈牙利、俄国西部、乌克兰、罗马尼亚一夜之间
成为主要的粮食生产者和出口者，而在此之前，这些地方一片荒
芜，或者充其量只能用来放牧。最重要的是，出现了美国、阿根
廷、加拿大和澳大利亚这些新"粮仓"。如果没有这些地方提供
粮食，欧洲和美国东海岸新兴工业城市激增的人口就会挨饿。这
些国家的农业在技术上并不"先进"，也不需要先进。因为开垦
了新土地，所以生产的任何东西都是增量，都有盈余。

因此，19 世纪的人口爆炸是经济机遇，而非威胁。在 19 世纪的工业
国家和地区（即欧洲、北美洲、日本），其人口增长速度几乎与目前发展
中国家的人口增长速度一样快。然而，人口并未给经济发展的粮食基础带
来压力，反而为新"粮仓"的农业创造了市场。

由于 19 世纪发达国家的农业本身并不发达，新兴国家（无论是中欧、
东欧国家，还是位于美洲和太平洋地区的国家）都可以通过出口来自新开
垦土地上的农产品来为自身发展提供资金。新兴国家筹资的方式主要是，
用来自新土地的采用前工业化技术生产的农产品交换老牌国家新工业的制

成品。通过这种方式，新兴国家不仅为本国人民获得了制成品，还获得了国外的资金。

为修建横贯大陆的铁路，美国在1870～1890年间从国外获得的资金超过了美国在过去20年中用于援助发展中国家的所有资金（已考虑到购买力的变化）。这些资金美国分文未还。美国铁路公司的债券违约，并注销了其股份。然而，这些资金是在有充分安全保障的前提下提供的：铁路正在为移民开辟新的沃土。欧洲得到了廉价粮食，从而养活了其城市人口。1900年以前发放给俄国的贷款（后来这些贷款变成了政治和军事补贴）同样获得了丰厚回报，该地区为工业化欧洲的城市人口提供了大量廉价的出口农产品。

日本的发展模式仅略有不同。[一]日本虽然无法开垦新土地，但其发展资金来自丝绸出口。丝绸虽然是一种古老的产品，但它一直是非常富裕的人才能得到的奢侈品。日本的出口使西方工业国家的中产阶层首次能够得到丝绸。丝绸出口反过来又为日本提供了可以从西方国家进口机械和制成品的外汇。然而，虽然日本农民为国家现代化付出了代价，但其自身却基本上没有受到现代化的影响。直到第二次世界大战期间，日本农村的经济、文化和生活都处于工业化前的水平。

然而，我们现在绝不可能再利用农业来换取发展所需的资金，也不可能再让农村与现代社会和现代技术分离。

如今，发达国家（除了苏联）的农业已成为技术最先进、工业化程度

　⊖　详见詹姆斯·L.中村（James L. Nakamura）：《日本农业生产与经济发展：1873～1922》（*Agricultural Production and Economic Development of Japan 1873～1922*, Princeton University Press, 1966）。

最高的基础产业。发达经济体和欠发达经济体在农业生产率上的差距，远超过它们在制造业生产率上的差距。不论是以工时还是以资本来计算，我们预计欠发达国家新建炼钢厂的生产率都将是欧洲老工业区炼钢厂的 1/3 至 1/2。然而，我们看到欠发达国家的农业生产率是高度工业化的发达国家农业生产率的 1/10，甚至 1/25，这并不奇怪。

汽车和卡车、晶体管收音机和扬声器，以及电力等现代技术，使农村社会融入了城市社会。它们消灭了传统的农村社会，把它分解为城市社会中一个贫穷且弱势的组成部分。100 年前，城市是例外，人们所身处的社会基本上是农村。现在，农村社会几乎不复存在，只能将其界定为没有享受到任何城市福祉的地方。

在国际经济会议中成为贫穷国家代言人的阿根廷著名经济学家劳尔·普雷维什一直要求，发达国家应允许欠发达国家的农产品自由进入其市场，这项要求是正确的。发达国家的农业保护主义根本就是一桩丑行（美国是这方面最臭名昭著的国家之一）。

然而，取消贫穷国家农产品进入西方发达国家市场的壁垒，可能不会带来足够的改变。19 世纪的西方发达地区若没有稳定增长的粮食进口，就无法生存。反对英国的《谷物法》（Corn Laws）和支持粮食自由贸易的运动不是为了帮助外国农民，而是为了拯救英国工业区的民众免于饥饿。但是现在，大多数工业国家生产的粮食都有盈余。

甚至英国也可能在未来成为粮食生产大国，提供本国人民可能消费的所有肉类、黄油、鸡蛋和奶酪，并仍有足够盈余把英国的贸易逆差转化为可观的顺差。如果英国加入欧洲共同市场，废除针对英国消费市场近乎垄断性的准入制度（英国已经把这种垄断权授予"白人自治领"农场主，尤其是澳大利亚和新西兰农场主），那么英国的农业生产率就会迅速提高，其中以肉类和乳制

品为甚。当然，这也是被法国农产品过剩所困扰的戴高乐将军不
急于让英国加入欧洲共同市场的原因之一。

在这种情况下，无论贫穷国家农民的收入有多低，该国的农业都根本
无法参与竞争。19 世纪时，农业为工业提供了投资资本（甚至在斯大林时
期的苏联仍然如此），然而现在农业本身就需要大量资本投资。"四十英亩
地加一头骡子"造就的不再是一名有生产率的农民，而是一名农村的穷光
蛋。19 世纪发展所依赖的农业基本等式，现在已不再成立。

第二，来自国外的资本投资不再是促进发展的举措。事实上，来自
国外的大量资本投资可能成为发展的障碍，而非许多人仍然认为的发展
动力。

正如美国铁路的例子表明的那样，19 世纪来自国外的投资，尤其是
在发展领域投入的资本，远超第二次世界大战以来美国在援助方面的投
资。实际上，尽管国际贸易一直在迅速增长，而且比 19 世纪的水平更高
（无论是绝对值，还是在总额中的相对值），但资本投资远远落后。美国对
跨国公司的投资虽然规模很大，却仅占美国国民收入的极小部分，比一个
世纪前欧洲对美国铁路的投资少得多。

然而，19 世纪的资本投资只是地理意义上的"海外"投资，其中大
部分资本投入了生产性设施，而这些设施是债权国国内经济的延伸。不论
是投向港口、铁路还是矿山，大多都是为发达地区的债权方工业中心生产
粮食和原材料。

从金融角度看，这意味着外国投资者可以从其同胞为粮食、棉花或铜
所支付的费用中获得回报——这些产品的供给是其投资所创造的。这当中
并没有"转移问题"，投资会自行清算。无论是以利息、股息的形式清算，
还是以资本摊销的形式清算，都不需要从债务国撤出货币。

如今，这样的投资绝非罕见。

在投资于全球石油生产的数十亿美元中，大部分都是用户支付的——当然，这些用户是发达工业国家。这同样适用于投到智利或罗德西亚铜矿的资本，也适用于投到澳大利亚铁矿或铝土矿的巨额资本。

但今天大部分的发展投资是另一种类型。它旨在为投资所在国的国内市场创造生产能力。换句话说，这类投资不会生产可以用来偿还投资的出口产品。这首先是各国农业的地位变化导致的结果，这种变化使贫穷国家的农民不可能在发达国家的市场上竞争，也使发达国家没必要向欠发达国家购买产品。事实上，欠发达国家的粮食需求非常大，以至于即使发达国家仍需要大量进口粮食，欠发达国家粮食产量的增加部分也必须首先用于养活本国人民。

因此，除了采掘业，对发展中国家其他产业的投资往往会产生外汇负债，而这种负债并不像 100 年前那样由投资创造的外汇收入来抵销。因此，在短期内，投资开始产生对外汇的需求，并开始对本已脆弱的国际收支产生压力。这种投资可能会给债务国创造财富和就业机会，但也有可能抽干资本，造成"撤资"。至少，这种投资需要从国外源源不断地流入新资本，以防止经济发展的资本基础萎缩。

拉丁美洲已经痛苦地证明了这一点。这在很大程度上解释了为什么过去 10 年拉丁美洲麻烦不断。20 世纪 50 年代中期，拉丁美洲吸引的资本几乎达到了其发展经济学家想要的数额。因此，拉丁美洲的经济在这期间增长得非常快。但当资本流入稍微减少时，危机立刻爆发了。向国外支付的贷款与股息开始耗尽所有可用的外汇。如果某个国家为应对这种情况暂停对外支付，那么其信贷和外国资本马上就会消失。而如果某个国家继续对外支付以维持信贷，那么其经济增长就会随着其资本基础的萎缩而终结，从而引发通缩危机。这也会导致外国资本停止流入。

在过去 20 年里，有人多次提出，我们应该在欠发达国家进行系统的资本投资，以取代 19 世纪自动的投资流。这看似合理，实际上行不通。当然，我们可以暂时提供投资，但即使给大量针对外国的投资（无论是以贷款形式还是以股权形式）提供高额补贴（比如通过发达国家担保的人为低利率），上述做法也行不通。欠发达国家当然非常需要资本，但它们不能依赖外国资本，也不能期望外国投资者大量投资欠发达地区。再一次，19 世纪的等式现在已不再成立。

19 世纪的发展之所以能发生，是因为即使在最发达的国家，农业也仍然不发达。一旦农业成为一个领先产业，旧有的发展方式就不再起作用了。对 19 世纪的大多数经济学家和如今的许多经济学家而言，"互补性贸易"机制（一种经济永动机）似乎是"自然的"和永恒的。似乎只要贸易顺其自然地发展，经济发展就会自动实现。

我们需要所能获得的一切贸易。普雷维什在这方面是正确的，为了发达国家和欠发达国家的利益，我们应该听取他的意见。我们也需要资本投资，而且需要的比过去 10 年更多。然而，我们不能再依赖资本投资和取消准入限制这两者作为经济发展的动力，只能将其当作催化剂。

第三，如果说"贸易而非援助"不管多诱人都是一个不切实际的口号，那么单靠"援助"也无法实现经济发展。

每当我们面临国内外的贫困问题时，第一个反应就是通过分配财富来解决。不幸的是，我们没有足够的财富可供分配，因此这个希望只能破灭了。

兰德公司的约翰·平卡斯最近计算了通过分配富裕国家的财

富来解决世界贫困问题所需要的资金。[⊖]假如要把世界各国的人均年收入提高到 1000 美元（仍不到美国的 1/3），那么每年将需要 14 万亿美元，这比所有发达国家的年收入总额还要多，几乎是美国任何一年援助支出的 200 倍。即使要把欠发达国家的收入提高到欠发达国家中相对富裕的国家和地区（如西班牙北部、中国台湾地区或智利）的水平，我们每年需要分配的财富也必定超过美国的国民总收入。分配财富可能是一种美好的社会正义，但向来是一种荒谬的经济学。

换句话说，援助只能是一种兴奋剂，主要的增长必须源自欠发达国家自身的资源。有效的援助是释放当地能量的催化剂。然而，除非经过仔细规划和理智管理，否则援助也可能抑制而非释放受援国的能量。这一点在我们的剩余粮食援助中表现得很明显，虽然我们的初衷非常好，但实际上造成了受援国经济发展失败的结果。

美国把剩余粮食送给发展中国家的穷人，通常导致受援国的农业停滞问题变得更严重。这类援助鼓励了减少而不是提高受援国粮食产量的政治行动（例如，印度的粮食贸易国有化）。这导致了资源的严重错配，因为受援国（印度只是一个例子而已）感到可以随意投资于政治上受欢迎但经济上存疑的面子工程（以钢铁厂或喷气式飞机制造厂为典型），而不是投资于农业。

我们需要继续给饥民提供饥荒救济。事实上，我们需要为此建立一个"世界粮食银行"。但是，除了对真正受到饥饿威胁的人予以救济之外，粮食救济应该慎用。救济会破坏当地农民增产的积极性，没有任何激励措施

⊖　详见哥伦比亚大学《世界商业杂志》（*Journal of World Business*）1967 年秋季号。

能像更高的现金收入那样让农民做出快速且可靠的反应。已经奏效的"援助项目"给农民提供新杂交种子,这些种子会大幅提高他们的产量和收入。这样的援助将带来发展。

然而,当援助被用来替代当地人的能量时,它就很少能奏效。

英格兰和苏格兰的"萧条地区"吸收的援助,不亚于任何一个"欠发达国家"。然而,经过30年的补贴之后,这些地区依然"萧条"如故。美国大陆中部的阿巴拉契亚山区,或者意大利南部地区也是如此。新英格兰的复兴并没有发生在那些得到慷慨援助的老纺织城,而是源自大学,这些大学在没有任何"援助"的情况下,催生了新的"科学产业"。

本质上,援助流向问题而不是机会。援助将流向需求最大的地方,而不是成果最大的地方。因此,援助往往会造成(或至少是延续)依赖。在国内实施的援助项目与在国外实施的援助项目都是如此。

我们最近才明白,大城市的社会工作者常常造成他们本想要缓解的痛苦。他们造成了依赖。其服务对象被当作"救济个案",甚至无意中被阻止重新自立。实际上,如果他们尝试自立,往往会受到惩罚,例如终止支付救济金。

19世纪初的人们认识到,"慈善事业会伤害自尊的穷人"[⊖]。对援助的

⊖   卡尔·波兰尼(Kral Polanyi)的著作《巨变》(*The Great Transformation*, New York: Beacon Press, 1957)就是这方面的基本研究,这本书讨论了工业革命初期英国为援助前工业化乡村社会流离失所的贫民所推动的慈善方案缘何遭遇失败。美国对贫穷国家前工业化乡村社会的援助项目,包括对美国20世纪都市里前工业化黑人社区的援助,非常类似于英国在19世纪初失败的史宾汉兰"发展援助"体系。

依赖还鼓励将稀缺资源转移到对发展影响甚微的错误项目上。

在任何援助项目中，经济学家，尤其是政府雇用的发展经济学家，都倾向于把自己的价值观强加于优先次序和项目的选择上。可以理解的是，他们喜欢那些看起来宏大、令人印象深刻且"先进"的项目，例如石化工厂。他们喜欢那些他们认为穷人"应该"拥有的东西。他们对"轻浮的"东西（例如小奢侈品）唯有蔑视。在这方面，最"资本主义"的国家政府中的经济学家与苏联的计划制订者之间几乎没有差别。

> 利马、孟买（或纽约哈莱姆贫民窟）的工厂女工或女售货员想要一支口红。她住在糟糕的贫民窟里，非常清楚自己在有生之年买不起想住的那种房子——富裕国家（或白人郊区）的同龄人买得起的房子。她非常清楚，她和她的兄弟们都不能接受自己想要的教育。她可能很清楚，如果幸运的话，她会嫁给一个像她一样穷、一样没受过多少教育的男孩，几年后，这个男孩就会因为对生活绝望而开始殴打她。但起码在短短的几年里，她可以试着让自己看起来像她想成为的、自尊的、知道自己应该成为的那种人。没什么东西能像廉价化妆品那样，花几毛钱就能给她带来真正的价值。

相比于石化工厂，对化妆品厂每 1 美元的投资可以创造更多就业机会，培养更多有能力发展和经营现代经济的人才，造就更多管理人员、技术人员和销售人员。然而，经济学家对此嗤之以鼻。对援助的依赖有可能让他的道德主义压倒经济考量，让他的控制欲阻碍发展。

我们需要援助。之所以需要援助，不仅是为了救济饥荒、地震或瘟疫等灾难的受害者，也是为了防止巴西东北部或美国城市中的黑人聚居区等地方的崩溃。在这些地方，几个世纪以来的不公正已经让人们养成了沮丧、仇恨和认输的习惯。因为世界是一个共同体，所以我们需要富人去援助穷人和受苦受难者，无论这两方身在何处。

但可以说，慈善事业只是"医生到来之前"的"急救"。只有对完全健康的人或那些注定要死的人来说，急救才能与医生所能做的一样好。认为援助可以或应该成为发展的载体，实际上意味着贫穷国家注定不会有任何发展。

19世纪末20世纪初，我们未能通过慈善事业克服阶级战争。当时的自由派在解决19世纪的贫困问题上无能为力，就像现在的自由派在解决美国城市中的黑人聚居区问题上一样无能为力。无论是伦敦的汤因比馆，还是芝加哥的赫尔馆，都让整整一代富人良心发现。但它们对穷人几乎毫无影响。克服阶级战争的首先是新技术，尤其是电力。这项新技术创造了新的、生产率更高的，因此报酬更高的工作岗位。其次是教育。教育克服了阶级战争，让越来越多的穷人子弟有机会摆脱他们原先所在的"阶级"。但对于克服阶级战争而言，最重要的是泰勒开创的科学管理，它首次把知识用于工作，从而使劳工第一次变得富有成效。

我们所取得的一切成功，都是通过提高穷人的生产率来实现的。因此，检验对贫穷国家的援助的标准在于是否能提高贫穷国家的生产力。如果没有做到这一点，那么从长远（并不是非常长远）来看，援助很可能会让贫穷国家变得更穷。

可以肯定的是，发展需要大量的援助和投资资金。但要取得成功，这些资金必须用于支持当地社区有效且持续的努力。例如，援助可以采取匹配赠款的形式，条件是受援国组织当地人付出努力。投资可以根据某个国家发展的速度而定。

我们必须支持那些已经证明在时局有利的情况下有能力建设自身的国家，例如巴西、哥伦比亚、伊朗和巴基斯坦。与此同时，我们需要能够对其他国家说："证明你们愿意发展，然后我们会提供帮助。到目前为止，你们已经浪费了机会。"阿根廷就是一个例子，过去 50 年，阿根廷好像在有预谋地自毁信誉，从一个高度发达的富裕国家变成了一个欠发达的国家。另一个例子可能是印度尼西亚。无论这些国家的"问题"多么严重，我们都不能为这些国家浪费极其稀缺的资源。如果在这种情况下开展援助，只会让事情变得更糟。然而，我们也需要能够去那些经济学家没有预测到发展，但正在实现发展的地方开展工作。

这听起来可能冷酷无情——确实如此。然而，摆在我们面前的选择是，浪费援助（和投资）还是通过援助实现真正的发展。援助所能做的只是提供鼓励和刺激。因此，我们最好用这些援助来创造我们最需要的东西：备受瞩目的快速且自发增长的榜样。

第四，我们现在进一步认识到，"政府间项目"不会带来发展。无论如何，一个经济体不可能靠外部实现发展，且最不可能靠"政府对政府"的努力来发展。

外国政府不能将优先次序强加给其他国家。因此，外国政府无法阻止当地把稀缺的发展资源（包括资金和人才）用于成效低下的、非发展性的项目。

　　　美国对拉美国家的"军事援助"就是一个例子。这些援助的主要作用是满足了将军和上校们的自尊心。然而，军事援助不仅耗费了稀缺的资金，而且如果不能年复一年地提供飞机或驱逐舰所需的燃料、润滑油和备件，那么它们就没什么用处。因此，用于对拉美国家军事援助的每 1 美元，不仅夺走了本应该用于发展的 1 美元，还造成了下述需求：从微薄的外汇资源中再拿出 5 美元或 10 美元来维护将军们的玩具。

　　　苏联人也同样无法抵制军队的讹诈。

但是，发展首先需要聚焦于几个主要优先事项。

任何努力要想成功，聚焦是基础。然而，在过去 20 年为发展所做的努力中，没有任何一项原则被如此频繁地违反。我们花了大量资金，投入了大量优秀的、能干的、敬业的人才。然而，我们将其浪费了，因为资源被分配得过于分散，以至于无法产生影响。打个比方，我们用尼罗河的水来灌溉整个撒哈拉沙漠，结果，土壤变湿润了，但就在第一批绿芽刚长出来时，土壤又干涸了。

这是最基本的道理，但如果政府间的努力是发展政策的核心，就不会有人理睬它。总之，政府间项目缺乏发展所需的乘数效应。它倾向于解决眼前的问题而不是取得成果。问题源于政治压力。问题是显而易见的。尤其是，问题是明确界定的。然而，成果是未来的事，获得成果是有风险的。目前尚未有人围绕成果形成既得利益。

政府必须以问题为导向，因为政府必然是保护性机构。但问题中没有发展潜力。处理问题顶多能够防止崩溃，它无法立新。

政府必须扮演好自己的角色，它不能以经济发展优先，而把其他目标置后。政府必须优先考虑军事或政治等其他事项。因此，政府必定会错误地配置发展所需的资源。

政府间关系总存在非经济性的附加条件，这是一种花哨的说法。对此一清二楚且毫不掩饰的苏联人，实际上可能比美国人更现实——美国人坚持认为，自己感兴趣的只是外国伙伴的经济快速发展。这种现实主义让苏联人能够灵活选择，只向少数国家提供援助，而援助项目背后都有明确和公开的政治理由。为什么苏联的援助聚焦于印度、纳赛尔执政的埃及、古巴和刚果呢？这一点无须解释。苏联的援助都不是为了促进"发展"。

全球范围的发展政策需要政府的参与。发达国家的政府必须为该政策指明方向，而贫穷国家更需要有效、有目的的政府。政府无效确实是大多数发展中国家的一个核心问题。相反，过去 30 年来，墨西哥一直有一个有效政府，这无疑是其经济快速发展的一个主要因素。

但有一样东西是政府无法提供的，那就是个人的成就感。

然而，个人成就感正是发展的基本要素。当今世界需要的主要不是财富，而是愿景，是个人的以下信念：他所在的社会是充满机会的、富有活力的、目的明确的，而不是问题重重的、不思进取的、绝望无助的。

> 如果财富是唯一的先决条件，那么美国的黑人聚居区根本就不会成为问题。哈莱姆黑人聚居区可谓世界上最富有的社区之一，在北美和欧洲以外的所有社区中，其人均收入排第 5 位左右，是世界上所有黑人社区中最富裕的。3/5 的美国黑人家庭都生活在"贫困线"之上。而在美国被认为是"贫困的"（即家庭年收入低于 3500 美元的）家庭，在其他任何国家几乎都会被认为是非常富裕的。哈莱姆和其他黑人聚居区之所以成为绝望的泥沼和仇恨的渊薮，是因为这些地方到处弥漫着无望的停滞感和无助的绝望感。

因此，发展的问题在很大程度上是个人和当地社区的动力问题。我们只有成功地激发当地人负责任的主动性并增强人们的活力，才能孕育发展的动力。政府可以激发这种动力，也可以扼杀它们，但无法提供它们。

可行的做法

我在本章前面说过，19 世纪的每个人都认为经济发展是理所当然的。日本是个例外。在日本，人们围绕经济发展的条件和推动经济发展的力量展开了一场为期 20 年的著名辩论。但这场辩论不是发生在经济学家之间，而是发生在创业者之间——他们创立并建设的是企业，而非教科书中的经济发展模型。

在日本之外，只有少数专家知道岩崎弥太郎和涩泽荣一的名字。然而，他们取得了比罗斯柴尔德、摩根、克虏伯或洛克菲勒更辉煌的成就。岩崎弥太郎创建了三菱工业集团，它是迄今为止日本最大的制造业综合体，也是世界上最大、最成功的企业集团之一。涩泽荣一在 20 世纪 30 年代辞世，活了 90 多岁，一生创建了 600 多家公司。这两个人创立了日本大约 2/3 的制造业和运输业公司。在任何经济体中，都没有其他人产生过类似的影响。

在长达 20 年的时间里，直到岩崎弥太郎 51 岁早逝，两人一直在公开辩论。岩崎弥太郎主张"利润最大化"，而涩泽荣一坚持"人才最大化"。双方辩论的言辞往往非常激烈。

今天我们知道，两人都是对的。为了实现发展，必须提高资本生产率。我们必须把一个经济体的可用资本吸引到增长机会中去。但为了实现发展，我们还必须增加人力资源。我们也必须把社会中人们的活力吸引到增长机会中去。只要我们忽视了这些教训（就像过去 20 年美国的大多数政府项目那样），我们就不能实现发展。

岩崎弥太郎和涩泽荣一都致力于建设一个强大且有成就的日本，而不是一个富裕的日本。两人都知道，发展的本质不是使穷人致富，而是提高穷人的生产率，为此，需要提高基本资源的生产率，使人才和资本倍增。

在 19 世纪，日本之所以成为一个例外，原因不仅在于该国是唯一成为现代经济体的非白人、非西方国家。当时，日本比任何白人国家都更贫穷——可能比今天任何一个发展中国家和地区都更贫穷（也许玻利维亚除外）。日本是一个古老的国家，人口稠密。该国将出口丝绸所获的资金用以进口制成品和工业原料。但日本没有新开垦的土地可供耕种，因此，日本不能像西欧以外的新兴国家那样依赖流入的资本。日本不可能通过出口食品或工业原料来获得这些资本。

然而，让日本在 19 世纪成为例外的因素，也让该国成为当今的典范。今天，我们不仅要学习如何发展非白人、非西方国家，还得学习如何发展人口稠密的国家（这些国家不能依赖向发达国家扩大商品出口以谋求发展）。我们得学习如何发展那些无法依赖国外大量资本流入，也无法为外国提供服务的国家。我们得发展以下这种国家，即可用资本必须投向为国内市场（或者最多是为国际区域市场）生产产品的设施的国家。

日本在 100 年前就完成了这一切。今天的发展模式必须是日本模式，而不是美国、苏联或任何其他白人国家的模式。

日本按照岩崎弥太郎的方式（即吸引和动员国内每 1 分钱的资本）实现了发展。因此，尽管日本没有向国外借贷或依赖外国投资者，但资本短缺从未阻碍该国的发展。

日本也走上了涩泽荣一指出的道路，吸引、培养和调动了人们的一切活力。该国把一个有天赋的民族所能聚集的全部人才都投入到了发展机会中。

> 有一则关于涩泽荣一的轶事，大意是他拒绝给一家急需资金的糖厂提供贷款，因为该公司的创始人没有受过教育。这个故事通常用来表明涩泽荣一的偏见，事实上，这个糖厂后来在其他人的资助下取得了巨大成功。但这个故事也说明，在这整个时期内，涩泽荣一所带领的日本都把人力资本的形成置于首位。

如果说岩崎弥太郎的创业精神使日本获得了有史以来最高的货币资本形成率，那么涩泽荣一对人力资本的强调，使日本在 30 年内获得了有史以来最高的人力资本形成率和识字率。在近 50 年的时间里，涩泽荣一本人一直扮演着非官方的、无偿的“管理发展中心”角色。他辅导和指导了数百名年轻公务员、企业人士和管理者。他不遗余力地组织培训类项目和管理类俱乐部，开设各种课程、研讨会、讨论小组。岩崎弥太郎留给后人的是一家高盈利的大型企业，涩泽荣一的丰碑则是东京著名的财经类大学——一桥大学。

然而，这两个人只是在侧重点上有所不同。如果岩崎弥太郎不知道如何找到和培养大量优秀的年轻人，并将其打造成一支具有崇高团队精神和能力的全球管理团队的话，他就不可能取得成功。涩泽荣一的指挥所是第一国立银行[⊖]，他把该银行打造成了日本主要的金融机构之一。

发展经济学的两大支柱是人的发展和资本倍增。为了实现发展，人们必须把两者组织起来，且必须聚焦于两者。

简而言之，我们需要组织好资本的"契约型增长"和人的"契约型成长"。

（1）在这两项任务中，资本的"契约型增长"实际上是老生常谈。为了做好这项工作，19世纪出现了投资银行家。1820年左右，法国社会哲学家圣西门首次提出投资银行家的概念，其任务是调动社会的金融资源并使其倍增，以及将它们从生产率较低的投资转向生产率较高的投资，即从昨天转向明天。罗斯柴尔德家族是纯粹的放债人，而圣西门提出的投资银行家是发展经济的人。投资银行家不像放债人那样从稀缺和需求中获利，而是指望从增长和新创造的生产能力中获利。

正如1850年左右巴黎佩雷尔兄弟著名的"动产信贷银行"（Crédit Mobilier）最早体现的那样，投资银行实际上使欧洲大陆实现了工业化。欧洲的大型银行（如1870年成立的德意志银行，其明确目的是将德国从一个贫穷的农业国家转变为欧洲领先的工业强国）都是作为投资银行成立的，其创立目的是使资本生产率

⊖　1971年，第一国立银行和日本劝业银行合并为第一劝业银行。2000年，第一劝业银行、富士银行和日本兴业银行合并为瑞穗金融集团。——编辑注

倍增。创立这些银行都是为了在不从国外大规模引进资本的情况下实现发展。这也是 J. P. 摩根在南北战争结束后从伦敦返回美国时为自己设定的任务。

与此同时，在遥远的日本，武士家庭出身的岩崎弥太郎在没有欧洲理论支持的情况下开始推动资本的"契约型增长"。典型例子是，岩崎弥太郎建立的三菱帝国就是围绕一家大型投资银行组织起来的。

那时和现在的唯一区别是，我们现在更清楚如何组建开发银行。事实上，这类银行已经为发展做出了巨大贡献。世界银行及其附属机构国际金融公司在 20 世纪 50 年代中期就开始鼓励在世界各地设立这类银行。

开发银行使社会的资本资源成倍增加。每从国外引进 1 美元的资本，它就能吸引 5 美元的国内资本。因此，其自身的资本相当于国外流入资本的 5 倍。然后，开发银行用自己的资本每投资 1 美元，就能从社会上的其他来源再筹集 5 美元的投资资本。当开发银行完成对一家企业的融资时，每 1 美元的国外资本都会引发另外 25 美元的本地资本投资。然后，这 25 美元中的每 1 美元都会引发当地大量的间接投资——就像在汽车制造业每 1 美元的投资都会在轮胎厂、道路、汽车旅馆、服务站等方面带来更多的投资一样。

投资银行家的成功和盈利能力取决于他调动他人资本的能力，尤其是调动当地资本的能力。投资银行家的利润主要来自为别人的钱寻找投资机会，它是一种佣金、经纪费、承销费或参与费。投资银行家自身资本的乘数效应越大，其利润就越高。因此，利润最大化是投资银行家合适的座右铭。利润是衡量投资银行家对社会和经济所做贡献和所起作用的一个直接指标。100 多年前，岩崎弥太郎自认为与涩泽荣一同样是一名优秀的爱国者，甚至同样是一名伟大的理想主义者。

因此，检验外国发展援助或外国发展投资的标准不是看投入了多少资金，而是看国外资金调动了多少别人的资金，尤其是调动了多少当地资金。开发银行家需要的来自国外的钱越少，他的工作就做得越好。理想情况是，他知道"如何制作无米之炊"，也就是说，如何在不投入任何自有资金（更不必说任何外国资金了）的情况下，找到并吸引大量当地资金。他因创造机会和需求而获得报酬——而且是丰厚的报酬。他因知识和想象力而获得报酬，也因创造财富而非拥有财富而获得报酬。

相比所有援助项目带来的发展，世界银行在过去 10 年或 15 年间设立的开发银行可能带来了更大的发展，尽管投入这些银行的外国资金微不足道。

但或许关于开发银行最好的例子是一家完全私营的"契约型增长者"——拉丁美洲大西洋共同体开发组织（Atlantic Community Development Group for Latin America，ADELA）。这是一家由发达国家约 150 家主要银行和制造业公司在 1964 年创立的国际投资公司，作为这些银行和企业在拉丁美洲开展投资银行业务和发展拉丁美洲的工具而存在。在短短 3 年内，该组织吸引了大约 60 家大小企业进驻拉丁美洲。它用不到 3000 万美元的自有资金，调动了近 5 亿美元的投资，其中大部分是本地投资。该组织创造了至少 25 000 个就业岗位，还动员了大批创业者、管理者和技术人员来寻找发展机会。现在已经有人谈论要成立"亚洲 ADELA"。

资本"匮乏"是资本管理不善的委婉说法。资本就在那里，但被放在不当的地方。就像 18 世纪的法国和今天的拉丁美洲西海岸国家那样，资本被禁锢在经济上处于边缘地位的土地所有权上。或者根本不被用于投资，印度人（从农民到王公）的财富就是一个例子。或者资本虽然得到了有效利用，但没有任何乘数效应。在 1 美元本该起 100 美元作用的地方，只起到了 1 美元的作用。

世界上没有一个社会缺乏足够的资本。它们缺乏的是对资本的有效需求，即真正利用资本的需求。它们需要的是有系统、有组织地使资本资源倍增，并用资本资源去抓住机会。我们需要的是开发银行家。

（2）如果没有人，资本就无法产生成效，而如果没有资本，人却可以移山填海。因此，发展需要快速成长的人才，并由他们去抓住机会。发展需要高水平的领导者，也需要能够将领导者的愿景转变为现实的追随者。

今天，任何国家都没有另一位涩泽荣一。但他一个世纪前独自做到的事，我们可以通过有组织的努力，通过有组织的"契约型成长"来实现。

20 世纪 50 年代，美国的援助项目投资了一小笔钱（不到 100 万美元），用于在拉丁美洲各国建立管理协会和研究所。起初，这个项目在美国政府内部并不受欢迎。它看起来微不足道，需要的钱也很少。拉丁美洲各国政府指出，这类协会是拉美大陆为数不多的不缺的东西，这是很有道理的。

诚然，管理协会并不浪漫，也没有做任何不寻常的事。它们召开会议、组织人员发表并聆听演讲、开设课程以及分发资料等。当然，最平淡无奇的事情莫过于再开设一门领班培训课程，或者举行一个关于质量控制的讲座。然而，其影响之大无论怎么讲都不为过。当拉丁美洲的年轻一代开始意识到管理的必要性时，这些管理协会创造了能力、需求与自尊。

这个项目以及类似的项目可能是"争取进步联盟"（Alliance for

Progress）中唯一既"联盟"又"进步"的部分。在过去10年中，尽管面临着近乎毁灭性的通缩压力，但拉丁美洲仍能向前发展，这在很大程度上要归功于上述旨在激发人的活力和愿景的项目。

例如，就在这种对管理协会看似微不足道的支持下，哥伦比亚山谷省、卡利市及其周边地区的发展出现了高潮。在新成立的哥伦比亚管理协会的课程中结识的年轻人们迅速组织起来，承担起管理当地大学——山谷大学的责任。在那里，他们开展了一个公共卫生项目，这是整个地区首次围绕公共卫生问题系统地培训和组织村民。他们开设了一系列管理课程，尤其是为高层管理人员开设课程，该地区最成功的公民都参加了这些课程（这对拉美的老一辈人来说几乎是难以想象的）。在这些课程中，参加者的每项业务都要接受管理协会全体成员的审查、诊断与"治疗"。然后，该协会开始向州政府和市政府提供年轻且训练有素的人员。

卡利市依然贫穷，失业率仍然太高。但在过去10年里，山谷大学至少创造了30 000个工作岗位。更重要的是，它为整个社区和所有主要社区活动提供了完全不同的领导方式及内容。

一个名为"发展咨询服务"的小型半私营团队采取了截然不同的方式。这个小团队设在哈佛大学，主要由该校的经济学家组成，人数不超过75人，以团队形式担任发展中国家（从巴基斯坦到印度尼西亚，从利比里亚到委内瑞拉）的高级顾问和公务员。团队自己决定要在哪些国家和项目上开展工作，从而使其不多的人员获得最大成果。团队成员坚持要求东道国选派最优秀的人参加这些项目，所有项目的宗旨都是为整个地区的人们培养能力并树立愿景。

例如，在巴基斯坦，"发展咨询服务"派驻的人员从未超过24人。但很大程度上正是通过这些人的努力，巴基斯坦过去15年的工业产值以每年15%或更高的速度增长，农业产值以每年5%以上的速度增长。

正如上一章所述，推动人类经济快速发展的最有效的行动者是跨国公司。事实上，跨国公司在发展中国家的活动更应该以管理为基础，而非以资本投资和所有权控制为基础。跨国公司由于发展了当地业务，培养了当地人才，所以应该得到报酬，而且报酬应该非常高。把股权作为对成功开发当地人力资源的奖励，这不失为一个好主意——既能激励外国公司加快培养当地人担任领导职务，又能确保它们真正做好承担企业责任的准备。

在跨国公司主要从事制造业的地方，我们需要将其技能引入当地农业。

各地的农民都非常乐于接受金钱激励。但"'保守的'农民固守传统方式"这一流行的观念并无太多夸张成分。尽管只要让农民看到明确的收益，没人比他们更愿意尝试新事物了。然而，贫穷国家的农民不能承担太大风险。这些农民知道自己的生活离饥饿有多近。他们知道，一次农作物歉收或降价就可能给自己和家庭带来致命打击——饥荒、女儿被迫去卖身，失去仅有的一亩三分地。他们也知道自己没什么技能。

因此，农民所需要的是根据契约种植新作物、改良后的种子和优良品种（无论在哪里试验这都被证明是成功的）。然而，这需要大公司的技能和资源。

食品加工商或食品销售商找出种植新作物或饲养新动物的最佳方法，向农民提供必要的物资（种子、鸡苗、饲料、工具、肥料等），并指导农民如何使用。他们还保证农民在生长季节结束时获得一笔固定收入，这一收入不受干旱、动物疾病、市场价格的影响，因为这些风险是贫穷国家的农民自己无法承受的。例如，在美国，大多数用于制作罐头的作物（大部分的番茄或樱桃）现在都是根据契约来种植的。

在发展中国家，由于农民缺乏必要的技能，"农业企业"（一个日渐流行的词，指的是系统地运用管理与创业能力促进农业发展的企业）的风险必须得到政府的再担保，至少在最初几年需要这样。然而，这些风险是能够识别和界定的。除了少数地方（例如印度某些依赖不稳定季风降雨的地区）的天气，其他风险并不是特别大，尽管这比私营企业（无论规模多大）或者农场合作社一开始就能独自承担的风险要大。

根据契约种植作物，可以改变农民（也就是贫穷国家中的大多数人）的能力、抱负、才干、自信心和表现。这也许是在人类积弱最严重的地区实现真正进步的唯一途径。

巴西东北部就是这样一个地区。在那里，黑人无产阶级（甘蔗种植园奴隶的后代）不敢尝试种植新作物或采用新种植方法。饥饿近在咫尺，他们却不敢冒任何风险，因为他们没有技能，没有知识，也得不到培训。因此，这些人被迫继续完全依靠种植园主生存。然而，种植园主自己如今也是贫困潦倒，既懵懂无知，又没有资本、设备、技能与希望。在这种情况下，土地改革（自由派古老的灵丹妙药）毫无意义。在新的土地所有者没能力承担风险的地方，土地改革是一种威胁而非激励。

但总的来说，根据契约种植的理念需要从种植作物扩展到培养技能、自信以及取得成就的能力，需要扩展到人的"契约型成长"。

加利福尼亚州的奥克兰市是美国条件最恶劣的黑人聚居区之一，那里正在实施一种很有前景的方法。当地一个小团体首先找到明确的工作岗位，例如获得一份为大学的电动打字机或电话公司的汽车提供服务的合同，然后去培训那些无法就业或失业的年轻黑人来从事这些现成的工作。这样既能保证有一份工作，又能要求高的绩效标准。MIND 公司也采取了类似方法，它是大型食品加工商玉米产品公司（Corn Products Company）的学习型子公司，在根据契约种植作物方面有数十年的经验。

发展远远不止经济问题，例如，还有文化和社会制度问题。

现在仍然有一个流行的观点，尤其是在学术界，即认为发展需要破坏传统社会。果真如此的话，发展就不可能发生——或者只能通过血腥且灾难性的动荡才能发生。当然，发展会改变一个社会及其传统，但发展也必须以既有社会和文化制度以及既有价值观为基础。

日本再次成为一个有启发性的例子。一百年前，西化的日本在短短几年内颠覆了其僵化的阶级结构。在原有结构下，近300年来，平民不能成为士兵（即武士），武士（除极少数例外）也不能成为贵族。西化让日本成为一个向上流动性很大的国家。例如，岩崎弥太郎曾是一名武士，涩泽荣一则出身于农民家庭。然而，涩泽荣一在非常年轻时就获得了新统治集团中的高级职位（供职于大藏省），只是后来他自愿辞职，成为一名创业者。

然而与此同时，日本也在相互忠诚和"归属"的古老宗族观念基础上建立了新机构。日本的所有现代机构，包括行政机关、大学、企业，无论其管理方法多么现代和"西式"，无论其产出的效率有多高，它们都是"藩"，即建立在终身的、不可分割的、相互忠诚基础上的宗族大家庭。支配着岩崎弥太郎和涩泽荣一的是要求相互忠诚的儒家伦理。

同样，在今天的印度，经济发展正在消解古老习俗，比如妇女的角色或工作中的种姓隔离。但就像孟买的帕西人这个传统的商业族群一样，这个古老的商人种姓正在作为新创业者向前迈进。

在西班牙语美洲，出身卑微的中产阶层正在取代"寡头政治人物"。然而，社会变革的中心是西班牙语美洲最古老的机构——大学。大学改革引发了社会与政治变革，催生了新价值观。

换句话说，传统文化和价值观的问题比我们大多数人想象的要微妙得多。瑞典经济学家和社会学家缪达尔在他最近关于东南亚的著作《亚洲的戏剧》（前文已提及）中断言，除非首先推进大规模的社会和文化改革，否则经济发展是不可能发生的。然而，在缪达尔进行调查的10年中，巴基斯坦确实在没有发生社会变革的情况下实现了重大发展。相反，发展引发了巴基斯坦的社会变革，也强化了其传统的社会价值观，并将后者作为发展的引擎。似乎没有办法预先确定哪些文化传统是必须去除的"封建残余"，而哪些是必须利用的"文化价值观"。

资本主义者在经济领域的经验表明，政府管制可能是经济发展过程中的一个过渡阶段，而不是发展的本质或对发展的否定。在经济发展初期，政府所有制可能是必不可少的。因为只有政府拥有所需的高级人力资源。尤其是军队，它通常是国家唯一的教育机构。然而，随着经济发展进程的深入，政府变得越来越没有必要。此外，随着其他机构（企业、医院、大学等）变得越来越复杂，政府也变得越来越低效。这些机构的所有者是谁越来越不重要，谁管理以及如何管理重要得多。随着这些机构变得越来越发达和复杂，它们越来越需要自主管理权，需要由市场等非政府力量掌握控制权。

　　日本早在一个世纪前就证明了这一点。日本的大规模工业是由政府创办的，并且是政府企业。然而，几年内这些企业的发展就超出了政府官僚机构所能管理的能力范围。1880 年以后，也就是说，在西化以来的仅十几年后，政府就把这些企业私有化了，主要是因为经营企业让政府损失巨大。私有化以后这些企业（以及日本）才开始真正发展。

　　无论存在何种政治、社会、文化问题及不确定性，发展仍然首先是一个经济过程。经济成功本身并不能解决所有问题，反而会制造许多新问题。然而，经济成功让人们更容易面对问题，甚至是缓解问题——或许最终能解决这些问题。

　　发展不是灵丹妙药，实际上它非常危险。发展是增长，而增长从来都不是井然有序的。发展也是变革，而社会和文化变革是一种错位。一个社会持续发展的起飞期是最危险的时期。从经济角度看，发展已经成功，成了既成事实。但是，领导者们仍按传统社会的方式行事，而不是顺应新现实，这时就有发生社会和政治灾难的严重危险。

　　到目前为止，没有一个经历过发展进程的国家能避开这个过渡时期及其危险。英国作为最先发展起来的国家，在拿破仑战争后一代人的时间内经历了一个接近爆发革命和充满社会危机的时期。法国、德国、奥匈帝国、俄国等欧洲大陆主要国家领导层的全面崩溃造成了第一次世界大战爆发，而这种崩溃在很大程度上是由于传统统治集团无法理解发展所带来的新社会现实和新经济现实。它们能看到物质和技术成就，但没有看到社会已经发生了变化，新技术已经改变了战争的性质，并永远消除了 18 世纪那种简单、短暂、无风险的"有限战争"。第一次世界大战后，日本也发生了类似的事情，这导致该国重新陷入军事独裁统治——在日本早期的历史中，军事独裁一直是摆脱重大危机的途径。

美国也经历了一段危险期。南北战争后，一代人在道德和政治上萎靡不振，那段时期人们政治意志薄弱、政治领导力缺失，这代表着比历史学家所认为的严重得多的危机。今天威胁到国家的种族危机，在很大程度上是内战后那个时期政治领导力缺失而造成的后果。当时允许，甚至鼓励南方凌驾于获得解放的黑人之上以确立"白人至上"的地位。19世纪80年代，美国工业城市发生了半个世纪前英国经历的那种暴动和骚乱。最重要的是，传统统治集团放弃了政治责任，而亨利·亚当斯的描述正是这种情况的明显象征。换句话说，我们经历了一个长期的持续衰退期，最终在1896年的大选中勉强避免了崩溃。直到西奥多·罗斯福重新树立了政治和道德领导力，并领导新一代人重新面对现实，美国才开始走向复兴。

现在，只要在有发展的地方，我们就能看到这种危机的酝酿过程。例如，在巴西，中部地区的巨大增长，让东北部的落后越来越让人难以忍受，这对该国社会结构的威胁也越来越大。在印度，尽管经济发展有限，但语言显然已成为一个威胁整个印度次大陆凝聚力的问题。即使在法国，正如1968年春天的事件表明的那样，向大众富裕的经济阶段迈进的发展也造成了严重的制度结构（主要还是拿破仑式制度结构）危机。

换句话说，发展是有风险的，但不发展的风险要大得多。至少，我们可以指导、领导、控制和激励发展。而如果选择不发展，我们甚至连生存的希望都没有。

20年前，杜鲁门总统呼吁发展经济，这是真正的远见卓识。经济发展是我们这个时代的核心经济任务。但到目前为止，我们都误解了这项任务。我们认为，任务是使穷人致富。实际上我们必须认识到，任务是提高穷人的生产率。

这需要我们认识到，贫穷世界的发展符合富裕国家自身的利益。这不是慈善事业，而是最狭义的自身利益：为富裕工业国的产品创造有利可图的市场。这也是自我保护。因为对富国繁荣乃至生存的最大威胁，莫过于爆发这样的种族战争：一方是占 2/3 世界人口的穷人，另一方是占 1/3 世界人口的高生产率富人（主要是白人）。

超越"新经济学"

很少有某个领域像经济领域那样，正确的行动如此依赖正确的理论。然而，也很少有某个领域像经济领域那样，公认的理论不足以满足实践和政策的需求，或者不足以解释我们实际了解的情况。

每个发达国家都大张旗鼓地宣传"新经济学"，美国人、英国人、联邦德国人、法国人和日本人都被告知，经济学家终于学会了如何管理经济。我们得到保证，他们能够避免或至少治愈经济萧条，而且能确保实现持续的增长与繁荣。为了证明这种论断，经济学家拿出了第二次世界大战结束后 20 年的记录——这的确是一个充分就业、经济增长且繁荣的时期。

这个好消息只有一个问题：没有两个贴着"新经济学"标签的瓶子里装着同样的东西。各个主要国家的实践也许相似，但其理论基础大相径庭，甚至互不相容。某种理论在一个国家被吹捧为灵丹妙药，在另一个国家却被认为是致命毒药。

第二次世界大战以来，美国一直采用折中的凯恩斯主义，以实现充分就业为目标，以赤字预算为主要工具。英国一直奉行彻底的凯恩斯主义,以银行和信贷政策,尤其是贴现率为主要工具。但联邦德国人(显然从未听说过凯恩斯)却一直在宣扬1910年健全的"自由"经济学,根据这种经济理论,开明的官僚机构让那些具有卡特尔思想的企业人士"自由放任"。法国人甚至都没有如此"现代"。第二次世界大战以来,法国一直奉行最纯粹的重商主义经济政策,这是早在1700年前(也就是"盎格鲁-撒克逊人"创立"经济学"的一个世纪之前)由路易十四的财政大臣科尔贝(Colbert)提出的。在法国,官僚机构给企业强加了严密的卡特尔制度。日本人似乎根本没有任何经济理论,他们时而极端保守,时而极端激进,只要形势需要,他们就会使用任何可能奏效的理论。

关于这些五花八门的新经济学,我们只能得出一个结论:一个健康成长的经济体可以承受多种经济理论,正如一个健康成长的男孩可以承受多种药物。

事实上,没有太多证据表明,新经济学可以真正管理经济。诚然,这一时期我们没有经历世界性经济大萧条。大萧条一直都很罕见,发生的频率不会超过每50年一次。过去的历史记录表明,我们没有能力预防或治愈轻微的萧条。无论称之为"衰退期""滚动调整期"还是"巩固期"("萧条"已成为一个肮脏字眼),在过去的20年里,这些温和波动的频率只比一个半世纪前我们开始记录时低了一点点。

虽然这些衰退都没有恶化为世界性萧条,但无论在美国、日本、法国,还是在其他任何发达国家,没有一次衰退的持续时间远少于1910年任何一本经济学教科书所说的12~24个月,而后者是短期波动的正常持续时间。当然,各种各样的补救措施(例如肯尼迪政府的减税政策)被认为促进了经济复苏,就像100年前完全不同的补救措施也曾得到同样的肯定一样。然而历史表明，在每个例子中，衰退在补救措施开始生效前就已结束了。这让人想起一句老话：如果不采取任何措施，普通感冒会持续15天；如果吃药，则会持续两周。

可以肯定的是，尽管我们不知道如何医治普通感冒，但知道如何治疗肺炎。因此，正如新经济学家所言，我们不是不可能预防或缓解一场大萧条。然而，无论何处出现了重大的经济问题，新经济学都无能为力。英国经济停滞问题、美国国际收支问题，甚至欧洲大陆的采煤业长期衰退和萧条这种纯粹局部性的严重问题，没有一个得到了妥善处理。

愤世嫉俗者很可能得出这样的结论：西方国家的经济表现与政府部门中经济学家的地位及数量成反比。他们可能认为，经济学家越多，受重视程度越高，经济表现就越差。经济学家在英国和美国备受推崇，两国在战后时期的经济增长却是最差的。日本是迄今为止做得最好的国家，但其政府中几乎没有经济学家，决策是由公务员做出的，并且按照日本最古老的传统，任何特定时刻的决策都取决于相互竞争的官僚机构（日本银行、大藏省、通产省等）之间的权力平衡。

自相矛盾的是，正是经济学的进步造成了经济理论的危机。相比于短短一代人之前的前辈，现代经济学家的知识渊博得多，专业准备也充分得多。他们的信息及分析工具都有了长足的进步。

在发达国家，现代经济学家掌握着丰富的数据，这是其前辈做梦都想象不到的。直到第二次世界大战时，经济学家尚只能靠猜测，而今日的经济学家却可以说："我知道。"更令人印象深刻的是他们分析事件的能力提高了。事实上，现代经济学自称"经济分析"是恰如其分的。这种进步大多发生在上一代人的时间内。我们今天很难想象，像"国民生产总值"或"国际收支平衡"这样的日常用语是在三四十年前才创造出来的。以往那些伟大的经济学家，直到凯恩斯出现（并且包括他在内），都不得不在没有这些概念（更不用说这些概念的量化数据）的情况下开展工作。

计算机具有的存储数据和处理大量变量的双重能力，使我们可以利用这些数据和工具。计算机使我们有可能检验并验证关于经济现象之间关系的假设，而在过去，我们总是不得不依靠观点和传闻。例如，"投入产出分析"可以揭示某个部门（如农业）产出的变化对整个系统的影响。因此，经济分析在具备信息并配备计算机之后，正在成为真正的"经济力学"——这就好比第一个用于数据记录和数据处理的可用工具（阿拉伯数字及小数点）的引入，让开普勒、伽利略和牛顿的"天体力学"以及近代物理学得以诞生。

> 然而，正如每本科学史著作都强调的那样，第一位近代天文学家不是开普勒或伽利略，而是 16 世纪的第谷·布拉赫，他是第一个系统地观察恒星并"记录事实"的人。然而，第谷虽然积累了大量事实，却完全误解了这些事实的意义。第谷也许是历史上最伟大的天文观察家，也是一位非常敏锐且勤奋的"星象分析家"，但他顽固地坚持自己的理论。他本人的观测结果日益表明，这些理论是不合适的、不充分的。开普勒作为第谷的助手，也是一名"星象分析家"，他经过 30 年的艰苦努力，终于领悟了新理论。与此同时，只要他们还在用错误的旧理论解释新事实，那么他们对天体运动的预测就远不如第谷的前辈们那么可靠和准确（前人掌握的信息更少，装备也更缺乏，因此要谨慎得多），因为最大、最危险的无知莫过于强加在误解或误会上的精确了。

经济学在今日的处境，正如第谷时代的天文学。新的分析概念和工具为我们提供了大量观察结果和事实，让我们不可能再在经济方面天真幼稚，也迫使我们基于理性论证而非"感觉"来制定经济政策。然而，我们掌握的信息和工具也日益表明，我们缺乏合适的经济理论来制定有效的政策。在经济发展，世界经济，或者企业、市场、生产者与消费者构成的"微观经济"等关键领域，我们几乎还没有任何值得称作传统的东西，更不用说有什么理论了。

我们当然不能走回头路去求助古典经济学。如今促使我们修正 19 世纪经济学的理由，和推出现行新经济学的 20 世纪初那几十年里的理由一样充分。不同的是，我们现在需要超越新经济学。事实上，就在新经济学在公开出版物和公共政策中看似胜出之际，正在崛起的年轻一代经济学家却开始将其抛在脑后。

经济学家的假设

我们得在以下几个方面超越新经济学。

- 经济理论的基本假设
- 经济理论的范围
- 经济理论的关注点

如今，经济学有几个基本假设已经站不住脚了。事实上，大多数现代经济学家都是下意识地做出这些假设的（而过去两个世纪里的经济学奠基人是明确意识到这些假设的），这导致上述假设不再有效的情况更让人头疼了。

1. 经济理论中第一个过时的假设是经济均衡假设。

经济理论假定经济政策的目标是实现均衡。美国在第二次世界大战后致力实现的充分就业就是这样一种均衡。这个假设认为，只有在劳动力随着人口增长而增加的情况下，经济增长才有必要。在那以后，我们认识到，经济领域不可能出现稳定的均衡。唯一能实现充分就业的是动态非均衡。经济犹如一辆自行车,只有在前进时才能保持平衡。增长总是不均衡的,只有不断增长的经济才能保持均衡。

但经济理论(尤其是新经济学)几乎不关注经济增长。[○]经济增长即使得到承认,也被当作系统之外的干扰。主流经济理论基于以下假设:经济围绕着某一个完美的均衡点摆动——在这个均衡点上,既没有通胀也没有通缩;既没有失业也没有劳动力短缺;既没有资本闲置也没有经济繁荣。这个假设认为经济是静止不动的。定性的结构变化(如增长及其动态)超出了当今经济学的知识范围,就像在微分学出现之前运动超出了数学的能力范围一样。

> 例如,过去40年的经济分析已做了大量工作来澄清"生产力"的含义,也为我们提供了有关生产力提高的信息。但我们的经济理论仍然处处假设生产力实际上是既定的。然而,现代经济生活(实际上是工业革命以来200年的巨大经济变革)的关键事实是,生产力是核心变量,它的提高是对经济理论和经济政策的检验。

当今最复杂的经济模型——整个国民经济的投入－产出模型,根本无法体现生产力的任何变化。该模型所能做的,只是在技术和生产力保持不变的情况下,计算出生产增减的后果。这个模型不能预测某一产业或某一经济部门的生产力变化将如何影响经济的其他部分或其他部门。它无法说明,要让这种生产力变化得以发生或至少有可能发生,得做些什么。这并不是因为我们缺乏数据,而是因为模型本身的基本假设有问题。

然而,经济增长是现代经济的必要目标。贫穷国家缺乏经济增长是我

○ 平心而论,一些新的"新经济学家"确实了解经济增长,例如:沃尔特·赫勒(Walter Heller)、约瑟夫·佩奇曼(Joseph Pechman)、爱德华·丹尼森(Edward Denison)。

们面临的最大经济危险。经济学家和其他人一样了解这一点，他们中的佼佼者花了大量时间来研究增长问题。然而，由于他们自己的模型不包含增长，因此，他们在黑暗中摸索与增长有关的一切，试试这个，试试那个，随波逐流而不是依靠知识。

沃尔特·W. 罗斯托（Walt W. Rostow）教授的《经济增长的阶段》（*The Stages of Economic Growth*, 1960）之所以是一本重要著作，是因为首次有一位杰出的经济学家认识到，我们需要一套系统的经济增长理论，并首次尝试使用经济分析工具来分析增长。但人们发现，高储蓄率本身便可解释并促进增长的基本假设不成立。如果缺乏足够的储蓄，就不可能有增长。但即使是充裕的资本投资，也可能根本不会产生增长。事实上，资本形成和资本投资可能是增长的结果，而不是像罗斯托假设的那样，是增长的先决条件。

20 世纪的一位经济学家——已故的约瑟夫·熊彼特（起初是奥地利经济学家，后来成为哈佛大学经济学家）在 60 年前，即第一次世界大战前已指出了这一点。他还提出了第一种经济增长理论。熊彼特认为创新是经济增长的原因，而企业家是创新的行动者。从那时起，这一领域几乎再无新建树。

第一次世界大战开启了一直延续到第二次世界大战的漫长的经济连续期。在此期间，维持现状而非增长是人们关注的核心问题。当然，这是凯恩斯主义经济学的主题，而凯恩斯主义经济学又是对均衡经济学的重新表述——一种急需的重新表述。然而，凯恩斯的表述并非我们所需要的增长理论，其本意也并非在此。事实上，在凯恩斯主义经济学中，维持现状和超越现状的增长之间存在冲突。

如果经济理论不能解决这种冲突，它就不能克服经济危机。再重申一遍，显然我们只能靠增长政策来保持均衡。静止的经济，无论多么"活跃"，都是衰退的经济，英国过去 20 年的例子已经证明了这一点。

相比于凯恩斯式修正均衡理论，增长理论既更加激进，也更加保守。它首先要求经济学遵循目的论，也就是从未来的目标出发，回溯到现在。从历史上看，经济理论都是从当前的力量安排出发，并基于此进行预测。这就假设了将来的结构和现在的结构相同。在这样的预测中，没有真正创新引发真正变革的空间。这类预测只是容许更好地配置现有的各种资源，包括知识资源。

我们需要的理论，必须从以下假设开始：经济政策的主旨是真正改变经济资源的财富创造能力而非对其予以重新安排。换句话说，经济政策得从创新的假设出发。

这就必须把经济理论的焦点从一直以来的成本转移到风险上，而这反过来又会导致对利润的性质、作用与功能的重新评估。

在传统经济学中，利润最多只具有不太重要的经济功能，是资本资源配置的一个衡量标准。如果我们假设没有增长，那么利润的这个作用就不是特别重要。进而，我们就会像古典经济学家那样，对利润的存在给出一种伪心理学解释，尽管从来没有一位心理学家能找到所谓利润动机的本质。换句话说，在所有传统经济学中，利润属于道德范畴而非经济范畴，对利润的态度属于意识形态领域而非经济领域。

在传统经济学中，唯一的风险就是缺乏有关过去和现在的信息，经济政策的目标就是风险最小化。但只要我们假设增长，我们就假设了不确定性，也就是说，我们假设当前的资源要承担真正的风险，因为它们致力于创造一个不同的、不可知的未来。因此，在增长型经济中，经济政策的目的必须是使经济能够承受更大但更有意义的风险。

因此，在增长经济学中，利润是应对不确定性需要付出的成本，而不再是 "盈余"。事实上，我们可以把 "根本没有利润" 作为发展经济学的一条定律（只有政治上强加的垄断所产生的利润除外——当然，这是 "贡品" 而非利润）。拥有的只是未来的成本。这些成本尚无法衡量，但相比于我们账目上所记录的过去的成本，这些成本同样真实、有形和确定。就像对于过去的成本，我们要问是否有足够的收入去支付一样；对于未来的成本，我们也必须问是否有足够的收入去支付。关于利润的核心问题是，它是否高到足以让经济承担实现增长所需承担的风险。无论我们在经济均衡理论中强调资本积累还是消费，也就是说无论我们对现在和过去的经济学持何种立场，这都是正确的。

这种观点消除了"利润动机"，也消除了作为"资本家的掠夺"的利润。当今的社会主义经济学家否认其恢复利润就是复辟资本主义，这是非常正确的。他们的所作所为（也是正确的）是认识到了，无论政治信念或经济结构如何，经济发展都需要利润。

当我们说，利润不存在，它只是尚不能分配的未来成本时，我们不是在谈论利润的分配方式。很明显，我们需要收入来应对向增长投资所面临的风险。这些收入只能来自当前的生产，就像支付现在经营成本（会计成本）的收入只能来自当前的生产一样。在经济领域，当前的生产是我们唯一可以处置的因素。它是唯一的"现在"。其他的要么是记忆，要么是期望。

同样很清楚的是，我们必须以某种方式把这些收入投入有适当风险的事业。这些收入必须用于创造未来而不是捍卫过去。这就要求建立资本市场，反对把利润留存在现有企业中（第 3 章和第 4 章中已经提出了这些论点）。但这并不意味着资本所有者必须做出再投资的决策——也就是说，这意味着他们应该控制利润。

在所有经济体中，关于应该由谁来做出这些决策都存在很大争议。有的观点认为，资本所有者当然是国家。然而，今天也有经济学家在争论企业管理者而非政治机关可以在多大程度上拥有做出把利润投资于未来风险的决策的权力。

在资本主义国家的经济领域，传统观点认为，所有者有权获得最大收益, 也就是拥有完全的决策权; 另一种观点认为, 所有者仅享有 "资本成本" 的权利。后一种观点就是最近几年所谓成长型公司政策的基础。

事实上, 旧的 "所有权" 概念可能已不再适用。不适用的一个理由是, 知识而非传统的 "财产" 是当今的支配性资源。我们今天也可以设想这样一种经济体, 它拥有自主的商品市场、劳动力市场与资本市场, 其中的企业努力优化利润, 但没有 "生产资料所有权"。

> 在美国经济中, 共同基金或养老基金等受托人是大企业的主要所有者, 事实上, 美国人知道没有 "私有制"。尽管所有权尚未 "国有化", 但已经实现了 "社会化"。同样, 南斯拉夫的企业也正在走向 "非国有化"。法定所有权仍属于政府, 但商品、劳动力和资本都处于接近市场经济的环境中。利润优化是一个目标, 利润率 (就像 "资本主义的" 西方国家那样) 决定了企业能否获得资本。当然, 南斯拉夫与西方国家的差异仍然很大, 但利润和利润率发挥着相同的作用。

虽然这些都是极其重要的、会引发激烈情绪的议题, 但它们与旧式的战斗口号 "打倒利润" 和 "打倒剥削者" 截然不同。

增长并非经济的唯一目标, 但均衡也不是。我们当然不能再把增长从经济模型中去除, 它至少是一个重要目标。无论有没有实现增长, 它都是最确凿的现实。然而, 一旦我们把增长纳入这个模型, 利润及其意义就完全变了。对于剥削呼声的回应, 不再是摆脱剥削者, 而是实现增长和提高生产力。这种回应是要提高穷人的生产率, 而这要求承担风险, 应对不确定性, 追求利润。

2. 与把均衡作为经济目标的假设密切相关的是, 现有理论忽视了技术。经济学家认为，技术变革位于经济领域之外，是他们无法应对的事，也是一种像地震或瘟疫那样无法控制、不可预测的灾难。技术变革也许可以解释为什么经济学家预测出错的频率高得如此令人不安。然而，经济学家不知道如何预测或解释技术变革，也就对技术变革的过程或后果缄默不言。

不同于瘟疫、地震甚至大规模战争，技术变革和创新主要是经济事件。其目的从一开始就是经济性的。技术变革会改变经济资源的配置，导致资源分配的转变。技术变革的目的和对它的检验都是经济表现。技术变革是决定土地、劳动力与资本生产率的重大经济事件。经济学家排斥这个核心现象，认为它不是研究对象的一部分，这就好比数学家说"数字不属于数学"。

从用经济术语解释创新和用经济分析预测创新的意义上来说，我们可能永远无法提出一种创新理论，因为智力、观念等非经济因素对创新至关重要。但我们应该能够理解创新是如何影响经济的，以及它可能带来什么经济后果。我们应该能够以很高的概率判断某项创新能否带来重大的经济变革，或者它是不是"纯技术的"。

例如，我们需要能够说明某种创新（如分期付款、施乐公司推出的用于在办公室批量复制和复印的机器）是如何影响经济的，或者它是否对经济产生了影响。用现代经济学家的话讲，我们需要这样一个"投入－产出模型"：既对创新敏感，又至少能告诉我们，创新在何时以及如何改变经济部门之间、各产业之间以及生产要素之间的关系。

没有这些信息，我们便无法制定合理的经济政策。没有这些信息，我们就无法知道某项政策是提高了还是损害了经济福利。

例如，美国是否应该保护钢铁业，使其免受外国进口产品的影响呢？美国的钢铁业需要迅速推进技术变革，这一点相当明确。同样明确的是，创新性新工艺正在迅速普及。但是，在全球产能过剩的情况下，保护国内的生产商能否促进社会和经济上所需的创新呢？这样做能否真正加强钢铁业？更不用说美国经济了。或者，即使在短期内，这样做会不会阻碍所需的创新的扩散，从而削弱钢铁业和美国经济？

现在，没人能回答这个现实问题。我们对作为经济过程的创新不够了解，对其经济影响也缺乏足够多的信息。然而，我们总是需要做出这样的政策决定，决策要快，而且正确的概率要比较高。为此，我们要改变经济理论的传统假设，把技术和创新纳入经济学家的视野，以便他们能够开展这方面的工作并加以研究。

3. 经济理论需要基于全新的假设（知识创造生产力）进行重构。

早期的经济理论非常关注以下问题："什么创造了经济价值？"从李嘉图（1810 年左右）到马克思的传统回答都是"劳动"。

19 世纪下半叶，这越来越成为一个形而上学问题，而不是经济学问题。任何以此为基础的"价值论"，无论答案是什么，都会妨碍对经济的理解。因此，现代教科书中几乎没有提到这个问题，取而代之的是，我们开始讨论"生产要素"，包括土地、劳动力和资本，后来又增加了管理。

但有了这些"要素"也不能有所作为。如今在实际工作中，它们被认为是成本要素，而非"生产要素"。换句话说，我们得为自然资源、人力劳动和资本付费（其中资本是一种权力，它控制当前资源并将其用于满足未来的期望）。在一定范围内，我们可以用一种资源代替另一种资源。然而，如今的专业经济学家认为，这些"要素"不过是对生产的限制和约束，只有支付某种价格才能克服。而所有要素总是可以以某个价格获得的。

自 30 年前西蒙·库兹涅茨开始对美国经济的生产力进行开创性研究以来，经济学家越来越关注"生产力要素"，并将其视为经济表现的关键。随着发展、增长和变革成为经济理论必须解释的现象和经济政策必须管理的内容，"生产力要素"变得越来越重要。一个试图解释并理解变革与增长的经济理论需要一种关于生产力成因的假设。

库兹涅茨的研究有力地表明，生产力的成因是新知识而非资本（更别提劳动了）。因此，库兹涅茨的统计数据证实了熊彼特在 60 年前（第一次世界大战前不久）提出的假设。工人和管理者掌握的新知识会提高生产力，进而创造更大的机会，而资本流动是对这种机会的回应。

这个假设似乎显而易见，但对传统经济学来说远非如此。事实上，这个假设与传统经济学的大多数内容格格不入。

经济学的民间传统，也就是报纸、议会和国会里的讨论通常所立足的经济学，大体上仍然假设经济进步的原因是劳动者通过更努力工作使自己的生产率得以提高。实际上，过去 100 年来所有的经济进步都意味着工作时间缩短和体力负担减轻。劳动"生产率"并没有提高。我们之所以能为生产率较低的劳动者支付更高报酬，是因为知识大幅提高了经济的生产率。而多数雇主协会相信的"资本本身就是有生产率的"这条公理其实并没有多少实质内容。

资本家和劳动者谁有权享有生产率提高带来的成果？对这个长期以来的争论我们可以简单明了地回答：双方都无"权"享有任何成果。双方都不能把产生的成果归功于自己。生产力提高的最终结果是让双方都可获得更多——但并非因为这是他们"挣"来的。

新兴产业及其所依托的技术都建立在知识的基础之上——基于所有知

识而不仅是 "科学和技术"。与此同时，知识已成为现代经济的核心支出和投资，以及经济的核心资源。然而，知识作为一种生产要素或生产力要素，仍然不为经济学家所了解。

我们需要一种能够把经济成果与知识投入，以及把经济投入与知识成果联系起来的经济理论。我们需要这样一种经济理论：它既能衡量知识的有效性，又能衡量 "知识产业" 的效率，尤其是教育的效率，即系统地生产和分配知识的效率。我们需要能够把实现发展所需的知识资本联系起来，也许还需要把所需知识资本的形式与实现发展联系起来——例如，应该把可用资金用于让大量儿童识字，还是用于在大学培养少量受过高等教育的人。我们需要衡量知识投资和知识资源的经济回报。

我们需要这样一种经济理论来帮助我们做出关于知识的政策决定。这些决定不会也不应该仅根据经济原理来做出。事实上，人们很可能会争辩说，决定本身往往应该基于非经济理由来做出，也就是要考虑道德的、社会的、审美的或伦理的目标，以及价值观。但每个决定都会产生经济成本，而不考虑经济成本的决定几乎肯定是错误的——也就是说，实际能取得的结果与预期的结果完全不同。

当今优秀的经济学家知道，均衡经济学不敷所需。他或许知道，创新是经济体系中反复出现的质变，也知道知识创造生产力，而旧的 "生产要素" 是对经济的束缚而非动力。但只要没有一个基于这些新假设的理论，他要么忽视自己的知识，依赖基于旧假设得出结论错误的旧理论，要么抛弃自己的知识，依靠直觉、经验和 "感觉"——当然，这是杰出的实务者在其知识基础被证明不可靠时总会做的事情。为了制定有效的经济政策，经济学家需要新的理论——它所立足的假设会切合我们所处的经济现实和面临的经济任务。

世界经济、国际经济与宏观经济

我们今天的经济理论以一个民族国家的国内经济（经济学家称之为"宏观经济"）为核心。我们没有关于世界经济的理论，也不清楚世界经济与国内经济如何相互影响。现代经济理论所假设的实际上仍然是一个由国家、货币、信贷和税收政策从内部进行控制的封闭经济。

在这方面，法国的极端保守派与其宿敌（英国剑桥和马萨诸塞州剑桥的极端凯恩斯主义者）没有一点点不同。双方都只看到了国内经济，也只分析国内经济。在他们的计算中，外部经济只是一种约束、限制与环境。

这种狭隘性的一个例子是关于欧洲产业中的"美国统治"的辩论。戴高乐总统痛斥美国利用其国际收支赤字强加给欧洲人的美元来掠夺欧洲并接管欧洲产业。然而，美国的政策制定者却对为这些收购提供资金的"美元外流"抱怨不断。

实际上，美国和欧洲国家都把对本国产业的投资换成了对跨国产业的投资，既没有"接管"，也没有"外流"。美国人为了从欧洲人那里获得欧洲企业股份而支付的美元，已经几乎全部被欧洲人对美国企业的投资所抵销，而美国企业反过来又投资于欧洲。正在发生的事情是以下这种跨国公司的建立：其股东位于欧美两个大陆，生产和销售位于两个大陆，管理者也越来越多地分布在两个大陆，既有欧洲人，也有美国人。

假如这种现象发生在某个国家的经济中（就像20世纪初美国发生的现象那样，一些大企业借助纽约资本市场从区域性企业扩展为全国性企业），那么每个人都会立刻认识到资本流动的循环性质。流入与流出实际上是同一股资本流，然而当资本流动跨越国界时，它就超出了经济学家使用的模型和对他而言的

"现实"。

这就解释了为什么旨在纠正美国国际收支赤字的措施产生了不符合美国人和欧洲人预期的结果。1965 年，美国"自愿"限制对海外的投资，本意是减缓美国在欧洲的收购。实际上这反而加速了美国在欧洲的收购。美元从欧洲经美国公司流回欧洲的线路被切断了，于是美元不再从巴黎流向纽约，然后再流回巴黎，而是由欧洲人直接投资于美国公司新成立的欧洲子公司的证券。这些子公司的成立就是为了收购欧洲企业，从而将其置于跨国管理之下。换句话说，欧洲企业要跨国化就投资美国企业，而美国企业要跨国化就并购欧洲企业。

只适用于国内的模型意味着无法制定或有效地执行有关外部世界的经济政策。我们知道的东西还远远不够。

1965 年，美国政府首次限制美国人的海外投资以减少国际收支逆差，此前不久，美国商务部开展了一项研究（研究摘要发表于哥伦比亚大学出版的《世界商业杂志》1966 年秋季号），指出正是美国在海外的投资为美国商品在海外创造了出口市场。美国企业所投资的每 1 美元都会在很短时间内，也许是 2～5 年，为美国带来至少 5 美元的海外出口收益（当然，还要加上大量利息）。这些数字意味着，削减美国的海外投资将导致出口不成比例地下降，因此实际上会使美国的国际收支问题恶化。自 1965 年限制措施出台以来，美国贸易平衡的发展符合这一预测。两年后，美国对欧洲的贸易顺差开始急剧下降，尽管这两年美国物价上涨的速度远不及欧洲。

但是，美国的投资限制真的难辞其咎吗？投资限制是"治疗"国际收支赤字的传统药方。只是现在治疗是否已成为致病原因？没人知道。我们只知道，美国政府的政策基于传统而非知识。

同样的情况显然也适用于 1968 年初美国政府要求对美国人出国旅行施加的限制。没人知道这种旅行对国际收支的经济影响。当然，大部分钱都是企业人士花的，而不是游客花的。那么，商务旅行是美国创造出口并获得海外投资的股息收入的手段吗？换句话说，旅行支出的每一美元，是净支出和美元外流吗？还是我们赚取 10 美元外汇的手段——在多长时间内？旅行限制是不是跟自己过不去呢？这么做是会切断美元外流还是增加美元外流呢？商务旅客在国外花费的几亿美元，又在多大程度上成为外国航空公司购买美国飞机的数十亿美元的基础呢？没人知道答案，也无法找到答案，然而这些都是基本的问题。

正如上述例子所表明的，这样的无知必然导致错误的行动。欧洲和美国的经济学家如果不了解购买欧洲企业的美元外流与购买美国证券的美元流入之间的联系，或者不了解海外投资和出口之间的联系，那么他们的反应必然会损害本国经济和世界经济。

正是今天的世界经济定义了机会所在——有效的经济政策得从当前的世界经济中寻求启示。这是以往 20 年成长型经济体（日本、瑞典）的经验。然而，经济理论的宏观经济范围限制了我们的视野，使得美国和西欧国家无法受益于这一经验。

每个国家面临的主要经济威胁都是源于世界经济的危机。自 1873 年经济危机（panic of 1873）以来，过去的 100 年里都是如此。诚然，1929 年的经济大萧条很大程度上始于美国国内股票牛市的崩溃。但正是第一次世界大战后草率建立起来的国际货币体系的崩溃，尤其是主要由一家奥地利银行倒闭造成的英镑贬值，才使"正常的"萧条变成了经济和货币全面崩溃的噩梦。假如 1929 年的经济危机主要源自美国国内，那么，胡佛总统可能是对的——到 1932 年，美国就会走上复苏之路。

同样，1877 年、1896 年、1907 年和 1921 年的危机即使不是重大经济危机，在很大程度上也是国际经济危机，而非某个国家的国内经济危机。

但经济学家只看到了源自国内物价、国内消费过度或不足、国内投资过度或不足的危机。他们承诺完全在国内经济的范围内和凭借国内政策对抗并克服任何危机，这是一个最没有说服力的承诺。源自世界经济的危机，例如全球流动性不足，只会因在国内采取的措施而变得更糟。这种措施不可避免地带有保护主义色彩，企图把国内经济孤立起来。任何这样的尝试（堪比以前的富人为躲避瘟疫而逃往乡村）都只会有一个后果：危机的传播速度、传播距离和持续时间都翻番，造成的破坏是以前的许多倍。

然而，对经济学家和经济政策制定者而言，缺乏关于世界经济的经济理论可能要比依赖现有的、以"国际经济学"为名的理论（已成为博物馆古董的亚当·斯密国际贸易理论）要好得多。国际贸易理论是一个极好的理论，但它仅适用于前工业时代的经济。

该理论认为，国际贸易是基于"生产要素"的"差异优势"。著名的例子是用葡萄牙的酒交换英国的羊毛（19 世纪初由李嘉图首先使用），其中一个国家的气候适合酿酒，而另一个国家的气候适合养羊。其结论是，最大的机会在于互补性贸易，它存在于技术水平不同、经济"生产要素"不同的国家之间。

按照国际贸易理论，印度与美国是"互补的"，德国或瑞士与美国是"竞争的"。因此，美国与印度之间的国际贸易应该是最大的。而在两个技术水平相当的国家之间，如美国与瑞士或德国，根本不应该有贸易，或者只有最低限度的贸易。

事实恰恰相反。两个国家在经济结构、技术水平和要素成本方面越接近，它们彼此之间的贸易就越多、越密集。互补性越强，彼此之间的贸易就越少。一个多世纪前，这一点已为人所知。当欧洲大陆开始第一次工业化，从而成为英国的"竞争者"时，它与英国之间的贸易（此前规模很小）开始迅速增长。

国际贸易理论的预测不符合现实，经济学家的标准借口是：印度太穷了，买不起美国生产的先进商品。但印度缺乏购买力并不能解释美国与瑞士之间的高水平贸易，而这才是真正重要的现象。它无法解释为什么瑞士的生产力、技术与生活水平越接近美国，瑞美贸易的增长速度就越快。

国际贸易理论假设商品是流动的，但"生产要素"是不流动的。然而，即便"生产要素"被定义为"土地、劳动力和资本"，该假设也是不成立的。当然，"土地"是不流动的。但劳动力有时流动性很高，例如，在北美的拓荒定居点，以及过去20年中农村无产者从南欧（在那里他们是经济累赘）向中欧和北欧工业区（在那里他们变得有生产率）的迁移——换言之，这种迁移既提高了移民原住地的生产力，又提高了移民迁入地的生产力。并且，除非受到政府限制，否则资本的流动性也很高。

更重要的是，知识这个真正的"生产要素"几乎具有无限的流动性。创造生产力的不是美国公司在欧洲的投资。事实上，这种投资基于从美国到欧洲的知识（包括技术知识和管理知识）转移，这是资本投资的基础。知识是一种非常特殊的经济资源。当知识从美国转移到欧洲时，这对欧洲来说是一种净进口，是欧洲资本存量的净增长。但美国的资本存量并没有相应减少。我们传递了知识，并因此获得了报酬，但我们并没有"出口"知识。事实上，我们可能丰富了自己的知识资源，并使其更有生产力，这是任何其他资源都做不到的。任何其他资源都不可能以这样一种方式（即转移过程使双方的知识资源都变得更丰富）从一方传递给另一方。只要能够转移知识，就能创造贸易。很明显，在知识水平相当的地区之间（即在发展水平相当的国家之间）转移知识要比向没多少人愿意接受知识的地区转移知识容易得多。

这并不否认比较成本的重要性，但它让比较成本成为国际贸易的制约因素而非基础，至少在有能力把知识用于工作的国家之间是如此。这也没有否定亚当·斯密的理论，即尽可能多的国际贸易对所有国家都是最有利的。然而，他关于该体系如何运作的简单结论（19 世纪的自由贸易理论将其付诸实践）可能需要做出大幅修正。亚当·斯密所强调的商品自由贸易很重要，但资本的自由流动和知识的自由流动可能更重要。

亚当·斯密提出的互补性贸易还没有消失。可以肯定的是，英国的羊毛原料如今已经很少了，尽管葡萄牙仍然盛产酒。但是，能找到石油的地方仍在开采石油。按照斯密的说法，作为"土地"的油田是不能流动的，其产品必须进入能源市场。然而，有了核能之后，这种"互补性"贸易的重要性可能会大幅降低，尽管不一定会减少。同样，小麦只能在温带生长。假如热带地区的人想要小麦，便必须把小麦送到热带，以此类推。然而，"互补性"贸易现在只是贸易的一个组成部分，也只是世界经济中的一个要素。

总体而言，"竞争性"贸易为国际贸易提供了驱动力。世界制成品贸易的增速远超过自然产品与制成品生产之间的"互补性"贸易。1816～1950年，人均贸易额增长了 2 倍。1950～1966 年，这一数字又增长了 1 倍多，年增长率为 7.5%，也就是每 10 年翻一番。从开始有可靠统计数据的1870 年开始，增长中的绝大部分来自先进工业国之间的贸易——竞争性而非互补性贸易。当今大多数国际贸易都是竞争性贸易，也就是制成品贸易，在这种贸易中，"比较成本"是应用知识的结果，而不是利用自然的结果。然而，我们没有这方面的理论。事实上，按照我们现有的理论，这种贸易（我们所生活的经济世界的现实）是不可能发生的。

英国的例子表明了这种有缺陷的理论会变得多么危险。在国际贸易谈判中，英国人仍遵循传统理论。因此，他们把所有重点都放在为英国的"互补性"贸易产品（威士忌、瓷器等）打开市场上，但往往忽视了"竞争性"贸易。他们寻找的是自然（或历史）而不是知识为其带来优势的领域。因此，他们只关注昨天的机会，而放弃了本国非常伟大的知识成就带来的成果。

亚当·斯密解释了他那个时代的国际经济。现在迫切需要一种从世界经济出发，进而把国内经济解释为世界经济的一部分的经济理论。我们不会回到 19 世纪国内经济和国际经济分离的时代，但我们必须超越经济分析局限于国内经济的传统。

宏观经济与微观经济

经济学家称自己的理论为"宏观经济"理论。然而，这不仅没有考虑到真正的"宏观经济"，也就是世界经济，也没有考虑到产生实际成本和获得实际成果的经济领域，也就是由生产者、消费者与市场构成的"微观经济"。

"宏观经济"着眼于作为一个整体的国家。它本质上是关于国家政府、国民收入及分配、国家信贷与货币流通、总体价格水平的经济理论。

现代经济理论之所以具有穿透力，主要归功于对宏观经济的关注。事实上，如果不自我局限于宏观经济事件，"经济分析"就不会得到发展。现代经济学的真正起点是，人们把关于个人和企业的经济理论的最后一次尝试（19 世纪 80 年代奥地利学派的理论）置于一旁，转而青睐采用统计方法来研究总体经济中、国民经济中，以及"宏观"经济中的货币、信贷、就业、生产行为。

这种现代方法背后的假设是合理的——经济的各个组成部分（个人、消费者、企业、地方政府等）总体上往往表现得像物理学家"理想气体"中的粒子。每个粒子都可能有自身的运动，这些运动是由只作用于它的力引起的，甚至完全是由它内部的力引起的。但总体来看，整个物体将有一种行为，这种行为受概率分布的支配，并符合"平均值"。唯一真正的行动者，唯一能够指挥与控制个别粒子行为的力，乃是外力，也就是政府通过其财政政策和货币政策施加的力。

然而，作为对正在发生之事的描述，这种说法越来越不准确了。尽管政府有时似乎无所不能，但根据概率预测的总体行为与实际事件之间的差距正变得越来越大，而不是越来越小。

经济学家承认这一点，但是他们倾向于将其解释为"不应该发生"的事情。例如，他们将其归因于垄断的影响。然而，理论的目的是使有效的行动成为可能，并预测最可能发生的事情。已发生的事情本不该发生，这一点并不重要。如果"不应该发生的事情"是常态而非例外，那么我们最好换一种理论。越来越多的情形是，"宏观经济"模型告诉我们应该发生的事情与实际发生的事情几乎相反。

举几个最近发生的例子，1966 年美联储提高了利率，以遏制有可能失控的繁荣的经济。人们普遍认为，美联储是一个信息极为灵通的、有效的经济政策机构，在很大程度上不受政治压力的影响。但美联储并不想干扰住房建设，这仅仅是因为，人们认为随着大批年轻人达到工作年龄并加入劳动力大军，美国经济的下一轮重大发展将取决于家庭的组建和随之而来的住房建设。实际结果是，当抵押贷款几乎消失时，住房建设接近彻底崩溃。与此同时，工业繁荣几乎没有受到影响。对于美联储的措施，企业的反应是不但没有放缓，反而以更快的速度增加了库存。

回顾过去，很容易看出哪里出了问题。事后看来，一切都显而易见。然而，绝对不能保证下一次出现类似情况时，美联储采取类似措施会取得更好的效果——尽管我们有理由假设将取得不同的效果。一两年之后的后见之明可能会再次告诉我们原因所在。

另一个例子是，第二次世界大战后，英国历届政府在刺激出口方面屡屡失败。无论是工党还是保守党执政，英国政府的每项措施都导致出口缩减，没有达到扩大出口的目的。每项措施都不利于效率高超、技术先进的产业，而它们正是经济增长以及出口所依赖的产业。在历届政府采取的措施中，唯一的区别是，那些效率低下、技术落后的产业有时会与效率高超、技术先进的产业一起受到惩罚，有时则毫发无损。换句话说，有的措施对国内经济的伤害比其他措施更大。但没有一项措施能改善英国的国际收支，尽管这是其唯一的宗旨。企业做出反应的方式，一次又一次地不符合经济学家"知道"它们会且一定会采取的方式的预期。

宏观经济事件是由经济理论控制和预测的，微观经济事件是由企业、市政府、工业实验室中的科学家或普通消费者控制的，关于两者之间的关系，我们没有任何经济理论。因此，在涉及企业、市政府、消费者等方面政策的经济决策中，99%的决策都没有理论支撑，实际上也没有多少理性指导。

所有国家行政机关的日常行为，包括地方政府的预算和税收、对企业的监管或消费者政策，都会阻碍同一个行政机关关于宏观经济的总体经济政策。这在所有领域都会发生，例如反垄断或交通运输的监管方式。然而，我们对微观经济的了解还不足以预测这一点。我们所能提供的只是后见之明。在损害尚未造成时，我们所能提供的只是一些观点，这些观点可能基于经验，但没有经济理论的支持，也没有经济分析的基础。人们只能说，"常识"让人觉得政府这项微观经济政策与政府的宏观经济目标并不真正相容。但毋庸讳言，观点是廉价的、众多的，而且不是很有说服力。

因此，现代经济（顾名思义，即政府政策同其他所有群体和个人的经济行为密切交织在一起的经济）几乎没有制定经济政策的能力。一方面，有一个漂亮的、精致的宏观经济模型；另一方面，有一大堆彼此毫不相干的、临时出台的、自以为是的行动和政策。从简洁、干净、精致的经济分析模型中得出的货币和财政措施在现实经济中产生的结果，与政策意图或其背后的论据毫无关系，而没人预测到的微观经济事件则会完全改变宏观经济的行为和结果。

这些证据只能得出一个结论：微观经济本身没有动力或行动，而是受宏观经济事件尤其是财政与货币事件的概率分布控制——这一假设是站不住脚的。至少，微观经济可以对同一宏观经济事件做出不同的反应，从而使相同的宏观经济政策在看似完全相同的情况下产生不同的结果。

更明智的假设是，"粒子"是"有机体"而非"原子"。至少在某些时候，它们能够决定自己的行为和行动，而不是局限于对外界刺激做出反应。我们的经验是，宏观经济虽然限制了微观经济中的有机体，但并没有控制它们。

我们需要的经济理论

微观经济理论需要大量信息，而我们今天所掌握的最多只是零散的信息。另外，微观经济理论还需要新概念。

例如，我们对市场的了解很多，但了解到的信息是分散的。这些信息主要是那些"实务"人员所知道的，包括企业人士、营销人员、广告人员和商人。在许多情况下，人们甚至没有意识到这一点，只是将其用于日常工作，而没有考虑到有多少被认为是"知识"的东西实际上是未经检验的观点，甚至近乎奇闻轶事。

　　仅举一例：没有人真正知道广告是否有用，或者如果有用，它到底发挥了什么作用。国外有种说法：广告无所不能。但最奢侈的广告宣传活动却一次又一次地未能创造任何需求。例如，福特汽车公司的 Edsel 车型就是这样一个彻底的失败产品，尽管它拥有汽车史上最大额的广告拨款和最周密的宣传计划。在另一派知识分子中流行着一种观点：广告毫无作用，纯属浪费金钱。但没人掌握相应的信息能对其予以证明。

　　广告是大众营销，如果有效的话，它应该是最经济和最便宜的分销方式，因为每花 1 美元做广告，就能节省无数美元——如果没有广告，就不得不用这些钱去把产品推向市场。但是，从没有人试图弄清楚广告是否真的是经济划算的大规模分销方式，或者广告遵循的经济学原理是什么。据我所知，甚至没有人知道如何构建假设，以便对其进行检验。

　　传统经济理论只知道"商品"（commodities），不知道"产品"（products）。商品完全由其物理特性来定义，因此竞争总是发生在定义和区分明确的，而且只有价格存在差异的单品之间。然而，产品要复杂得多，通常不能仅用物理术语来定义。它们通常在提供给买家的价值上存在区别——一种风格的住房不同于另一种风格的住房，即使房间数量和大小等物理特性可能完全相同。在这里，传统的商品概念是完全不够的。

　　即使按照经济学家的传统定义，"价格"是供给方的收益，我们对于

"价格"的了解也不够。例如，按现有理论，买方决不可能认为价格是过低的。换句话说，价格上涨不可能导致需求增加。但是在实际的经济生活中，价格上涨导致需求增加这种情况每天都在发生。经济学家在面对这种现象时，很容易谈及"非理性顾客"。但是，这就像当抗生素对某种细菌没有效果时，医生说这是"非理性感染"一样荒谬。事实是有些事情正在发生，但不符合按理论预测出的结果。这意味着这种理论需要改变。

我们可能需要从专注于生产者成本的理论转向把"价格"定义为购买者为获得所购物品而支付的费用的理论。与其把生产者的成本置于核心，不如把购买者的价值置于核心。这似乎很容易。但美国国防部十年来一直在开展"生命周期成本计算"。据此，在购买武器和军需品时要考虑在其整个预估使用寿命内的成本，包括维护和维修成本、培训相关人员使用这些武器和军需品的成本。在这方面我们做得越深入，"价格"就变得越复杂。

我们将不得不从市场是什么而不是从市场不是什么的角度来理解市场现实。在西方国家，我们认为市场是理所当然的。但市场并不像宏观经济学家所认为的那样取决于宏观经济力量。市场是为取得成果而分配资源的机制。

市场是一种自主的力量，有自己的价值、动力与决策。当然，市场会受到宏观经济事件的影响。但是，即使宏观经济完全控制了生产什么和如何分配（如苏联的五年计划试图做的那样），市场也不会被控制。市场可以被扭曲，但不能被阻止。一旦消费者有了选择，市场而不是计划者就会重新掌控一切。

因此，新经济学只是一个开始。从其穿透力、分析定义（analytical definitions）和概念、严谨性等方面来看，它都是一个伟大的开端。但要让我们对经济产生必要的理解，并为我们提供必要的经济政策的话，还需要做很多事情。

　　除了现在仅有的均衡理论，我们还需要一种经济动力理论。我们需要从理论上理解技术创新这个经济事件，并将其纳入经济理论和经济政策的范畴。我们需要一个世界经济模型，需要理解世界经济和国内经济之间的复杂关系。最后，我们需要一种关于微观经济行为的理论，即关于经济参与者（"有机体"）行为的理论，因为归根结底是微观经济产生了经济成果、商品和服务、就业和收入。

　　理想情况下，所有这些新理解应该构成一个统一的理论，我们应该能够把微观经济、宏观经济与世界经济整合为一个"经济领域"。当然，相同的基本概念（例如，知识作为生产力核心要素这一概念）将贯穿所有这些方面。但可以想象的是，我们将不得不满足于有若干理论，它们虽然是基于相同的总体规划构建的，但各不相同且彼此分离。毕竟在整个19世纪，物理学也是一系列分离的领域，光学、热力学、电学与力学只是存在松散的联系。直到20世纪量子力学的出现，物理学才又像牛顿时代那样统一起来——而如今，在普朗克、玻尔和卢瑟福之后仅半个世纪，物理学又分裂成了若干离散的领域。然而，作为一门学科，物理学通过共同路径、总体规划与方法得以统一。如果经济学也有类似的发展，没人会吹毛求疵。

　　无论名称是什么，新经济学都不是一种经济理论。它充其量是一种剖析，一种静态的、死板的、机械的描述。它描述了一个重要但有限的部分，即民族国家的政府经济，但没有描述世界经济，也没有描述创业者、企业、消费者。如果再继续拿医学做比喻，那么新经济学犹如骨骼。没有骨骼，就无法理解或治疗身体。但它本身并不能解释身体，也不能进行诊断或治疗。新经济学是一个必要的起点，但最危险的莫过于像各国的新经济学家所做的那样，假装这就是真正的答案和真正的经济理论（作为经济领域的一种"点金石"），能让我们预防或至少治愈严重的经济疾病，如萧条或停滞。

幸运的是，人们已经开始认识到这一点——为时不晚。当所有这些代表新经济学的浮夸主张被提出来的时候，严肃的经济学家们正在着手从事我们迫切需要的工作。可以肯定的是，学生仍然使用新经济学教科书，广大公众仍被鼓励去相信当今经济学的真正争论在于凯恩斯说了什么以及他是否正确。但美国的"热门"经济学，截然不同于那些主导总统经济顾问委员会和公共报纸杂志的经济学。

最近几年，美国年轻经济学家的偶像一直是芝加哥大学的米尔顿·弗里德曼。他对新经济学嗤之以鼻。

弗里德曼的理论聚焦于增长而非均衡。他认为一切财政政策即使不是有害的，也是无关紧要的。相反，他要求按照固定的速率（如每年 3%）系统地、有计划地、持续地扩张货币和信贷。他认为，如此一来，就不需要通过财政措施、税收政策、预算赤字或盈余、贴现率等方式来管理国民经济了。这很可能是自从斯密在 18 世纪得出关税和补贴只会削弱国民经济这一震惊当时世界的结论以来，经济学界最激进的提议。尽管如此，弗里德曼曾担任美国经济学会的会长。事实上，具有讽刺意味的是，这位反传统人士却被认为是极端保守派，并在 1964 年总统大选中担任参议员戈德华特（Goldwater）的经济顾问。弗里德曼确实是一位极端保守派。然而，一旦他把增长而非均衡置于其货币理论的中心，就不可避免地得出激进的结论。

在收集关于货币的资料方面，没有一位美国经济学家能超越弗里德曼。弗里德曼是一位技艺精湛的经济分析大师，无人能出其右。换句话说，尽管弗里德曼享有伟大的保守主义者的声誉，但他并没有回到新经济学以前的时代，而是超越了那个时代。

在如今的英国，经济学界的新星不是公众眼中的凯恩斯主义者（无论是工党的还是保守党的），而是 G.L.S. 沙克尔（G.L.S. Shackle）。他在利物浦大学，而不是在政府顾问辈出的牛津、剑桥或伦敦大学学院等名牌大学教授经济学。沙克尔是唯一出版平装本著作的英国经济学家，而且是由剑桥大学出版社出版的。他的书绝不通俗易懂（平装本书名《玩乐经济学》实在名不副实），但读者却越来越多，尤其是年轻的英国经济学家。

沙克尔本人是一名彻头彻尾的现代经济学家——事实上，他最初作为凯恩斯主义者及后凯恩斯主义者的指导者而成名。他之所以能吸引年轻人，正是因为他像一个世纪前的古典经济学家那样，从个人在经济中的行为出发，并且实际上是从"人（个人）是经济的'可动部分'"这条公理出发。他最具独创性的贡献是试图基于企业人士和创业者的期望建立一套全面的经济理论。在该理论中，他从目标、未来以及我们对未来的观点出发，然后回溯到现在的各种行为。这是第一种具有可动目标的真正的经济学，也是第一种基于"目的论动力"的经济学。

如果问这种"超越新经济学"的新经济学将会是"保守的"还是"自由的"，这没什么意义。实际上，这两种经济学我们都需要。此外，未来的经济学不会否定新经济学。相反，它将从后者的分析中借鉴其严谨性、对量化的强调以及对大量信息而非观点的坚持。但相比于新经济学，未来的经济学将有截然不同的主题、关注点、对待经济活动的方式。

3

第三部分

组织型社会

THE AGE OF DISCONTINUITY

新多元主义

　　200 年后的历史学家可能会把我们都几乎没有注意到的事情视为 20 世纪的核心：这就是组织型社会的出现。在这个社会中，每项重要的社会任务都被委托给某个大型机构。对我们当代人而言，这些机构不论是政府还是大企业，不论是大学还是工会，每个看起来都像是唯一的机构。然而，对未来的历史学家来说，令他们印象最深刻的可能是一种独特的新多元主义的出现，即出现了一个机构多样、权力分散的社会。这些历史学家可能会认为，在 20 世纪的最后几十年里，社会和政治领域出现了一股同 17 世纪的一样伟大的创造性思潮，那时博丹（Bodin）、洛克和霍布斯为我们提出了现在所谓"现代社会理论"。

　　对现在大多数人来说，中央政府的权力似乎没有受到挑战——无论我们对其予以赞赏还是谴责。今后的历史学家可能会把我们这个时代称为"中央政府的黄昏"。在他们看来，20 世纪最后几十年的政府，其最显著的特征可能是无能，而不是无所不能。新政治理论可能会在他们的叙述中占据重要地位，这种理论关注国内外权力及政府的结构、组织与局限性。

　　60 年前，也就是第一次世界大战爆发前，世界各地的社会景象看起来很像堪萨斯大草原——个人是地平线上最大的事物。多数社会任务是在家族规模的单位内部且通过家族规模的单位来完成的。即使是政府，无论看起来多么令人敬畏，实际上都是小规模且彼此密切联系着的。在当时的人看来，德意志帝国政府俨然是一个巨人，但是中层官员仍可以结识每个部门的所有重要人物。

从那时起，政府规模的扩张令人吃惊。当今世界，不管哪一个国家，新建的政府办公楼都很庞大，即使是最小的新办公楼也可以容纳 1910 年时所有的政府机构，并且还有多余空间容纳歌剧院和溜冰场。

美国就是如此，目前丹佛市或博伊西市正在兴建的任何一座政府大楼都可以容纳老罗斯福时代的所有政府机构，包括联邦政府、州政府和地方政府。日本也是如此，即使是日本最小的县，也有一座全新的办公大楼，可以与 25 年前日本帝国挑战西方世界领导权时东京都内各中央省厅的大楼相媲美。

第一次世界大战前不久，瑞士苏黎世建造了新的市政厅。人们强烈批评这座市政厅过于奢华，超出了任何可能的需要。此后半个世纪苏黎世市政厅几乎没有扩建，瑞士人有理由为其地方政府的简朴和节制感到自豪。然而，苏黎世城市的规模早已扩大，导致 1910 年的市政厅不再适用。现在，苏黎世大多数区政府都在遍布全城的摩天大楼中办公。

1967 年 6 月，以色列规模不大的军队击败了阿拉伯国家联军，其兵力不到 1914 年德意志帝国进攻法国和俄国时所用兵力的 1/10。然而，每名以色列士兵拥有的火力大约是 1914 年德军士兵的 200 倍。事实上，在越战中，北越士兵虽然是"游击队员"，并且"靠土地为生"，但他们的人均火力是第二次世界大战结束前最强大军队的许多倍。

1914 年的医院是穷人等死的地方。在美国或任何其他西方国家，每百名婴儿中只有不到 3 名出生在医院。今天，每百名婴儿中只有一两名没有出生在医院，这些没出生在医院的婴儿大多数出生在去医院的救护车上。50 年前，在医院中每百名患者有 30 名员工照顾，其中大部分是洗衣女工和厨师。现在，每百名患者有 300 名员工照顾，其中大部分是训练有素的"医疗保健专业人员"（如医疗和 X 射线技师、营养师、精神科医生和社工人员、理疗师等）。1900 年的医生不用进入医院就可以行医。如果他花时间待在医院，那也是出于要照顾病人的善心。今天，医生越来越依赖医院了。20 年后，医生很可能在医院里拥有办公室。医院而不是医生办公室正在迅速成为现代医疗保健的中心。

1914 年之前，西方没有一所大学有超过 5000 名学生。即便如此，当时人数最多的柏林大学已大到难以管理的地步，德国人在第一次世界大战前的几年里，不得不将科学研究部门拆分出来，将其设立在单独的研究机构中。如今，有 20 000 名学生的大学都只能算"中等规模"。实验室发展得也很快，德意志帝国的第一个纯研究机构，拥有普朗克和爱因斯坦等伟大的科学家，当时也只聘用了二三十名科学家。今天，堪萨斯州托皮卡市的门宁格基金会（Menninger Foundation，一家专门从事精神病和心理健康研究的中心）绝不是一个规模很大的研究机构，却也雇用了 900 名员工，其中 200 名是专业人员，包括精神病学家、心理学家、神经学家等。

在第一次世界大战前，唯一的"大"组织就是企业。但以今天的眼光来看，1910 年的"大企业"是名副其实的小虾米。让我们的祖父母噩梦连连的"章鱼"——约翰·洛克菲勒创立的标准石油托拉斯，在 1911 年被美国最高法院拆分成 14 家公司。⊖ 不到 30 年后的 1940 年，在员工

⊖ 经核实，1911 年标准石油公司被拆分成 34 家独立的公司。——译者注

数、销售额、资本额等方面，拆分产生的新公司都已经超过了拆分前的标准石油托拉斯。然而，在拆分产生的 14 家新公司中，只有 3 家跻身"主要"的国际石油公司行列，它们是新泽西标准石油公司、苏康尼美孚石油公司与加州标准石油公司。按 1940 年的标准，其余公司只能位居"小型"或"中型"行列。并且在过了 30 年后的今天，这些公司也都只是"小企业"了。

在美国，除非我们承认所有机构都已成为庞然大物，否则我们无法理解当今社会。今天的企业比洛克菲勒时代最大的企业还要大得多。但相对于洛克菲勒的另一项创举——他在 19 世纪末 20 世纪初创立的芝加哥大学（也许是美国第一所现代大学），当今大学的规模相对更大。医院同样如此，而且比其他任何机构都要复杂得多。

甚至志愿组织和慈善组织也成了庞然大物。美国基督教青年会现在的预算超过了 2 亿美元，甚至超过了第二次世界大战前美国几个大州的支出。基督教青年会雇用了数千人，拥有自己专门负责管理和组织的员工。

卡内基基金会是美国最古老的慈善基金会，仅在一代人之前它还是名副其实的巨头。但新巨头福特基金会在最近 1 年（1966 年）内的支出是卡内基基金会的 25 倍。事实上，福特基金会该年的支出高达 3.5 亿美元，比卡内基基金会的总资产还要多。而且福特基金会的工作人员数量非常庞大，以至于它不仅在纽约市拥有大型办公楼，而且在世界上许多国家的首都也拥有专属办公楼。在某种程度上，福特基金会在这些国家有比任何国家（少数几个大国除外）都要宏大的使命。

权力"集中"的问题不再是经济领域特有的问题。在过去大约 60 年中，产业集中度没有增加，"小"企业（其规模也比过去的小企业大得多）显然轻松地保持着自己的地位。然而，三四家最大的工会比 10 家、20 家或 30 家最大的企业拥有更大的产业权力。我们已经面临智力集中于少数大规模高校的问题，这在社会生活的其他领域是闻所未闻的，并且在过去也不会容忍这种情况发生。美国绝大多数的博士学位是由大约 20 所大学授予的，这些大学的数量仅占全国高等学府数量的 1/1000。自从公元 1 世纪罗马帝国的国力达到巅峰以来，国际社会上还未出现过类似今天这样军事力量集中在"超级大国"（美国和苏联）武器库中的情况。

不过，规模和预算的扩大并不是最重要的变化。真正重要的变化在于，当今所有主要的社会功能都在这些大型的、有组织的机构内部处理，并经由这些机构完成。每项影响重大的社会任务——国防、教育、治理、商品生产与分销、医疗保健、探索新知识，都越来越多地被委托给那些为了永续存在而加以组织的、由专业人员（无论称之为"管理者""行政人员"，还是称之为"执行官"）管理的机构来处理。

政府看起来是这些机构中最强有力的一个——肯定也是花费最多的一个。然而，其他每个机构都履行着一项对社会来说必不可少的责任，而且不得不凭借自身力量来承担。每个机构都有自治的管理层。每个机构都有自己的职责，因此有自己的目标、价值观及根本理由。即使政府仍然是"阁下"，它也已不再是"主人"。政府越来越像一个"协调者""主持人"，或者至多是"领导者"，无论某个政府的理论或宪法性法律如何，情况都是如此。然而，矛盾的是，政府正承受着它大包大揽带来的恶果。要想强而有效，政府可能必须学会"分权"给其他机构，做得更少方能成就更多。

这半个世纪中出现的是一种新多元主义。17 世纪的政治理论所宣扬的社会结构已经不复存在了，政府在那种结构中是唯一有组织的权力中心。然而，仅仅看到这些新机构中的一种（如企业、工会或大学），便宣布其为唯一的新机构，这是完全不够的。[一]社会理论要想言之有物，就必须从机构多元的现实出发。这种现实就像一个由恒星（太阳）组成的星系，而不是一个大中心，由只能反射光线的卫星（月亮）围绕着。

以往的多元权力中心（公爵、伯爵、修道院院长甚至自耕农）彼此之间的区别仅仅在于头衔和收入不同。一个是另一个的上级和领主。每个权力中心的领地都是有限的，但都是一个完整的社区，可以开展各种有组织的社会活动和政治生活。每个权力中心都注重同样的基本活动，尤其是依靠土地谋生。美国的联邦制仍遵循这种传统多元主义。联邦政府、州政府和市政府都有其特定的地理管辖范围，并且彼此之间的地位有高有低。但每种政府本质上都有相同的功能。每种政府都有治安权和征税权，都承担传统政府的任务，包括国防、司法、维护公共秩序等。

新机构完全不是这样。每个新机构都是有特殊目的的机构。医院的存在是为了提供医疗保健服务，企业的存在是为了提供经济产品和服务，大学的存在是为了促进知识进步和教学，每种行政机关都各有特定的目的，军队是为了国防，等等。任何新机构都不是其他新机构的"上级或下级"，因为只有傻瓜才会认为知识进步优于医疗保健或"经济产品和服务"。与此同时，任何新机构都不能根据其辖区来界定。换句话说，任何新机构在某种程度上都是"普世的"，这是过去的所有机构（除了中世纪的教会）都没有的特性。然而，每种新机构都被限制在"人的存在"中的一小部分领域，也就是人类社群的某个方面。

这种新多元主义面对的问题不同于传统多元主义面对的问题，也不

[一] 我必须承认，我自己在 20 多年前也犯过这种错误。在《公司的概念》（*Concept of the Corporation*, New York: John Day, 1946）中，我把大企业称为在这个时代具有"决定性"的机构。不过，当时几乎还看不到其他机构的存在，我们社会如晶体般的结构尚未明朗化。然而，现在我们就没有借口如此过度简化了，加尔布雷思的近作《新工业国》（*The New Industrial State*, Boston: Houghton Mifflin, 1967）只注意到了企业机构，而没有注意到其他机构，显然犯了这种错误。

同于现有政治理论和宪法性法律中的一元社会面对的问题。在早期多元主义体系中，从自耕农到最有权势的国王，每个成员都可以准确理解等级体系中其他成员的立场、任务和问题。事实上，每个成员都有完全相同的任务和问题，区别仅在于其规模不同。在新多元体系中，每个机构的任务不同，认为理所当然的事情不同，认为重要的事情也不同。尽管大企业的副总裁、行政机关的处长、大学的系主任可能管理着规模相近的人群，并面临着类似的管理问题，但他们不容易理解彼此的角色、任务和决策。早期多元体系中的成员永远担心自己的"优先权"以及他在等级体系中相对于其他成员的地位。而在新多元体系中，这不再是一个主要的顾虑。医院院长并不特别关心自己的级别是否高于公司总裁、工会领导者或空军将领，但他们都担忧"沟通"问题。在新多元体系中，某位管理者要想知道其他人在做什么、为什么那么做，就需要具备丰富的经验，或者至少需要丰富的想象力。

新多元体系中的组织不得不一起生存，一起工作。它们彼此相互依存。任何一个都不能单独存在，不能独自存活，更不可能像早期多元社会中的组成部分那样自成一个完整的社区。

关于组织型社会的理论将不得不建立在组织互赖的基础上。现代军队完全依靠政府的文职机构，也同样依赖经济机构。或许最重要的是，现代军队是否依赖大学？艾森豪威尔在 1961 年卸任总统的告别演说中提出，要警惕强有力而永久的军事机构和国防工业共生构成的"军工复合体"。然而事实上，即使在越南战争最激烈的时候，美国经济也没有特别依赖国防工业。如果一下子取缔所有国防工业，那么除了南加州等几个地方，其他地方不会出现太大的危机。然而，美国的大型大学却越来越依赖军队，反过来，军队也越来越依赖大学。"军学复合体"的说法是很有道理的。政府依赖工业界的经济成果及其缴纳的税收，工会依赖管理层，同样也依赖政府。事实上，在所有主要机构中，工会几乎是最接近衍生物的机构。

工会既需要企业管理层创造经济成果，以维持工会存续并满足其需求，也需要政府提供工会运动赖以长期持续的政治支持。

我们从不了解与我们现在所身处的组织型社会稍微相似的事物，我们尚未学会理解自己身处的多元社会，也未学会为该社会制定政策。我们需要对这个社会的结构形成清晰的认识，并认识到每项重大任务都已经机构化。我们将不得不把由此产生的问题作为社会的普遍问题和常态来处理。

这是观念上的重大转变。首先做出这种转变的是嬉皮士。就在自由派和保守派仍然把这个或那个机构作为社会的"恶棍"或"英雄"时，嬉皮士在过去的十年里已经清楚地看到，整个社会都是由组织构成的。虽然只有极少数年轻人是嬉皮士，但"我们的社会是一个组织型社会"这种观念已被即将成年的整整一代人所认同。这正是"代沟"最明显的特征。年轻人对大学的疏离程度与其对军队或行政机关的疏离程度是一样的。

我们不会像嬉皮士那样拒绝所有组织，这是一种只有非常年轻的人才能够享有的奢侈，是一种假设成年人会处理好一切的奢侈。但是，成年人将不得不关注嬉皮士希望摆脱的现实——组织型社会的现实。

组织的共生

组织的这种"互赖"不同于我们过去用这个术语所指的任何东西。在一个社会中，任何人都不是一座孤岛，这当然并不是一个新发现。以下并不是什么新鲜事：许多人为了我们而完成他们分内的工作，我们将之视为很自然的事，因此我们（包括隐士）能够按照自己的方式生活。

当人们在任何情况下提到"互赖"时，通常能想到的就是上述物质方面的互通有无。当然这种传统类型的互赖已经变得比以前明显得多，特大都市尤其是一个由各类相互作用、相互依赖的服务构成的世界，每项服务对整体的正常运作以及社区中每个成员的存在都绝对不可或缺。

然而，组织间的新型互赖主要不在物质方面，大型组织越来越多地把自身功能的执行外包给其他组织。每个组织都越来越多地利用作为代理机构的其他组织来完成自己的任务，这种功能方面的相互交织是我们前所未见的。组织的角色瞬息万变，我们今天期待由这一个组织做的事，明天可能由另一个组织来做。

在第二次世界大战前，除了大规模战争期间，美国国防生产是由国有兵工厂和造船厂承担的。这几乎是美国政府的一条公理：国防生产必须由政府垄断，仅在罕见且短期的紧急之时才向外购买。不过，自第二次世界大战后，国防供给主要都是从外部私营承包商那里购买。事实上，美国正在关闭政府的造船厂，把建造军舰的任务集中在私营造船厂。以前罕见的紧急措施，如今已司空见惯。

更令人惊讶的是，军事技术方面的工作也被外包出去了。企业和大学越来越多地承担国防研究任务。可以肯定的是，联邦政府已成为美国国防和太空领域研究经费的主要来源，在医药领域、社会科学领域也是如此。但与此同时，相比于一代人以前，政府本身开展的国防研究相应少了很多，那时涉及国防的研究不言而喻都是在政府机构中进行的。

国防也许不是一个典型例子。我们并非生活在"和平时期"，而是生活在战争与和平的界限长久模糊的时期。因此可以说，一切有关国防的事（包括生产、采购和研究）都必定是一种新混合。

但在不涉及国防的领域，也可以发现同样的混合。那些绝非以保守闻名的政治人物（如已故的罗伯特·肯尼迪），一直都在提议把特大都市的住房建设交给私营企业来承担。在"向贫困开战"项目中，唯一不曾陷入混乱和分裂的部分是就业训练团（Job Corps），它主要由利顿工业公司（Litton）、国际电话电报公司（ITT）和西屋电气公司等私营企业运作。在加利福尼亚州，私营企业在研究该州面临的重大政策问题（例如犯罪率的上升）方面似乎取得了显著成效。

一个提供给军人的重大福利项目，即越战士兵保险项目，被完全外包给了私营保险公司（保德信公司是主要保险人），这在美国历史上是第一次。蓝十字协会和私营保险公司正在为政府运营联邦医疗保险（Medicare）。随着联邦医疗保险和联邦医疗补助（Medicaid）的实施，美国最古老的"社会化"医疗机构——退伍军人医院将会消失，而将由作为政府代理人的志愿性非政府社区医院接手相关工作。

麻省理工学院、加州理工学院、哈佛大学、哥伦比亚大学等大型大学已成为最高产的新兴私营企业孵化器。过去几十年来的"科学产业"主要是由专业的大学实验室孵化出来的。事实证明，理论物理学家尤其有能力成为新公司的创业者和倡导者。

> 波士顿的 ITEK 公司就是一个典型例子（仅仅是许多例子中的一个），该公司是太空光学领域的领导者，也是过去几年的"魅力股"之一。而该公司起初只是第二次世界大战时期波士顿大学的一所物理实验室。

仅仅在一代人之前，"公立"与"私立"之间的界线才得以确立，但现在这种界线开始变得模糊，这种趋势的另一个例子是企业向教育领域的拓展。

> IBM 公司、通用电气公司、时代公司、西屋电气公司、利顿工业公司、美国无线电公司、雷神公司等，一个接一个的大型

企业都认为教育是最有前途的业务拓展领域。例如，利顿工业公司与密歇根州奥克兰县（位于底特律郊外）签订了合同，前者根据合同设计并在很大程度上运营着一所规模不小的新型社区学院，实验各种学习的新技术和新工具。西屋电气公司和 IBM 公司则忙于加州帕洛阿尔托的学校系统。甚至像 Revell 这样的小公司（一家业余爱好工具包的制造商），也在科罗拉多州的某所高中开展了一项教育实验。

如今，当听说未来的医院或学校，可能会由企业设计、建造并主要由企业经营时（当然会为受托人、校董会服务），任何人都不再感到震惊。当听说纽约市的市长建议把公立医院移交给私立时，任何人都不再感到惊讶。与此同时，私营医院越来越多地探讨把自身的管理任务移交给具有"系统"经验的大型企业。若干大型企业（如通用电气公司）提议在特大都市周边的合理通勤距离内发展全盘规划的城市，许多人欢呼这是最有前途的解决极端混乱的城镇住房问题的方案。另一家大公司——美国石膏公司，一直在开发适合穷人居住的新型住房，它通过使用新材料、新工艺，以相当低的成本将贫民窟改造成体面的住房，而且也不以"清理贫民窟"的名义"清除"穷人。

美国政府已大规模转向工业和医药方面的研究，却退出了一个它过去垄断的领域：农业。尽管教科书上仍然写着，美国联邦政府和州政府开展了大部分农业方面的研究工作，但事实并非如此，现在大部分农业研究都是由私营企业完成的，例如种子公司、农具制造公司、肥料厂等。30 年前，政府的推广服务机构是将新技术（包括种子、饲料、肥料、耕作方法和农具）从试验田推广到农场的主要行动者。今天，这项工作主要由私营公司的销售和服务部门完成，政府将越来越局限于检验发展新农业技术的私营开发商所提出的主张。

过去那种主要机构负责人之间很少碰面、甚至极少需要彼此打交道的简单关系，正在变为越来越复杂、混乱、交织、拥挤的共处。这是一种杂乱无章的、发展中的关系，绝不是一种清晰的关系，更谈不上是一种干净的关系。政治学家们习惯于谈论政府"网络"。不过，我们现在所处的关系只能被喻为一张"毛毡"，在这张毛毡中，各种各样的线乱七八糟地缠绕在一起。

在不久前的某天，一家规模相当大的美国公司（还不能算是巨头）的老板在一天之内接待了五位政府特使。第一位特使代表约翰逊总统邀请他参加商标法研究委员会。第二位特使代表司法部反托拉斯局给他送来一份起诉书，这家公司被指控在使用商标时合谋限制竞争。接着是国防部的特使，他紧急要求该公司接受一份研究合同——而反托拉斯局刚刚指控该公司在这个领域犯有共谋罪。随后该市市长的特使要求这家公司开展一个面向贫困人口的培训项目，旨在让他们快速掌握某些手艺技能。最后是某个欧洲国家政府的特使，他希望讨论让该公司接管一家濒临倒闭的国有工厂的提议。这家公司的老板说："我正在进行的工作经常被这些政府人员打断，以至于我无法完成当天的日程安排——我们正在考虑把自己的实验室中正在开展的大量应用研究外包给一个新的大型研究中心，该中心由上南方（upper south）的一些大学合作成立。"

难怪我们的传统规则、规章与习俗都无法处理这种近乎乱七八糟的、爱恨交织的关系。例如，美国的国防采购法都是基于下述假设，即外部购买属于"临时的紧急情况"，相关法律进一步假设政府购买的是制服等普通民用物资，而特定国防物资仍将基本上由政府自己生产。法律不允许私营企业设计和生产导弹系统，这并不令人惊讶。令人惊讶的是，根据现有的国防采购条例，我们居然还能设计并生产出东西来。

几年前，我参加了一个专利法研究小组，小组里的同事都是专利律师，他们关心技术变革。然而，当我听到他们的谈话时，作为局外人的我清楚地意识到，技术性问题并不是使专利法成为讨论议题的原因。专利法背后的基本假设正在改变，而法律没有随之改变。美国现行专利法的起草者想当然地认为，机械、工业领域的研究和发明都是由个人完成的，他要么单干，要么为私营创业者工作。这项法律的起草者并不知道，现在联邦政府提供了 75% 的研究和发明资金。

至少在当前，政府只知道如何把钱花在研究上，而不知道如何培育发明，这一点使专利法得以保留下来。在所有可申请专利的发明中，远超75%（接近 90%）的发明仍是私人创新活动的成果。迄今为止，政府资助的研究几乎毫无成果。然而，即便如此，专利法也不再符合现实，这便是专利法遭遇困境的原因。只去修补技术细节并不能解决问题。然而到目前为止，还没有人充分理解新现实是什么、将是什么，或者应该是什么，从而制定出与之相适应的专利法。

这些确实是既危险又难以处理的关系。事实上，这种关系产生的成果越多，摩擦也就越多。以国防项目为例，如果政府坚持让私营承包商遵循政府服务的逻辑和原则，那么承包商就会被繁文缛节、规章制度和官僚主义的限制所束缚。最终，政府会由于承包商难以生产而非常恼火。但是，如果政府接受承包商的原则和运作方式，也就是经营的逻辑，那么来之不易的对公共资金的使用进行问责的原则将付诸东流。

在公共账目中，通常的假设是成果无法明确衡量。因此，重要的是仔细记录成本。成本是明确的，而成果是假设的。不过，按照经营的逻辑，成本只存在于对成果的考虑中。只要有成果，那么用于成本的开销越低越好。政府公务人员根本不明白这一点，但企业人士同样不理解政府人员的逻辑。双方既存在摩擦，又试图一起工作，每一方都不满且深深怀疑对方的态度，然而又都依赖着对方。

美国政府和医疗行业的合作同样如此。医务人员看到的是病患个人，事实上，我们谁也不愿意被医生当作"平均数"来对待，但政府只能处理大范围的数据或者平均状况的数据。大学与企业，大学与政府，大学与军队间的关系，同样充斥着相互误解、相互猜疑与持续的摩擦。然而，我们还会继续看到更多此类的关系，它们是产生社会需要的成果所必需的。

无论是政府、大型企业、大型医院还是大型大学，其官僚体制至少都有共同的模式。但立法机构对组织型社会中的共生关系深感困惑和不安。这些关系不受资金的任何控制，也不受立法机构的控制，无论立法机构是议会还是国会。结果，立法机构觉得他们不再能理解，更不用说能控制这些关系了。各种大型组织越紧密合作，立法机构就越感到恼火和不安。

我举的例子都是美国的事，但这种现象非常普遍——既体现在各种组织日益增长的互赖关系上，也体现在由此产生的摩擦上。几年前在英国成为头条新闻的费兰蒂事件（Ferranti affair）就是这两个方面最典型的例子之一。问题表面上出在一家大型电子企业——费兰蒂公司上，该公司承接了一份英国国防设计合同，并且出色地完成了任务，从中获得让所有人都大吃一惊的丰厚利润。但在英国卫生服务部门与英国教学医院之间的关系中，这个问题同样尖锐。它们彼此需要对方。医院越来越多地充当卫生部门的代理人和分包商，但双方之间的摩擦也越来越多。

对理论的需要

现代社会的多元结构大体上独立于政治体制和政治控制，无法用现有的社会理论或者经济理论解释。这种结构需要一种自己的政治和社会理论。

每个单独的组织也是如此，这些组织也是新机构。当然，有些大型组织已经有几百年历史。金字塔是由组织严密的民众建造的，军队也往往规模庞大，组织严密。但历史上的这些组织（刘易斯·芒福德（Lewis Mumford）称之为"巨机器"[⊖]）与今天的机构有根本不同。

> 伟大的建筑师设计了大金字塔，他们的名字被记录下来，且他们像神灵一般受到尊重。但在建造金字塔的这种组织中，除了少数艺术家兼几何学家外，其余人只是拉着绳子搬动大石头的无技能的体力工作者，他们都是来自乡村的农民。亨利·福特制造T型车的红河工厂也是一个类似的组织——为数不多的几名上司无所不知，下达所有命令，做出全部决策；其余人都是做着重复工作的无技能的体力工作者。金字塔的建造者和福特工厂的装配线工人的根本区别在于，对任务的"科学管理"使后者可以得到很高的薪水，但是这些工作及其所属的组织同前者是一样的。亨利·福特也意识到了这一点，所以他坚持认为自己是福特汽车公司唯一的"管理者"。

然而，今日的组织（包括现在的福特汽车公司）主要是知识型组织，其存在是为了使成百上千种专业知识有成效。医院就是如此，如今已有30种或更多的卫生保健相关专业，它们都有各自的课程、文凭、专业规范和标准。当今的企业、行政机关也是如此，当今的军队也越来越是如此。在上述每种组织中，大多数工作人员受聘从事知识工作，而不是体力工作。埃及的农夫听到胡夫金字塔的工头喊出命令便拉绳子，不必动任何脑筋，也没人期望他们有任何主动性。而如今的大型组织期望其有代表性

[⊖] 刘易斯·芒福德：《机器的神话》（*The Myth of the Machine*, Boston: Houghton Mifflin, 1967）。

的雇员能用自己的头脑做决策，并把知识负责任地应用到工作中去。

但也许更重要的一点是，今日的知识型组织被设计成永久性组织。以往的所有大型组织，其存在时间都非常短暂，它们是为了执行某项特定任务而成立的，任务完成后便解散，所以它们是临时性组织。

以往的大型组织显然也是社会中的异类。当时社会中的绝大多数人都没有受其影响。今天，绝大多数人的生计、机会和工作都依赖于组织。在现代社会中，大型组织是人们所处的日常环境。

当今的大型组织也是社会中的机会之源，正是因为有了这些机构，才有了受教育人群的工作机会。如果没有这些机构，我们只能与以往一样，从事一些没有受过教育的人（无论有没有技能）所做的体力工作。知识型工作岗位的存在恰恰是因为永久性知识型组织已经成为常态。

同时，现代组织也造成了一些新问题，尤其是关于人的权威的问题。要开展工作，就需要有权威，那么权威应该是什么？什么是正当权威？它有什么限度呢？每个组织都在目的、任务和有效性方面存在问题，还有管理方面的问题。因为就像每个集体一样，组织本身是一种法律虚构的事物（legal fiction）。无论是在"美国""通用电气公司"，还是在"怜悯医院"（Misericordia Hospital），都是组织中的个人做出决策并采取行动，然后将其归于这些组织。同时，每个组织都存在秩序问题和道德问题，也存在效率问题和关系问题。在上述方面，传统并不能给我们提供很多指导。

将各种知识汇集在一起以取得成果的永久性组织是新事物。这种组织成为常态而不是例外，这一现象也是新出现的。而组织型社会是其中最新的事物。

因此，我们迫切需要的是一种组织理论。

迈向组织理论

1968 年春天，有一本妙趣横生的书《管理与马基雅维利》[⊖]风靡一时。该书认为，每个企业都是一个政治组织，因此马基雅维利给君主和统治者定的规则都完全可以适用于指导企业管理者。

当然，这也算不上什么新见解。100 多年前，安东尼·特罗洛普（Anthony Trollope）以英国某教区的马基雅维利式政治为主题，创作了维多利亚时代的经典之作《巴彻斯特大教堂》（*Barchester Towers*）。C. P. 斯诺（尤其是在小说《院长》中）描写了大学中的权力斗争。企业既是一个经济"器官"，也是一个政治组织和一个社区，这个观点到现在为止已经说过很多次了。[⊜]

《管理与马基雅维利》的推介，主要面向住在郊区的太太小姐们，她们很可能非常清楚，桥牌俱乐部和家长 – 教师联谊会在拉选票方面根本

⊖ 安东尼·杰伊（Antony Jay）:《管理与马基雅维利》（*Management & Machiavelli*, New York: Holt, Rinehart & Winston, 1968）。

⊜ 例如，参见我的两本书《公司的概念》（*Concept of the Corporation*, New York: John Day, 1946）和《新社会》（*The New Society*, New York: Harper & Row, 1950）。（这两本书的中文版已由机械工业出版社出版。）

不需要向大企业学习，更不必向马基雅维利学习。每个组织都必须理顺权力，因此必然存在争权夺势，这不是什么新鲜事，也不令人吃惊。

但在过去20年间，政府、军队、大学、医院都开始接受企业管理的理念和方法，这实在是十分新鲜的事，也令人非常吃惊。

> 当加拿大军队在1968年春天统一编制时，各军种的将官在第一次开会时就以"目标管理"为主题。一个又一个政府为高级公务员组建"行政学院"，试图向这些人讲授"管理原理"课程。1968年，美国的教育领域面临严重的危机，除了种族冲突外，既有的课程体系也遭遇挑战，当9000名中学校长齐聚一堂时，他们把大会演讲的主题定为"有效的管理者"，并邀请一位企业管理专家来进行这场演讲。
>
> 英国公务员系统是拥有古典文学领域的"文学学位"人士的大本营，如今也设立了管理部门、管理学院，并开设了各种管理课程。相比于企业，非企业组织对"管理顾问"的需求的增长速度要快得多。

不同于以往，如今人们认识到所有机构都是"组织"，因此它们具有一个共同的管理维度。这些组织都很复杂，具有多个维度，至少需要从三个层面思考和理解它们，包括功能或操作层面、道德层面、政治层面。新的关于组织型社会的一般理论将看起来与我们熟知的社会理论截然不同。新理论既与洛克没有太多关联，也不涉及卢梭和约翰·密尔。

让组织良好运作

组织如何发挥功能并顺利运作？组织如何完成自己的工作？除非我们

首先知道组织的存在是为了什么，否则关心组织的其他任何问题都没有多大意义。

组织的功能或操作层面包括三个主要部分，每个部分凭自身都可以成为一门庞大而多样的学科，这三个部分分别涉及目标、管理和个人有效性的问题。

1. 组织不是为自身而存在的。组织是手段——每个组织都是社会的"器官"，承担某项社会任务。组织不像生物种群，生存足以作为生物种群的目标，但对组织来说却不够。组织的目标是对个人和社会做出特定的贡献。因此，不同于生物有机体，对组织绩效的检验总是来自外部。

因此，在我们所需的组织理论中，第一个部分是组织的目标。组织如何确立自身的目标？如何激发自身的活力取得绩效？如何衡量组织是否运作良好？

除非组织确定了想要实现什么，否则它不可能有效。换句话说，除非组织先有一个目标，否则它不可能得到管理。除非组织知道它被期望做些什么，并且知道如何衡量是否在做，否则它也不可能设计出合适的组织结构。

"我们的业务是什么？"任何试图回答该问题的人都会发现，这是一个非常困难、充满争议、难以捉摸的任务。"我们是做鞋子的"这个回答看似简单明了，但没什么用。这不会告诉任何人他们该做什么，同样重要的是，这也没有告诉任何人他们不该做什么。我们主要致力于将皮革转化为消费者愿意购买的商品吗？还是我们主要致力于大规模分销？还是说我们从事的是时尚行业？"鞋子"只是一种载体。我们实际上做什么，与其说取决于这个载体本身，不如说取决于载体所承载的对特定的经济需求的满足和企业期望因之获得报酬的特定贡献。

一家生产和销售厨房电器（如电灶）的公司属于食品行业吗？它从事的是家居行业吗？或者它的主营业务实际上是消费金融吗？对于特定公司，每个答案在某一时期可能都是正确的。但是，对于该公司应在何处付出努力并寻求回报，每种答案都会引出截然不同的结论。

如果答案是"食品行业"，那么该公司可能会去制作并销售只需要热一下便可上桌食用的预制食品。但如果答案是"消费金融"，那么该公司可能会完全退出制造领域，转而分销从结婚戒指到拖挂式房车等各种高价消费品。然而，这些东西只是该公司实际"产品"（即消费者信贷）的载体。

在上述每种答案中，各有不同的经济因素被视为动力和决定性成果。进而，每种答案都需要不同的能力，对"市场"和"成功"的界定也不同。

同样，对于医院来说，"病人护理"似乎是一个简单明了的答案。然而，医院行政人员却发现，无法界定"病人护理"或"医疗保健"。

回答这些问题之所以如此棘手，一个原因是人们对社会需求有不同的判断。他们设定了不同的优先次序。此外，有些人想把已经在做的事情做得更好，有些人想做不同的事情，这两种人之间总是存在冲突。

事实上，永远不可能给出"我们的业务是什么？"这个问题的"最终"答案。无论如何回答，在一段时间后答案都会过时。这是一个需要不断深入思考的问题。

但是，如果管理者对此心中没数，未能设定明确的目标，那么资源就会被分散并浪费掉。这也导致无法衡量成果。一个组织如果没有树立目标，就不能确定它的有效性如何以及它是否正在取得成果。

在担任肯尼迪政府的国防部部长期间，罗伯特·麦克纳马拉把成本 / 有效性概念引入了军队管理，这个概念首先试图迫使军方深入思考目标。从"每件事都需要稀缺的资源，因而产生成本"这个众所周知的观点出发，麦克纳马拉要求把成本与成果联系起来。这就立即揭示出军方此前没有考虑清楚预期成果是什么，因为它没有深入思考某项战略、某个兵种（例如战术空军）或者某种武器的目标是什么。目标是赢得一场战争吗？还是要防止战争？是什么样的战争？发生在什么地方的战争？这些都是成本 / 有效性公式迫使将军们及其文职上司深入思考并设法解决的问题。成本 / 有效性公式不能做出政策决定。但它确实揭示了政策和目标的混乱。它也确实表明了关于目标的决策有多么重要，以及多么困难和充满风险。

我们没有"科学的"方法来为一个组织设定目标，这的确涉及价值判断问题，也就是真正的政治问题。这么说的一个原因是，关于组织目标的决策面临不可避免的不确定性，它们关注的是未来。但我们不知道未来的"事实"，因此，在这个层面上，总是存在不同方案的冲突和不同政治价值观的冲突。

然而，当 20 世纪的政治学家放弃对价值观、政治纲领和意识形态的关注，而专注于决策过程时，他们并非完全不负责任。关于组织目标，最困难、最重要的决策不是要做什么，而是首先放弃哪些已经不值得做的事；其次，应该把哪些作为优先事项，应聚焦于哪些方面？一般来说，它们都不是意识形态性质的决策。当然，这些决策是判断，且应该是明智的判断。然而，决策应该基于对多种替代方案的界定，而不是基于观点和情感。

关于放弃什么的决策，是迄今为止最重要也是最容易被忽视的。

大型组织不是万能的。一个大型组织之所以有效，是因为它规模庞大，而并非由于身手敏捷。跳蚤可以跳得比自己高很多倍，但大象不能。大的规模可以让一个组织把更多知识和技能投入工作，而任何个人或小团体都不可能拥有这么多的知识和技能。然而，规模也有其限制，无论组织想要做什么，它一次只能执行极少数任务。更完善的组织或"有效的沟通"都不能突破这种限制。组织的法则是聚焦。

组织固有的另一个特点是决策者与执行者分离。

例如，在单兵作战中，就像在特洛伊城墙上那样，每位剑客都是自己的谋士。而一个军事组织，尽管不一定非常庞大，但其中的参战者必须从远离战斗现场的其他人那里得到命令。这就意味着得有一份"计划"，有为执行计划而做的准备，也有在必要时改变计划的准备。如果计划改变得太快或是没有准备，就会造成混乱。在前线的一些人将仍然按照原计划行事，这样只会妨碍那些已按新计划行事的人。组织越大，改变方向所需的时间就越长，保持既定路线就越重要。

然而，现代组织必须能够变革。事实上，它必须有能力发起变革，也就是创新。现代组织必须能够把稀缺而昂贵的知识资源，从低生产率的和无成果的领域转移到能取得成就和做出贡献的机会上。组织是一种实现最大化的工具，而现代组织就是最大化地利用知识这种独特的人类资源的工具。所以，这要求我们有能力停止做那些浪费资源而非最大限度利用资源的行为。

因此，无论目标是什么，一个组织都必须能够摆脱昨天的任务，从而腾出精力和资源去完成生产率更高的新任务。要想能够抓住机会开展工作，组织就必须抛弃生产率低下的任务、摆脱过时的任务。

只要有目的地且系统地抛弃生产率低下的任务并摆脱过时的任务，任何组织都不会缺乏机会。创意总是层出不穷。对于组织需要的且能够使用的创意（即足够清晰、明确、可接受的并因此可以在执行中应用的创意），这一点当然是正确的。这些并非艺术家定义的"原创"创意。可以说，这些是已经准备好加以普及的创意，它们已通过了想象力的检验，现在只等着在实际应用中对其加以检验。

因此，缺乏"创造力"不是组织的问题，而是组织的惯性使然，它总是推动我们继续做已经在做的事情。起码我们知道（或者我们自以为知道）自己正在做什么。组织总是面临被昨天的任务淹没，并因此变得丧失活力的危险。

> 如果一门课程已经过时，大学教师就会把它列为必修课——这就暂时"解决了问题"。医院的行政人员几十年前就已经知道，开放式病房不划算。事实上，他们掌握的数据清楚地显示，单人单间是最经济划算的住院方式（原因很简单，这允许男女病人混住在同一层楼，这样便可以有一层住满的病房，而不必有两层半满的病房，且每层都需要配备全部医护人员）。他们也知道，开放式病房既不体面，医疗照护效果也不理想，而且有碍迅速康复。然而，现有医院增建新楼时，甚至全新的医院，仍在建造新的开放式病房。此外，虽然每所医学院都在课程设置中增加了新的医学专业，但据我所知，没有一所医学院取消任何一个旧专业。

犯这种错误最严重的是政府。事实上，不能停止做任何事情是政府主要的退行性疾病（degenerative disease），也是今天政府弊病丛生的一个主要原因。

几年前，加拿大政府皇家委员会对该国所有行政机关进行了一次盘点。该委员会发现，新斯科舍省仍设有一个"哈利法克斯灾难委员会"，它正忙于复制40年前（第一次世界大战结束时）向1917年哈利法克斯港弹药船爆炸事故的受害者发放救济款的记录。然而总的来说，加拿大政府一直相当节俭、管控严密，哪怕这只是因为其国内10个省中无论哪一个都不愿意把税收用到本省以外的地区。

在摆脱昨天方面，医院和大学只比政府稍微好一点。但企业界在这方面做得相当不错。企业人士和政府官僚一样对昨天充满感情，他们同样不愿意抛弃任何东西。如果某个产品或项目遭遇失败，他们同样会加倍投入。但幸运的是，他们不能轻易纵容自己的偏好。他们得服从客观准则，即市场准则。他们有一个客观的外部衡量标准，即利润率。因此，他们迟早会被迫（非常懊恼地）放弃那些不成功且生产率低下的任务。

我们需要若干概念和衡量标准，它们要能够为其他组织提供市场检验和利润率为企业提供的东西。用于企业的和用于其他组织的检验和衡量标准无疑会截然不同。经济成果对企业而言是决定性因素，但是对其他组织来说只是限制和约束，因为利润用于衡量经济绩效，而这只是经济组织（企业）的目的。对于其他组织，比如政府、医院、军队等，经济只是一种约束。这些机构需要一种相当于利润率的非经济标准，也需要一种市场客观力量的替代品。

所有组织都需要一项使其正视现实的纪律。它们需要认识到，任何活动或项目失败的可能性总比成功的可能性大，更不用说实现预期目标了。它们需要知道，如果不进行修改和重新设计，几乎没有任何活动或项目能长期开展。最终，每项活动都会过时。

在目标层面上，同样至关重要的是对事务优先次序的决策。

如果说一个世纪以来对政治过程的研究有什么可靠发现的话，那就是行动决策很少基于意识形态做出。关键问题是"先做什么？"而不是"应该做什么？"对于应该做什么，人们经常有实质性的一致意见，但是对于应该先做什么，人们总是存在分歧。

人们通常的反应是，每一件事都做一点，从而逃避关于优先事项的决策。恐怕这就是约翰逊总统著名的"共识"的含义。结果可想而知，什么都做不成。最终产生的冲突和分歧比任何关于优先事项的辩论都要严重。

2. 各主要组织的目标互不相同。每个组织都服务于社会的某个目的。但在管理层面，各组织本质上是相似的。

由于所有组织都需要大量的人才团结在一起共同做一件事，那么就会面临一个问题：如何使组织目标同个人需要和愿望保持平衡。每个组织一方面要保持秩序，另一方面又要为个人保留一定的弹性和空间。每个组织都需要一个取决于组织的任务及其要求的结构，也需要一个取决于一般性的"组织原则"（也就是宪法性规则）的结构。除非每个组织都承认"情境逻辑"与个人知识中固有的权威，否则它难以取得任何绩效。除非每个组织都拥有决策权，且除此之外没有上诉余地，否则它无法做出任何决策。这两类不同的结构各有自己的逻辑，但又必须在同一个组织中以动态平衡的方式共存。

在过去的半个世纪中，我们正是在这个管理领域做了大量工作。对于安排和领导大型知识型组织这样的任务，我们没有任何经验，必须快速学习。即使是非常了解这个领域的人，也不会认为我们已经基本清楚相关的情况。实际上，在这个存在激烈争论的层面上，有一点大家都同意，即认为明天的组织结构必然和今日的大不相同。然而，管理领域的工作在今天已经不再具有开创性。在我们的大学中，管理领域的教学 90% 是无稽之谈，剩下 10% 讲的是程序而不是管理。不过，来自管理层面的主要挑战还是众所周知的。

例如，我们知道必须要衡量成果，也知道除了企业外，我们不知道如何在其他多数组织中衡量成果。

病床是一种昂贵且稀缺的物品。通过病床利用率来衡量精神病医院的有效性，这听起来似乎很合理。然而，在研究美国退伍军人管理局办的精神病医院时，人们发现这一标准会导致精神病患者被关在医院里。从治疗角度看，这对于精神病患者是最不利的。然而，缺乏利用（即空床率）也不是合适的衡量标准。那么，在我们对精神病了解十分有限的情况下，究竟应该如何衡量精神病院的工作绩效呢？

我们又应该如何衡量大学的工作绩效呢？凭它的学生在毕业20年后的职位和薪水吗？还是凭那不可捉摸的某位教授的“声望”呢（其实所谓声望通常是自吹自擂的学术宣传）？凭校友们得到的博士学位或科学奖项的数量？还是凭他们给母校的捐赠金额？上述每种衡量标准都代表着关于大学的一种价值判断——而且是一种非常狭隘的价值判断。即使这些目标都正确无误，这些衡量标准也像按病床使用情况来衡量精神病院的绩效一样不可靠。

在任何组织中，最高管理层都是关键部门，而在这方面我们也有尚未解决的问题。我们并不真正了解，如何在委以重任之前对相关人员进行培训、选拔与检验。然而，无论该组织的法定结构如何，这种决策一旦做出，通常几乎不可能撤销。而迅速撤销这种决策也是不可取的，因为最高管理层的不稳定与其无能一样糟糕。戴高乐将军坚持认为，法国国会随时推翻任何内阁的能力是法兰西共和国的致命弱点，这一点是完全正确的。

但他也可能足够长寿，这将表明某个机构无法摆脱一位已经失去用处的最高人物是同样严重和危险的弱点。

没有人能找到解决办法，事实上我们有理由相信没有解决办法。最高职位要求有决策和指挥的能力，而这些能力只有在最高职位上才能得到检验。无论开展什么样的培训和检验，都有可能因事态发展而失效。无论是一位大国的行政长官，还是童子军的首席执行官，他们在任期间，没有谁是必须解决他被选中并被任命时所面临的问题的。众所周知，关于首席执行官的工作，挑战总是与他上任时所预见的不同。

但是还有一些由来已久的基本哲学问题。结构（即宪章）应该是绝对的且符合组织原则的吗？还是应该以具体目标和战略为中心，也就是根据需要和情境逻辑进行调整？如何平衡管理的效率和有效性？显而易见，这两者并不相同，但两者真的能轻易兼容吗？

　　具体来说，如今，在强调行政效率（以政府行政人员和会计人员为代表）和强调有效性（也就是强调成果）之间存在尖锐冲突。强调效率的一方坚持认为，只要正确地做事，成果就会自动产生，因此，他们不信任任何偏离合适程序的做法。然而，强调有效性的一方指出，在任何社会事业中，80% 的成果来自最初 20% 的努力，而其余 80% 的努力仅得到 20% 的成果。最重要的是，在任何社会活动中，取得最后 5% 的成果所要付出的努力，相当于取得前面 95% 的成果所付出的努力。

　　前者把努力视为核心，后者把成果视为核心。前者认为，良好管理的标志是秩序；后者认为，良好管理的标志是活力。前者认为，行政管理是满足需要的，而且是组织的优势；后者认为行政管理只是提供支持，是一种必要的恶，应将其限制在避免崩溃所需的最低限度内。强调效率的一方想要让平庸之人能够不断产

生可预测的成果，这基于对人和组织成员的现实看法。强调有效
性的一方想要激发创造性活力，这也基于对人的现实看法。

简而言之，无论人们倾向哪一方（我本人完全倾向于有效性），两种
观点都是我们需要的。如果我们像政府一样让效率占主导地位，那么程序
就会压倒成果。在美国，从没有哪一家国防承包商因为雇用太多办事员或
填写过多表格而受到审计署或国会的批评。然而，如果让有效性占主导地
位，那么我们就有被例行程序绊倒的危险。尽管打胜仗并不是因为马匹钉
了好马蹄铁，但正如给会计新人的古老谚语所提醒我们的那样："少了一
颗钉子，失去一个王国。"

我们尚未真正理解如何管理知识以从事有生产率的工作。我们也没有
真正理解如何让掌握各种知识和技能的人各自做出特定贡献，并把他们整
合到一个追求共同成果的共同风险事业中。知识工作者让现代组织成为可
能。反过来，现代组织的出现也为知识工作者创造了工作岗位和机会。但
我们尚不知道如何让知识有成效。现在知识有成效的情况，要么出于偶
然，要么凭直觉。

换句话说，关于管理我们还有很多东西需要学习。事实上，管理成
为一门学科的伟大时代可能尚未来临。然而，这一学科赖以建立的"英雄
时代"已经成为过去，那是第二次世界大战前的1/4个世纪。当时法国人
法约尔，英国人伊恩·汉密尔顿和厄威克，美国人通用汽车公司的阿尔弗
雷德·斯隆（这里只列举了少数几位先驱）提出了基本的管理思想。他们
让第二次世界大战的所有参战国取得伟大的组织成就成为可能。从那时
起，不论在企业、政府中，还是在军队中，我们都只是在不断改进20世
纪二三十年代所学的、20世纪40年代初首次应用的管理知识。

3. 功能或操作层面的最后一个部分也许是组织间差异最小的领域，即

组织中的个人有效性。

组织是一种法律虚构的事物，它本身并不能做什么，不能决定什么，也不能计划什么。个人才是进行决策和计划的主体。最重要的是，只有在我们通常称为"管理者"的人采取行动时，组织才"行动"。管理者是那些被期望做出决策的人，而这些决策会影响组织的成果和绩效。

正如我在之前写的一本书⊖中指出的那样，在知识型组织中，每一位知识工作者都是"管理者"。因此，现代组织要想有效地执行任务，必然要求大量的人有效，而且这一人数正在迅速增长。我们整个社会的福祉越来越依赖大量知识工作者在一个真正的组织中实现有效性的能力，而且在很大程度上知识工作者的成就和满意度也有赖于此。

管理者的有效性不仅仅是组织所需要的。它不符合传说中"组织人"的常态。最重要的是，管理者的有效性是个人所需，因为组织必须成为"个人"的工具，尽管同时它也产生了社会和社区所需的成果。

管理者的有效性不会自动产生。管理者不能"不费吹灰之力就取得成功"，甚至不能靠"不断尝试"以取得成功。组织是一个新而不同的环境，对管理者有新而不同的要求。不过，这也给管理者提供了新而不同的机会。组织不需要太多新行为，而需要新理解。

归根结底，组织要求个人能够做决策，并做好正确的事。这个要求不可能对传统环境中的人提出。农民只需要被告知做什么以及如何做，手艺人有自己的行会惯例来规定工作步骤和标准等。但是组织的管理者没有被外界告知这些，他不得不为自己做决策。管理者如果不做决策，就不能取得成果，他必然既不能成功，又得不到满足。

到目前为止，管理学理论很少探讨这个层面的问题。管理者应该具备什么样的能力、知识，接受什么样的培训，学者们讨论得很多，但对于管

⊖　《卓有成效的管理者》（*The Effective Executive*, New York: Harper & Row, 1967）。（该书中文版已由机械工业出版社出版。）

理者的有效性却讲得很少，而这正是管理者的特质。有效性是人们对管理者的期望，然而总体上，我们尚不清楚它意味着什么。但所有人都知道，很少有管理者能够达到他们的能力、知识以及所在产业所应具备的有效性的 1/10。

管理者的有效性最终将在组织理论中占有一席之地，如同关于统治者教育的讨论在政治理论发展史上的地位那样。虽然马基雅维利提供了不同以往的答案，但他完全属于该传统。宪法律师是现在所谓"管理"的早期倡导者，他们会问："这个政治组织需要什么结构？"，研究"统治者教育"的思想家和作家会问："统治者必须是什么样的人，他必须做什么？"（第一个思考这个问题的伟人就是柏拉图，相关论述见他写的《理想国》和《第七封信》。）当我们谈论"有效的管理者"时，这个问题再次被提出，只是我们现在不再谈论"君主"，也就是身居高位之人。在知识型组织中，几乎人人都占据一个传统意义上的"高位"。

政策性目标及针对目标的绩效衡量、管理、管理者的有效性，上述三个部分彼此完全不同，但都属于同一个领域和同一个组织维度，都在探讨组织的运作问题。

组织与生活质量

企业的"社会责任"已成为新闻记者、企业领导者、政治人物和商学院热烈讨论的话题。组织伦理确实是我们这个时代的核心关切，不过当谈到"企业的社会责任"时，大家往往假设负责与否只是企业的问题。很明显，责任是每个组织的核心问题。每个机构都拥有权力并行使权力，因此都需要对其行为负责。

当今世界，主要机构中最不负责任的不是企业，而是大学。

在所有机构中，大学也许拥有最大的社会影响力。任何其他组织都不具备大学的垄断地位。只要从大学毕业，年轻人便拥有许多职业选择的机会。不过，在毕业之前，大学控制着年轻人接触所有职业选择（在企业、政府、专业机构和医院等组织任职）的机会。然而，大学甚至没有认识到自己拥有这种权力以及它所能造成的影响，因此也没有认识到责任的问题。"新左派"对此看得很清楚，他们对企业也许并没有兴趣，但对大学及其权威却十分痛恨。

无论如何，只强调"责任"的观点太狭隘，因此是一种误导。正如每一位宪法律师都知道，政治辞典中没有单独的"责任"，有的是"责任与权威"。谁负起"责任"，谁便可以声称拥有"权威"。反之，凡是对某种事件有权威，便要承担相应的责任。在没有权威的领域承担责任，实际上是篡夺权力。

因此，问题不在于组织的"社会责任"是什么，而在于合适的权威是什么。组织发挥自身的功能会产生什么影响？

（1）任何组织若要实现其使命，都不得不对社会产生影响。同样，一个组织必须位于某个地方，影响着当地的社区和自然环境。此外，每个组织都雇用员工，并相对于员工拥有非常大的权威。这些影响是必要的，否则我们无法得到来自企业的产品和服务，无法从学校获得教育，无法从实验室获得新知识，或者是无法让当地政府管理交通。不过，这些影响并非组织的目的，只是附带产生的。

这些影响是一种必要的恶（这个术语恰如其分）。

如果我们知道如何在无需权威的情况下取得绩效（这是我们维持该制度的目的），那么我们就不会允许权威凌驾于人。事实上，每位有理智的管理者都很乐意在无需人员的情况下把工作做好，因为管理这些人实在麻烦。他不想成为一个"政府"，因为这只会妨碍其工作。对昨天的公爵或男爵来说，人是其"臣民"，代表着实力和财富。对如今的医院、行政机关或企业来说，人都是"雇员"，代表着"成本"。这一点越来越适用于现代军队。在军队里，火力和机动性比人数更重要。

因此，"社会责任"的第一条法则就是尽量减少对人的影响，对其他方面的影响也是如此。各种对社会与社区的影响都是干扰，只有在严格地限定并解释的情况下，它们才可以被容忍。尤其是，要求员工"忠诚"是不允许且不正当的，劳动关系是基于雇用合同的，应该比其他任何法律合同都更严格地进行解释。这并不是说在组织与雇员之间不可以有感情、感激、友谊、互相尊重以及信任，这些都十分珍贵，但这些都是附带产生的，当然也要努力争取才能获得。

也许更重要的是第二条法则，即组织有义务预见造成的影响。展望未来并深入思考哪些影响会成为社会问题，这是组织的职责。然后，组织有义务尽力避免不良后果。

这也符合组织自身的利益，一旦组织没有尽力避免不良影响，必然会自食其果，会导致政府监管、惩罚性法律的制裁及外部干预，最终，这种令人讨厌或具有破坏性的影响会引发"丑闻"。凡是因"丑闻"而出台的法律必然是糟糕的法律。这种法律为了清除 1 个败类会株连 99 个无辜者；这种法律往往惩罚好行为，却很少阻止坏行为；这种法律表达的是情绪而非理性。

相反，每当一个机构的领导人预见到某种影响，并思考需要做些什么来防止它发生或使其变得可接受时，他们就会受到公众和政治人物的尊重。这对于企业更是如此，无论何时，只要企业领导者预见到造成的影响，并且想清楚应如何预防和矫正，他们的建议通常都会被接受。组织领导者若熟视无睹，直到"丑闻"爆发并引起公众强烈抗议，每当此时，组织便会受到惩罚性监管，而这往往会导致问题恶化。

这样的例子很多，例如美国汽车企业并非缺乏安全意识，反而在安全驾驶指导和安全高速公路设计方面处于领先地位。它们为降低事故发生率做了大量工作，并取得了相当大的成功。然而，现如今汽车企业遭受惩罚的原因在于，它们没有降低意外事故本身的危险性。不过，当制造商试图引进经过安全设计的汽车时（就像福特公司于 20 世纪 50 年代初试图引入安全带时所做的那样），消费者并不愿意购买。后来汽车制造商因制造不安全的汽车而受到谴责，受到惩罚性法律的制裁，并遭到公众的蔑视，因此汽车制造商痛斥公众忘恩负义。

同样，电力公司对被指责造成空气污染而感到委屈。多年来，主要电力公司一直试图说服监管机构允许它们使用更清洁的燃料（尽管价格较贵），而且要安装空气清洁设备。然而，监管机构只关心电力成本，从未给予必要的许可。

未来，大学教师们将抱怨自己因博士制度对社会和教育造成的损害而受到指责。他们会指出，这种制度是社会强加给他们的，尤其是公众要求由税收支持的公立学校聘用拥有博士学位的教师。

然而，没有人会对汽车业、电力业的从业者或大学教师们表示同情。不安全的汽车、受污染的空气或博士制度的弊病，确实不是他们造成的。然而，他们却有一个更应遭受指责之处：没有达到社会对领导者的要求。领导者的任务是预见。对他们而言，声称公众走上歧途是不够的。领导者的职责在于，找到正确的路并带领公众前进。

当福特汽车公司发现美国公众不购买专设安全措施的汽车，而是购买其他没有安全措施的竞争车型时，该公司别无选择，只得生产公众愿意购买的产品。同样，单所大学难以在不对其地位和学术声誉造成灾难性损害的情况下取消博士学位要求。但正因如此，我们更有理由去设计正确的公共政策，并使其被接受。

当事情需要人们共同努力才能开展时，就需要法律来约束。靠"自愿的努力"去做一些短时期内有风险且不受欢迎的事，从来不会成功。通常，每个群体中至少有一个成员愚蠢、贪婪、目光短浅。如果等待人们"自愿行动"，那么没人会行动。因此，预见到问题的个别组织有义务做一些不受欢迎的事情，包括深入思考问题，制订解决方案，无视"团体内其他成员"的公开反对而为合适的公共政策进行游说。凡是承担起这个责任的人，未曾失败过，也不会因此受苦。但以"公众不允许"或"行业不允许"为借口选择退缩的每一个组织，最终都会付出沉重代价。公众会原谅浑然不觉，但不会原谅视而不见、无所作为。因为这恰恰就是怯懦。

（2）最理想的情况是，一个组织能把对社会需要和欲求（包括组织的影响产生的需要和欲求）的满足转化为实现绩效的机会。在多元社会中，每个组织都应该是传统意义上的创业者，也就是把资源从低生产率用途转移到高生产率用途的社会行动者。每个组织都根据自己的绩效状况来定义"高生产率"。因此，它们各自衡量成果的标准不同，但都有相同的任务。

这尤其意味着，把对社会需要和欲求的满足转化为盈利业务是对企业的一项伦理要求。

世界第二大银行纽约大通曼哈顿银行的董事长乔治·钱皮恩在《哈佛商业评论》①撰文呼吁，要有一种创造性的企业家精神，以满足城市贫民区穷人的需要和欲求。他认为，这些教育或住房方面的需求应该既能催生新的、高盈利的业务，又能解决城市的弊病。乔治·钱皮恩并不是一位真正的自由派，然而他提出的企业解决方案比那些先进的民权自由派激进得多。

㊀ 《创意竞争》(Creative Competition)，引自1967年5-6月《哈佛商业评论》。

社会的需要和欲求应该是每个机构的机会。医疗费用上涨是医院的重大机会。这要求医院行政人员具有创新精神和创业型领导力，这毕竟是他们的本职工作所在。现代社会需要能够培养出精英的教育，也需要能够培养技能型人才的教育，这为学校提供了一个重大的创业挑战和机会。

"组织的社会责任"的这一方面，即预见社会需要并将其转化为实现绩效和成果的机会，也许在我们所身处的不连续的时代会特别重要。在过去 50 年中，这种机会并不常见，对一切机构来说，主要的挑战在于如何把已经在做的事做得更好。无论是在商业、医疗保健领域还是在教育领域，处理新而不同的事物的机会都不多。

但情况并非总是如此。如同当前，100 年前在满足社会需要和欲求方面也存在巨大的创业机会。使教育成为一个有利可图的大产业，或者把城市住房问题转化为这样一个产业，对今天的企业人士及其批评者来说都是相当奇怪的。不过，相比于促进现代电气工业、电话、大城市报纸和图书出版、百货公司或者城市轨道交通等产业发展的机会（所有这些都是 100 年前的社会欲求），今天的机会并没有什么区别。把握住这些创业机会都需要远见和创业勇气，都需要大量的新技术以及大规模的社会创新。并且这些机会都是只有基于庞大规模才能得到满足的个人需要。

这些需要没有得到满足，是因为我们将其视为"负担"，也就是"责任"。一旦把这些需要转化为机会，就能予以满足。换句话说，寻找机会是对组织的伦理要求。

总而言之，当组织关注超出自身能力和行动领域的"社会问题"时，并不是在履行"社会责任"。当组织聚焦于自身的特定工作来满足社会需要时，正是在履行"社会责任"。当组织把公众需要转化为自己的成就时，这样的行动无疑是最负责任的。

具备社会意识符合组织的自身利益。社会需要如果没有得到满足，就会变成社会弊病。无论是企业、医院、大学还是行政机关，任何机构都不可能在一个病态的社会中繁荣兴旺。

具备社会意识也是现代组织的领导者义不容辞的职责。担任现代机构的领导者，就意味着成为我们这个多元社会中的领导者之一。个别机构可能是"私营的"，但大学、医院、行政机关、企业的负责人却是"公共的"。在组织型社会中，领导力不是社会地位的函数，而是在社会机构（各类多元组织）中的地位的函数。

反过来，社会有权期待其主要机构的管理者预见并努力解决重大社会问题。社会可以期待这些人承担起领导责任，因为这些机构的管理者已经取代了过去的精英（无论是贵族还是百万富翁）。他们不是贵族，并且一定不能说自己有"贵族义务"。他们之所以身居领导位置，是因为其能力在社会事务中得到了证明。因此，社会自然期待他们能为解决严重的社会问题、满足社会需要出谋划策。

对企业及其领导者来说，正确的方法是把满足社会需要变成新盈利业务的机会；对学校来说，正确的方法是把满足社会需要变成更好的教学和学习的机会；对医院来说，正确的方法是把社会需要变成提供更好和更有效的医疗保健服务的机会，等等。如果我们永远不必使用"社会责任"这个术语，那么这些机构及其领导者或许能最好地履行"社会责任"。

一个新的重大事实是，组织型社会要求机构及其管理者不仅要对产品数量、治愈者数量或学位获得者的数量负责，而且要共同对生活质量负责。最重要的是，这是组织及其管理者的新机会，是绩效和成果的新维度——但也是一项相当严峻的新挑战。

组织的正当性

绝大多数人，尤其是社会中绝大多数受过教育的人，都是大型组织的雇员。因此，组织必然相对于这些人拥有相当大的权威。事实上，组织是多数人的直接权威。中小学、学院、大学的学生以及大量其他领域的公众，都会不可避免地受到一个或多个机构的指挥和控制。因此，无论是行政机关、医院、大学，还是企业，都存在组织权力和组织管理层的正当性问题，这是组织型社会的政治难题。

然而，我们多元社会中的组织不是也不能成为真正的社区，真正的社区的宗旨总是在于实现自我。但当今的组织内部没有宗旨，就像其内部没有成果一样。组织内部有的只是成本。[⊖]

因此，《管理与马基雅维利》以诙谐的方式对管理（企业、大学、行政机关、医院等机构的管理）与真正的"统治"所做的比较只是一种片面的陈述。现代社会机构（包括管理邮局等组织的行政机关）的管理不是"统治"。现代社会机构的任务是功能性的而非政治性的。它们之所以行使所拥有的权力和权威，是为了满足社会的一部分需要。不同于历史上的多元权力，现代社会机构的范围既不是社会与社区需求的总和，也不是社会与社区资源的总和，而是一种特定的社会需要和欲求。对于为特定的、有限的、但至关重要的任务分配资源，现代社会机构可以发号施令。但无论这些机构拥有何种能力，都应归功于其专业化，归功于对一项有限的任务的聚焦以及将资源投入一个特定的、可界定的、有限的目的。

最重要的是，这意味着现代机构的领导者，也就是这些组织的负责人，不能把他们的地位、权力和权威建立在任何传统的正当性原则之上。例如，他们不能把权威建立在"被统治者的同意"之上。就像在真正的政治社会中，"被统治者"不是也不能是"政府"的受益者和目的所在。

大企业的存在不是为了雇员。大企业的成果位于外部，它仅受到雇员认可、同意与态度的轻微影响。与此类似，医院的"支持者"也不是医

⊖　乍一看，这似乎不适用于大学。大学自豪地自称为"学术社区"，并声称其自身就是一个目的。当然，这就是今天的学生反对传统大学的原因。学生们要求大学满足一项外部需要，即学生的学习需要。在"教育型社会"中，知识正逐渐成为核心资源，传统上服务于自身的"学术社区"，即使曾经存在，现在也已经站不住脚了。

院工作人员，而是病人。这一点适用于多元社会中的每个机构，行政机关亦然。例如，财政政策是否符合财政部雇员的最佳利益，这一点并不是很重要。

组织的成员，无论是雇员还是学生，都应该为管理本组织的社区生活承担最大的责任。管理层目前所做的很多事情都与其所属机构的绩效和功能无关。例如，为什么管理层应该管理工厂的食堂，或者关心维持学生的纪律，这一点并不很清楚。还有其他许多领域，社区的自治机构可以接管，也应该接管。

总之，一位明智的管理者不会提到"管理者的特权"，甚至不会想到这些特权。他会把自身局限在与核心任务直接相关的领域。其他的一切，他都尽量不插手。凡是在即使出现严重失常也不会危及组织目标的实现之处（学生纪律就是一个例子），明智的管理者会说："这是你的工作"。[⊖]

非常可取的做法是，把这些组织的"成员"尽可能纳入决策过程，否则他们无法了解组织的实际情况。例如，那些被选为德国各钢铁公司董事会成员的工人非常震惊地发现：最丰厚的利润也只是决定薪资的一个次要因素；价格取决于竞争而非管理层；而工作岗位则依赖公司的资本投资能力。同样，学生同教师、管理人员一起参加课程委员会时，才震惊地发现看似简单的教育政策问题是那么顽固和纷繁复杂。正因为组织是复杂的，所以局外人很少理解"楼上"到底发生了什么。没有这样的理解，组织总是处于危险之中。我们知道，参与实际的决策过程是获得基本理解的唯一途径。

为了自身利益，组织需要赋予其成员最大限度的责任。

不过，在直接影响到组织标准、绩效和成果的领域，成员不能发挥决定性作用。在那些领域，标准、绩效和成果必须支配组织成员。做什么以

⊖ 关于这一点，请参阅我的《新社会》（*The New Society*, New York: Harper & Row, 1950），特别是第八部分。

及如何做在很大程度上取决于外界的欲求和需要，这在很大程度上得服从
"准则"，无论是科学准则还是市场准则。通用汽车公司的员工对某款新车
型的投票完全无关紧要，真正重要的是消费者是否购买。

当然，左派对此的传统回应是，要求这些组织被"政治主权者"（即政
府）接管从而得以"正当化"。其管理者将由合法的政治当局任命，并从
真正的主权者那里获得权力。经验表明，这是赤裸裸的诡辩。真正发生的
是，同样的损失，以前被指责为管理不善的负面例子，现在却被视为对社
会福利的贡献。政府所有制或由政府任命管理者不会改变组织的功能，一
旦组织开始发挥功能，它们就在政府的有效政治控制之外了。事实上，组
织必须免于政治控制才能良好运作，它必须由功能来控制，凭绩效来衡量。

> 最有启发性的教训当然是南斯拉夫。在那里，为了使经济正
> 常运行，政府把企业控制权还给了企业，特别是工厂选出的工人
> 委员会。但工人们很快发现，如果工厂要生产产品，创造就业机
> 会，就必须把管理权交给受过培训的、合格的、自主的管理者。
> 在南斯拉夫，凡是运作良好的产业，其控制都是功能性的和技术
> 性的，而不是靠政府或工厂内"被统治者同意"。绩效在其中发
> 挥着决定性作用。

上述适用于"被统治者同意"的分析，也适用于所有其他已知的政
治正当性原则。当然，如果一个组织遭到成员的抵制，那么它是无法正常
运作的。组织必须帮助成员实现他们各自的目的。我们早就知道，现代组
织必须赋予其成员身份和功能，[⊖]但成员也必须为组织的目的服务，努力实

⊖　这方面更全面的讨论请参阅我的《公司的概念》（*Concept of the Corporation*, New
　　York: John Day, 1946）和《新社会》（*The New Society*, New York: Harper & Row,
　　1950）。

现组织的目的，而这些目的永远不是他们自己的目的。当今社会中多元组织的首要任务或检验标准不是且永远不是满足其成员的需要，而是必须满足外部人的需要，必须服务于外部目的，必须在外部取得成果。在最好的情况下，组织可以将成员的目的、价值观和愿望同自身使命的要求有机结合、协调一致。不过，使命是排在第一位的，是既定的、客观的、非人格化的。同时，使命也是特定的、有限的，并且仅仅旨在满足社会、社区和个人的众多需要和欲求中的一种。

正由于致力于达到更大的社会中的某个有限目的，现代组织才变得有效。

显然，现代组织及其管理层必须拥有权威，而权威仅有一个基础，那就是绩效。这是我们允许组织和管理层存在的唯一原因，也是我们能够容忍其行使权力、拥有权威的唯一原因。

具体来说，这意味着我们需要知道"绩效"对这个或那个组织而言意味着什么。我们需要能够衡量或至少判断某个组织对责任的履行情况及其管理能力。我们需要坚持的是，组织及其管理层应将其自身限定在特定任务上，而这些任务的绩效可以证明其存在和权力是正当的。超出这些任务的范围就是篡夺权力。

在新多元社会中，聚焦于特定任务是组织发挥优势、取得绩效和获得正当性的关键。对于某个组织的特定任务，可以也应该有不同观点。并且随着环境、社会需求、社区价值观念和技术的变化，观点也会发生改变。事实上，同一类型的不同机构，例如一个国家的不同大学，可能会确立截然不同的目标。同一个产业内的不同企业、不同医院也是如此。不过，目标越清晰，组织就越强。衡量绩效的尺度和标准越具体，组织就越有效。权威越严格地立足于对绩效进行证明的基础上，组织就越具有正当性。

"凭着他们的结果，就可以认出他们来。"——这很可能成为新多元社会中根本的宪法性原则。

第 10 章 | CHAPTER 10

政府的弊病

毫无疑问，政府从未像今天这样显眼。1900 年最专制的政府也不敢像当今最自由的社会中例行公事的征税员那样调查公民的私人事务。即使是沙皇的秘密警察，也没有开展我们现在视为理所当然的安全调查。1900 年的任何官僚都无法想象，当今政府让企业、大学、公民填写越来越多、越来越详细的调查表格。与此同时，政府在每个地方都已经成为最大的雇主。

现在，政府已经无处不在。但政府真的强吗？还是仅仅大而已？

越来越多的证据表明，政府大而不强，政府肥胖臃肿而非强有力，政府花费巨大但收效甚微。也有越来越多的证据表明，公民越来越不信任政府，对政府越来越不抱幻想。实际上，在我们需要健康且充满活力的强政府之时，政府却弊病缠身。

年轻人对政府的尊重肯定微乎其微，对政府的热爱更是少之又少。但是，成年人、纳税人也对政府越来越不抱希望。他们的确仍希望政府提供更多服务。但即便他们可能仍希望政府承诺提供某些物品或服务，在为一个大而无效的政府买单方面，各国人民都已经接近了临界点。

　　这种对政府不抱幻想的心态，已经跨越了国界和意识形态。不论是白人国家还是非白人国家，这种心态都一样存在。这种幻灭很可能是当今世界最深刻的不连续性，标志着这代人相较于其前辈已在情感和态度上发生了急剧变化。从 19 世纪 90 年代到 20 世纪 60 年代的 70 多年间，全世界特别是发达国家的人民对政府迷恋不已。他们热爱政府，认为政府的能力或善意没有极限。政府与公众之间的政治热恋，很少有比政府与 1918～1960 年间成年的几代人的政治热恋更火热的。在那段时间里，任何人都觉得应该把需要做的任何事情交给政府，每个人似乎都相信，任何工作只要交给政府，就可以确保完成。

　　1900 年之前，英国的费边主义者或德国的社会民主党人开始迷恋政府。第一次世界大战时这种现象已非常普遍，当时政府利用税收和印刷出版调动的社会资源远远超出了以前任何人的想象。德国的战时经济、美国的战时生产委员会和美国的宣传机器令同时代的人眼花缭乱。这让他们相信，政府无所不能。

　　10 年后，当经济大萧条来临时，所有人都立刻把政府当作救世主。现在回想起 20 世纪 30 年代末流行的天真信念，真令人可悲可叹——例如，英国工党经济学家芭芭拉·伍顿（Barbara Wootton）在大萧条时期的畅销书《要不要计划》所宣扬的信念。伍顿夫人被英国政府授予终身贵族称号，至今仍然健在，而且还非常活跃。但现如今，没什么比这封写给政府的狂热情书中充斥的弥赛亚式天真离我们更遥远了，也没什么比它更缺乏吸引力了。该书的每一页上都俨然写着："乌托邦就在这里——所需做的就是从邪恶、自私的利益集团手中夺走一切，然后将其交给政府。"

　　第二次世界大战强化了这种信念，政府再次证明自己在组织社会力量进行战争方面非常有效。

　　如今我们的态度正在转变，对政府的怀疑和不信任迅速加深，一些年轻人甚至开始反抗政府。我们现在只是出于习惯才依然把社会任务交给政府，仍然一遍又一遍地修改不成功的项目，并断言那些靠改变程序或"能胜任的行政部门"不能矫正的项目本身没有问题。不过，当第三次修改一个拙劣的项目时，我们就不再相信这些承诺了。例如，谁还相信美国对外援助项目的行政改革能真正迅速促进全球发展？谁真的相信"向贫困开战"会消除城市中的贫困？或者在苏联谁真的相信新的刺激方案能让集体农庄更有生产率？

我们仍然重复着昨天的口号，事实上我们也仍按照这些口号做事，但不再相信也不再期待政府能取得成果。公众和政府之间的政治热恋已经持续了很久，如今已经发展成令人疲惫的中年关系。我们不知道如何解脱，而唯一知道的是，拖延只会让关系变得更糟。

如何解释这种对政府的不抱幻想？

我们期待奇迹，而这总会导致幻想破灭。人们普遍认为（尽管只是下意识地），政府会免费提供大量物品或服务。成本被视为谁来做事情的函数，而不是做什么事情的函数。

> 例如，毫无疑问，英国人在享用"免费医疗服务"时认为医疗服务不需要任何成本。当然，所有医疗服务都是且可以是"预付费"的医疗服务。护士、医生、医院、药品等必须由某人买单，但是每个人都希望"某人"是别人。起码，每个人都希望，在"免费"医疗服务体系下，富人缴纳的税收将支付穷人的医疗保健费用。

当然，我们身边永远不会有足够的富人来承担所有普遍性服务的费用。事实上，无论是英国的医疗服务制度，还是美国的社会保障制度（以及大体上类似的服务体系），都是由工薪阶层和中低阶层来补贴富人的。在这种服务体系中，每个人往往通过税收来缴纳相同的费用。因此，根据财富和收入的比例，富人支付的费用要少于低收入群体。为全国性服务筹集经费是经济学家所谓"累退税"的典型例子，即负担随着收入的增加而减轻。

这并不是反对这类服务的理由。为每个人都应享受的服务筹款只能基于大众基础。这种服务也未必效率低下，但并非"免费"，而且成本必然很高，因为它必须为每个人支付意外的费用和救济金，即使只有少数人可能需要这种救济。当今最经济、最有效的医疗服务不是英国"免费的"医疗服务，也不是美国的联邦医疗保险，这绝非偶然。最经济、最有效的是早得多的德国健康保险制度，在该制度下，每个人都被强制要求参加预付费的健康保险，但人们在很大程度上可以自由选择各种项目，包括公共项目和私营项目。

实际上，所有这些项目都是一种税收和强制储蓄，无论个人是否愿意，都得为之买单。这就是德国健康保险制度的基本原理。尽管这似乎显而易见，但在过去半个世纪里，人们几乎都抱有这样的幻想，即政府能够以某种方式让成本消失，并无偿提供大量产品。况且，那些关于分配的谬论——由政府来分配财富可以解决生产力低下导致的经济问题，至今还远未消失（如前面第 6 章所述）。

实际上，这种信念只是一种更普遍的错觉的一个方面，受过教育的人和知识分子尤其容易产生这种错觉：把任务交给政府，冲突和决策就会消失。一旦"邪恶的私人利益"被消除，合适的行动方针就会从"事实"中浮现出来，并且决策将是理性的和自动的。自私自利没有了，政治狂热也没有了。因此，这种对政府的信念在很大程度上是不现实地逃避政治和责任。

这种论调的一个根源是对企业、对利润，尤其是对财富的仇恨。另一个更危险的根源是拒绝承担责任和做出决策，在法西斯主义和纳粹主义兴起方面，以及在吸引如此多理智的人民参与方面，这一点发挥了重要作用。弗洛姆在他的第一本书（1940 年）中称之为"逃避自由"。

20 世纪 30 年代的那代人没有意识到，除了对金钱的渴望，其他动机也可能成为自我利益的基础；除了金钱价值，其他价值也可能成为冲突的根源。在他们的世界里，经济因素似乎是实现千禧年的唯一障碍。权力从来没有出现在他们的视野中，尽管这种无视在希特勒掌权的时代难以想象，更不用说理解了。C. P. 斯诺在小说《院长》（1951 年）中对剑桥或牛津大学"无我""无私"的小团体内权力冲突的描述深深地震撼了一代人，他们从小认为，冲突总是由经济因素引起的，而且可以通过消除收益，即通过经济国有化予以避免。

人们不必赞成自由企业制度，更不必成为富人的朋友，也能看出该观点的谬误，但相信政府所有制是灵丹妙药的信念与理性无关。这种观点其实很简单："私营企业和利润都是不好的，因此政府所有制必定是好的。"我们也许仍然相信这个观点的前提，但不再接受其结论。

　　1967 年，英国工党政府承诺重新国有化钢铁业（具有讽刺意味的是，当时该产业正处于长期衰退的边缘，因此政府接管意味着股东将获得一笔他们可能获得的最大横财）。但工党政府又立即宣布，这个产业必须以盈利为目的，并让最纯粹的大资本家梅尔切特勋爵（Lord Melchett）担任首席执行官，他是世界上最大的工业财富之一的继承人（他的祖父和父亲创建了帝国化学工业公司）、世袭贵族、顶级投资银行家，此外他还是一名终身保守党人！与此形成鲜明对比的是，不到 20 年前，更早的英国工党政府首次国有化钢铁业时，选择了一位意识形态上"纯粹的"工会中坚分子担任首席执行官。

对政治责任的抵制和对决策重担的怨恨依然存在。事实上，如今的年轻人希望彻底退出——对责任的敌意令人恐惧地卷土重来了，正是这种敌意，使得 40 年前的年轻一代轻易接受了极权势力的承诺和口号。

不过，没有一个人（尤其是年轻人）还相信通过把事情交给政府，冲突、决策和问题就会迎刃而解。相反，在年轻人看来，政府本身已成为邪恶的"既得利益者"，甚至老一辈人也很少再期望政府的管理能带来政治千禧年。

同样，在西方国家，没人会再相信通过国有化某个产业，或者通过把某项社会任务交给政府，就可以避免决策、消除冲突。没人会再对 C.P. 斯诺书中的情节感到震惊，或者再举个例子，对于纳粹各派在联合的宣传幌子下为每项决策展开激烈的斗争，没人会再感到震惊。

事实上，今天我们大多数人都认识到，把某个领域交给政府反而会造成冲突，产生既得利益者和自私自利者，并使决策复杂化。1968 年冬天，当纽约的垃圾清理工人举行罢工反对市政府时，许多善良的自由派人士严肃地提议把垃圾收集工作交给"自由企业"来"缓解紧张局势"。换言之，我们已经认识到，政府无法替我们做决策，也不会以理性决策代替利益冲突。

然而，对政府不抱幻想的最大原因是政府表现欠佳。过去三四十年的记录一直是令人沮丧的。事实证明，政府能够非常有效地做两件事：一是发动战争，二是制造通胀。政府也承诺从事其他事务，但很少履行诺言。在一部分东欧国家和英国的国有产业中，政府作为产业管理者的表现一直不理想。私营企业的表现是否会更糟，那是另一回事。我们期望政府成为完美的产业管理者，但事与愿违，我们甚至很少得到低于平均水平的平庸成绩。

无论在捷克斯洛伐克还是在戴高乐领导的资本主义法国，政府作为一个计划者的表现都没好到哪里。

然而，政府最令人失望、最令人沮丧之处是福利国家的惨败。大多数人不愿意失去富裕的现代工业社会带来的社会服务和福利。但福利国家承诺它不仅提供社会服务，而且要创造一个新的幸福社会，以及承诺释放创造力，消除丑陋、嫉妒和冲突。不管福利国家表现得多好（实际上在某些国家的某些领域，某些工作确实做得不错），它充其量也不过是另一家大型保险公司，像保险公司一样令人兴奋、富有创造力和鼓舞人心。但从来没有人愿意为了一份保险单而影响自己的生活。

　　这就解释了约翰逊总统为什么在执行"罗斯福新政"未完成的福利任务方面表现出色，却没有成为公众心目中的英雄。这也解释了为什么其前任肯尼迪总统未能说服国会采取同样措施，却没有对肯尼迪造成任何政治伤害，甚至对工会中罗斯福新政的忠实拥护者也没有造成任何政治伤害。

　　在福利国家方面，我们最多能够从政府那里得到合格的平庸成绩，更多时候我们甚至得不到这样的成绩，而是得到低劣成绩，对保险公司，我们不可能容忍这样的成绩。在大多数国家，很多由政府管理的领域都没有绩效，有的只是徒增成本。不仅在治理大城市存在的问题方面是如此（美国、英国、日本或苏联政府都无法处理大城市的问题），在教育方面、交通方面也是如此。福利国家越扩张，政府的能力就越弱，甚至难以取得应付差事的平庸成绩。

　　我不知道美国人在公共管理方面是不是特别无能——尽管他们在这方面几乎没什么特别的天赋。也许美国人只是比其他国家的人对官僚机构的无能和傲慢更敏感，因为直到最近，美国的官僚机构都比其他国家少得多。然而，很难想象还有什么比在某个小国建立一个庞大、愚笨、无序的美国大使馆更混乱的了——既完全缺乏管理，又彻底过度行政。

　　在过去 30 年中，联邦政府给大城市各种项目的拨款几乎增加了 100

倍。但是，巨额资金涌入城市所产生的成果却寥寥无几。令人印象深刻的是行政无能。现在，处理城市问题的行政机关数量是 1939 年的 10 倍。在城市里做任何事情之前，我们必须填写的报告和文件的数量增加了 1000 倍左右。

纽约市的社会工作者大约有 70% 或 80% 的时间是在为华盛顿、奥尔巴尼的州政府和纽约市政府填写文件。他们只有不到 20% 或 30% 的时间，即大约每天一个半小时的时间能用来为其客户（穷人）服务。正如詹姆斯·赖斯顿（James Reston）在《纽约时报》（1966 年 11 月 23 日）报道的那样，当时有 170 个不同的联邦援助项目，这些项目由 400 多项不同的拨款资助，受 21 个联邦部门和机构管理，并由 150 个华盛顿办事处和 400 多个地区办事处提供协助。仅一届国会就通过了 20 个新卫生项目、17 个新教育项目、15 个新经济发展项目、12 个新城市项目、17 个新资源开发项目和 4 个新人力资源培训项目，每个项目都有自己的行政机构。

这也许不是一个反映美国行政无能的恰当例子。当我们面临种族问题，也就是良心问题时，我们却在谈论"城市危机"，这解释了我们的许多麻烦。即使是最坚定的福利国家倡导者，也从未指望基本的良心问题会屈从于社会政策和有效行政（尽管他可能会争辩说，没有"良心问题"，一切都是"社会问题"，归根结底是花钱的问题）。

但在其他领域，福利国家的表现也好不到哪里去。行政混乱不是美国的特有现象。英国、联邦德国、日本、法国、斯堪的纳维亚国家的日报都报道了同样的混乱，同样的缺乏绩效，同样的机构、项目和表格泛滥，以及同样的会计规则凌驾于成果。在每个地方，各机构之间的钩心斗角都在取代对成果和责任的关注。

现代政府已变得难以治理。如今，没有一个政府还能声称控制着自己的官僚机构和各种机关。行政机关都在自行其是，以自身为目的，以自身的权力欲、理由、狭隘视野为导向，而不是以国家政策和其老板（国家政府）为导向。

这威胁着政府指明方向和进行领导的基本能力。政策越来越支离破碎，政策方向与执行越来越脱节。执行取决于庞大官僚帝国的惯性而不是政策。官僚们总是按既定程序办事，他们倾向于把符合本机构最佳利益的事情等同于正确的事情。把符合行政便利等同于有效，这也是人之常情。因此，福利国家无法确定优先次序，不能集中其巨大的资源，因而一事无成。

十七八世纪形成的现代国家所取得的一个巨大成就是统一的政策控制。过去的 300 年中，波澜壮阔的宪法斗争围绕着统一国家或联合国家中央政府的控制权展开。不过，如今无论中央政府是如何产生的，都不再拥有这种控制权。

美国总统可能仍然是最强有力的统治者，相比于议会制下依赖多数票的总理，或极权制下可以被强大派系之间的阴谋推翻的独裁者，美国总统更强有力。然而，如今即使是美国总统，也不能指引国家政策了。各个官僚机构都在为所欲为。

例如，在过去的 20 年里，美国司法部反托拉斯局一直在制定自己的政策，奉行自己的方针，根本不在乎现任总统的看法或命令。自哈里·杜鲁门以来，没有一位美国总统同意反托拉斯局对反托拉斯法的解释。水土保持局和垦务局、林务局和气象局、联邦贸易委员会和陆军工程局也同样变得"独立"而非"自治"。

英国首相哈罗德·威尔逊（Harold Wilson）及其保守党前任

也未能实现更有效的政策控制。显然，苏联以及戴高乐治理下的法国同样如此。

不久前，政府各个政治机构的政策控制还被视为理所应当。当然，正如首相有"强"有"弱"，总统也有"强"有"弱"。比如，富兰克林·罗斯福或温斯顿·丘吉尔可以落实许多"弱"领导人无法执行的政策。但人们普遍认为，这并非因为他们知道如何让官僚机构俯首听命，而是因为他们拥有坚定信念带来的勇气，愿意制定大胆而有效的政策，有能力动员公众为实现愿景而努力。

然而，今天所谓"强"总统或首相不是一个强硬推行政策的人，而是知道如何让官僚机构俯首听命的人。约翰·肯尼迪拥有"强"总统所需的全部信念力量和勇气，并且正是这一点吸引了他的大批追随者（尤其是年轻人），但肯尼迪对官僚机构几乎没有任何影响。虽然他是传统意义上的"强"总统，却是一位非常无效的总统。

同时代的赫鲁晓夫在苏联也同样有效性甚微，尽管他表面上很有魄力，也深受民众欢迎。相比之下，一些没有强烈政策主张，也没有领袖特质的官僚反而有效。他们知道如何使官僚机构俯首听命。但是，官僚运用官僚机构当然只做一件擅长的事，那就是把昨天打理得井井有条。

这种表面上有权与实际上失控之间的反差越来越大，这可能是政府面临的最大危机。我们非常擅长成立新行政机构，但这些机构一旦成立，不久之后其本身就成了目的，拥有获得财政部拨款和纳税人持续支持等"既得权利"，且不受政治指挥的影响。换句话说，它们一成立就开始违背公众意愿和公共政策。

相比于政府作为国际舞台上的一个有效机构所面临的危机，政府在国内面临的危机简直不值一提。在国际舞台上，政府几乎已经土崩瓦解。"主权国家"不再是执行政治任务的有效机构。这种情况的出现，并非像自由派愿意相信的那样，是因为世界政治共同体已经超越了民族国家狭隘的、琐碎的界线。相反，民族国家到处都有崩溃为狭小的、狭隘的男爵领地的危险——无论是加拿大法语区还是自治的佛兰德斯（Flanders），无论是非洲西部的比夫拉（Biafra）还是民族主义盛行的苏格兰。

对我们生活在 1900 年左右的祖父母而言，政府部门扩张的趋势是显而易见的。他们也非常清楚，民族国家创造了能够在国际社会中有效合作的政治组织。这是 19 世纪留给我们的历史经验教训。事实上，19 世纪是以"统一"结束的，尽管这次"统一"是强加的：英国人接管南非的布尔共和国，将其并入大英帝国。

从那时起，世界上出现了不断分裂的过程。该过程始于巴尔干战争，其目的是建立一个更大的统一国家，但战争的结果是建立了更多小国。此后，这个进程不断加速。即使是捷克斯洛伐克，这个在第一次世界大战中建立起来的最成功的新国家，也被证明无法成为统一的有效行动者，而是在同拒绝被"统一"的少数民族（德意志人、匈牙利人和斯洛伐克人）的纷争中四分五裂。

1900 年，全世界只有大约 50 个主权国家，大约 20 个在欧洲，20 个在美洲，其他地区只有不到 12 个。第一次世界大战后，主权国家增加到大约 60 个，如今这个数字已超过了 160 个，几乎每个月都有新的"迷你国家"诞生。只有美洲大陆没有发生过主权国家分裂的事件，1900 年的20 来个主权国家大体上仍然是当今的政治现实（除了迅速分裂的加勒比地区）。一些新主权国家规模巨大，如印度、巴基斯坦、印度尼西亚。但大多数都比那些被蔑称为"香蕉共和国"的中美洲国家更小，以至于它们无法履行主权国家的最低责任。今天，有几十个"独立国家"的人口远远低于 100 万。事实上，有些国家的人口还没有一个大村庄多。

规模的另一个极端是所谓"超级大国"。这些国家规模巨大、实力超强，反而无法制定国家政策。它们什么都关心，到处插手。无论多么遥远或微不足道的政治事件都会影响它们。然而，政策在于挑选和抉择。如果一个国家不能有所取舍，就难以制定政策。实际上，美国和苏联都不能说："我们不感兴趣。"这些"超级大国"是福利国家的国际版本，并且与福利国家一样，它们既不能确定事情的优先次序，也难以有所成就。

超级大国的力量实在太大，反而难以使用。如果某人只能用百吨重的巨锤打苍蝇，实际上等于没有工具可用。因此，超级大国总是反应过度，就像苏联对待其卫星国，美国对待刚果、圣多明各（Santo Domingo），或许还有它在越南所做的那样。然而，它们的表现并不理想。这些超级大国的力量，虽然足以摧毁彼此以及其他国家，但对完成政治任务而言却大而无当。超级大国的权势太大了，以至于没有盟友，只有附庸。并且超级大国总是其附庸的囚徒，同时又被附庸憎恨。

这意味着，关于国际事务的决策不再能够以有序和系统的方式做出，也不再可能通过谈判、协商和协定来做出，只能通过命令或相互消耗来达成目标。因此，尽管武力在国际体系中变得越来越重要，但其决定性作用却已经变得越来越弱——除非是可能毁灭人类的终极力量：核战争。

决策也不再有效。我们再也不能指望决策会得到执行。在国际领域，政策与执行脱节的情况与国内政府的情况如出一辙。行政机关越来越多，越来越大，但这只会增加成本，因为每个主权国家都必须有自己的外交部门和武装力量等。随着行政机关的数量增多、成本上升，其有效性也在不断降低。

任何政府，无论其领土横跨大洲还是小于一个城市街区，都不能再履行政府的首要义务：抵御和防御外部攻击。大多数新的"迷你国家"都是一个政治笑话，它们无法抵御被瞬间消灭的威胁。然而，在这个核武器

"过度杀伤"的时代，"超级大国"也是如此。由于核武器很容易制造，而且实际上最小和最弱的国家也可以获得，因此没有"防御"可言。只有值得怀疑的、以报复相威胁的"威慑"。但是，如果政府不能保卫自己的人民，那么它存在的首要理由就不复存在了。

这也许会被认为是严重夸张的说法，上述图景也当然与老一代人在今天看到的不同，但它却越来越成为现实。这就是我们需要回应的形势。年轻人不会像老一代人那样，受到他们热爱政府的记忆影响，年轻人看到的是政府的丑恶、无组织、无绩效与无能力，而不是老一代人仍然珍视的、仍在课堂中教导的那种幻想。

政府不能做的事

然而，在这个危机四伏的世界上，人们比以往任何时候都更需要有效的、真正运作良好的强政府。相比于任何社会，当今由各种组织构成的多元社会更需要这样的政府。相比于任何经济，当今的世界经济也更需要这样的政府。

我们需要一个这样的政府：它是组织型社会的中心机构，能够表达社会共同的意志和愿景，能够让每个组织为社会和公民做出最优贡献，并传递共同的信念和价值观。在国际事务上，我们也需要一个强而有效的政府，以便能够通过在主权方面做出必要让步来为国际社会和世界经济建立可以顺利运作的超国家机构。

实现多样性的出路不在于统一，而在于联合。社会的多样性不应被压制，每一个多元机构都是必需的，都在执行一项必要的经济任务。就像我一直努力指出的那样，我们不能压制这些机构的自治。无论政治辞令是否认可，这些机构的任务决定了它们应该自治。因此，我们必须创造一个联合的中心点，唯有强而有效的政府堪当此任。

相比于欧洲、北美和亚洲的发达国家，这一点在发展中国家、贫穷国家更为明显。有效政府是经济和社会发展的先决条件。

我们不能坐等出现新政治理论，或者完全理解这个多元社会之后才行动。我们不会再造美丽的"白马王子"政府，也不会再造芭芭拉·伍顿《要不要计划》中无所不能的"经济学王"。我们应该能够让政府成为一位称职的中年专业人士，让他朝九晚五地工作，并且干得很好——尽管其浪漫情怀早已消退，但至少他是一位受人尊敬的"好当家"。在这个过程中，政府可能会摆脱现在令其痴迷的狂妄自大，学会如何自我局限于现实的目标，并把做出的承诺削减至自己的交付能力之内。

某些事情天生不适合政府插手。由于政府本来就是按保护性机构来设计的，创新并非其擅长之事。实际上，政府不能真正抛弃任何东西：无论什么事，一旦政府采取行动，就会变得无法更改，更好的行政也不会改变这一点。政府正当的和必要的职能是作为社会的保护性、保存性机构，这正是政府不擅长创新的根源所在。

政府开展的一项活动、建立的一套机制、雇用的一批人员往往都会立刻成为政治过程本身的一部分。无论是英国国有煤矿业等夕阳产业，还是欧洲和日本的国有铁路，都是这种情况。无论斯大林式经济政策在捷克斯洛伐克、匈牙利、波兰等国多么无效，任何改变这些政策的尝试都会立刻引起对生产率最低的行业的担忧，当然，这些行业往往有着数量最多、工资最低、技能最差的人员。

政府无法放弃任何事情，这不只限于经济领域。例如，我们十几年前就已经知道，在全面战争时期对美国很有帮助的征兵制度，在"冷战"或"有限战争"时期是不道德的，而且会打击士气。没有人为我们目前的制度辩护，我们却年复一年地"临时"延长该制度。政府资助的许多研究项目同样无法放弃，政府对艺术的资助也是如此。政府项目的每个受益者马上会变成"选民"，他们会立刻组织起来，采取有效的政治行动，向决策者施加压力。

　　正如本书第 9 章所言，所有机构都难以放弃以往的任务，也很难停止做那些没成效的事情。人类的所有机构（就此而言，是所有的人）都致力于做自己已经习惯的事情，而不愿接受这些事情不再需要做或者不产生成果的现实。然而，相比于其他任何机构，政府承受着大得多的压力来捍卫昨天。事实上，政府对某项活动遭遇失败的典型反应就是将预算和人员加倍。

　　例如，历史上没什么能与美国政府的重大失误（福利政策和农业政策）相提并论的了。这两项政策很大程度上造成了它们本应治愈的弊病。我们早就知道这一点了——就农业项目而言，我们早在第二次世界大战前就知道了；就福利项目而言，我们从 1950 年起就知道了。

　　　城市贫民问题无疑是一个巨大的难题。历史上从没有哪个城市能像第二次世界大战后的美国城市那样吸纳如此大规模涌入的人口。在过去，这种情况无论发生在哪里，家族、社区、地方政府都会崩溃——18 世纪后期爱尔兰人涌入的英国城市；1840 年左右爱尔兰人涌入的北美城市；以及此后的欧洲大陆城市，例如 19 世纪末捷克人大规模涌入的哈布斯堡王朝的维也纳。在不到 15 年的时间内，就有将近 200 万乡村黑人和波多黎各人涌入纽约市，超过了此前任何一次移民潮。这在城市史上是史无前例的。

　　但是，假如我们没有作为，情况肯定不会更糟糕。实际上，在 19 世纪没采取任何行动的城市，情况反而好些。过去 20 年来，巴西圣保罗市的情况就是如此，该市被大批涌入的、刚刚摆脱农奴身份的乡村黑人淹没，但市政府并未采取任何措施——它现在的情况反而比纽约更好。

我们的福利政策不是为了解决这个问题而设计的。福利政策是为了临时救济那些仅仅因经济大萧条灾难而失业的有能力之人，作为这种措施的福利政策是完全合理的，而且非常有效。这些救济政策颁布于 20 世纪 30 年代中期，到 1940 年已基本完成任务。但作为政府项目，它们不能被放弃。庞大的官僚机构已经建立起来，对这些项目和口号已经投入了如此多的情感，以至于它们已经成为"新政"的"象征"。

因此，当 20 世纪 50 年代出现截然不同的问题（即乡村黑人大量涌入核心城区）时，我们去利用这些项目也就不足为奇了。难怪这些项目没有奏效，反而使问题恶化，增加了黑人群众的无助、依赖和绝望，因为这些乡村黑人就算有了一个工作岗位，他们也无法胜任。他们没有受过培训，而且他们尚未在城市中安家落户。

然而，当救济项目无法奏效时，我们能做的就是把预算翻一番，把参与填写表格的人数翻一番。我们无法摆脱这个项目。我们不能问："问题出在哪儿？需要做些什么？"

农场项目的情况也是一样。同样是在 20 世纪 30 年代，该项目的设计初衷是拯救家庭农场主，恢复其经济和社会健康。然而，该项目却为取代家庭农场的"产业农场"提供补贴，这些产业农场规模庞大、资本雄厚、生产率很高。这个结果可能比农场项目过去和现在旨在取得的结果更理想。但就农场项目所宣布的目标来说，这是一次严重的失败。然而，令所有人痛心疾首的是，增加预算只会加速家庭农场的消失。

为避免被解读为批评美国政府，请允许我补充一点，这些情况不分种族、信仰或国籍。

英国对萧条地区采取的政策可追溯至 20 世纪 20 年代。从那时以来，这项政策没有让任何一个"萧条地区"的经济恢复健康，而是有效地阻碍了劳动力向生产力更高、薪资更高、工作更好的地区转移。因此，它减缓了经济健康地区的增长。然而，只要意识到"萧条地区"仍然萧条，预算就会增加。在英国，众所周知的是，瑞典人在面临类似问题时，实际上是通过补贴劳动力迁出"萧条地区"，从而将其消除，而不是像英国人那样补贴效率低下的产业迁入"萧条地区"。但这对英国政府和公众没产生任何影响。

同样，第一次世界大战后，德国为使东部贫困的地主（容克贵族）与共和国和解，并为使他们成为有生产率的农场主而设计了"援助东部计划"（Osthilfe），这恰恰造成了完全相反的后果。该政策加剧了地主的困境，同时还惩罚了德国西部有生产率的农场主。这导致东西部的农场主都心甘情愿地成为希特勒的支持者。然而，在政治上所能做的一切，就是为"援助东部计划"筹集更多资金。

这不是说所有政府项目一定错误、无效甚至有害，完全不是这个意思。不过，即使是最好的政府项目，最后也会失去用途。遇到这种情况，政府的反应往往是："让我们加大资金投入，再做更多。"

政府的确是一个差劲的管理者。由于政府必然庞大而笨重，所以它一定会关注程序。此外，政府也很清楚一件事，它管理的是公共资金，必须解释清楚每分钱的去向。政府除了奉行"官僚主义"（这个词的常见用法）之外别无选择。

当然，政府是"法的政府"还是"人的政府"仍存在争议。但就定义来看，每个政府都是"形式"政府，这意味着成本必然很高。因为控制最后 10% 的要素往往比控制前 90% 的要素需要更高的成本。如果政府试图控制一切，那么成本一定高得离谱，但这是政府往往被期望去做的事。

之所以如此，不仅是因为"官僚主义"和"繁文缛节"，还有一个合理得多的原因：即使是"小小的贪污腐败"，对政府来说也是一项可怕的传染病，会很快蔓延到整个政府。然而，贪污的诱惑巨大，毕竟有机会经手巨额公款的公务员，其待遇并不太好，又领固定工资。政府中地位不高的人可能掌握权力，可以授予对他人而言极为重要的合同与特权——涉及建筑工程、无线电频道、航线、分区法（zoning laws）、建筑条例，等等。因此担心政府腐败并非没有道理。

不过，这也意味着不可能消除政府的"官僚主义"以及由此引发的高昂成本。任何不是"形式政府"的政府，都会迅速堕入丛林状态。

三四十年前热爱政府的那代人曾经天真地深信，政府会节约开支。人们认为，消除"利润动机"可以降低成本。这从一开始就不符合经济学原理。如果存在竞争，利润就能保证以最低成本完成任务。利润是最经济地配置资源（即成本最优化与成果最优化）的措施和指标。

当然，三四十年前的经济学家就知道这一点了。但是，在均衡经济理论（而不是动态和增长的经济理论）中，利润（如第 7 章所解释的那样）可以忽略不计。而且政府固有的浪费也没有公之于世。

政治人物的注意力并未置于 90% 的资金和精力所投向的现有项目和活动。这些项目和活动只能听天由命，任由平庸者摆布。政治（正确地）主要关注"新项目"，它关注的是政治"热点"，关注的是危机、问题与议题。政治不关注做某一项工作。无论何种形式的政府，政治都与管理型组织格格不入，并使政府缺乏管理绩效。

在政府中，忠诚比绩效重要，而且不得不如此。无论什么制度，第一个问题就是"他是谁的人？"在这方面，美国的总统制、英国的议会制、苏联的政治局制之间几乎没什么区别。在这之后，并且远在绩效之前，是对党派的忠诚与关系。事实上，如果某人表现出色，但属于错误的派系或效忠于错误的人，那么他就成了当权者的一大威胁。杰出人物的绩效使其免受政治人物和政治的影响，没什么人比这种人更不受欢迎了，也没什么人比这种人更让人感到恐惧了。进而，没什么人比忠实的追随者更值得珍视了。

我们已设计了周密的保障措施，以保护政府内部的行政结构免受政治进程的影响。这是每种公务员制度的目的。但是，这在保护行政机构不受政治扭曲和政治压力影响的同时，也"保护"了机构中的在职人员不受绩效要求的影响。当然，我们的官方说法是，公务员职务常任与卓越绩效是可以并存的。但如果我们不得不选择的话，我们可能会说，相比于政治，公务员的平庸是一种更小的恶。就司法机构（我们最早赋予"独立性"的机构）而言，这当然是对的。至于行政机构在多大程度上确实如此，则值得商榷。现在许多人开始相信，即使在公务员制度中，我们也需要某种奖优惩劣的方法。

然而，政府内部所奖励的依然是不"动摇"现有机构，也就是不创新、不主动，而是以适当程序做以前做过的事。在政治过程中，除非发生公开的"丑闻"，否则人们肯定不会关注正在进行的日常工作。因此，对政府日常工作的管理将继续被忽视，或被认为是遵照"程序"和填写表格的事务。除非同时建立起自己的政治机器，拥有自己的政治追随者、自己的派系，否则任何政治人物都不可能凭借作为一名出色的管理者而登上政治巅峰。

我们能够且必须大幅提高政府的效率。

例如，如今几乎没什么理由再坚持"100% 的审计"了。基于概率数学的现代抽样方法可以通过检查一小部分事件而实现更好的控制。没有任何一个像政府这样庞大的系统能够或应该以

100% 的效率运作，我们甚至希望这一点未来能获得立法机构的批准，并得到公众的理解。92% 的绩效目标更符合实际，也能以低得多的成本实现。我们最终可能会明白，在 500 亿美元的预算项目中，行政机关或军事机构多支付 5 万美元是无关紧要的，尽管这在今天被认为是政府作风散漫的糟糕例子，并立即导致多雇用 100 名记账员去查账。我们甚至可以让政府遵循"例外管理"的原则，即我们只审计成果与期望严重偏离的情况，尽管政府中经验丰富的行政人员可能会对这种乌托邦式想法嗤之以鼻。

我们更迫切需要的是：明确界定一项政策预期产生的成果，并根据这些预期对成果进行严格审查。我们需要在早期阶段就迫使自己承认，美国政府的福利政策和农业政策没有产生预期的收益。这就要求我们详细说明预期的成果，而不是满足于做出承诺与宣言。

19 世纪，审计总署成为每个政府的核心机构。我们认识到需要一个独立机构来控制政府的日常运作，确保拨款用在刀刃上，并且得到诚实的使用。现在我们可能必须设立一个独立的行政机关，负责比较政策成果与政策预期，并且在不受行政分支和立法分支压力的情况下，向公众报告任何未实现预期的项目。罗伯特·麦克纳马拉针对美军项目和政策的"成本/有效性"公式可能是建立这样一个新机构的第一步。约翰逊总统把成本/有效性公式引入美国的所有行政机关，或许是美国行政史上最重大的事件之一。

我们甚至可能更进一步——尽管只有彻头彻尾的乐观主义者才会在今天抱有这种期望。我们可以在政府中建立一套自动放弃程序，与其从一开始就假设任何项目、任何机构和任何活动都是永恒的，不如做出相反的假设：每个项目、机构、活动都是短暂的、临时的。我们可以从一开始就假设：除非明确地得到了延长，否则各项目、机构或活动将在 5 年或 10 年内终止。我们可以自我约束：除非取得当初承诺的成果，否则任何项目都不延长。我们希望，政府最终有能力评估成果，并系统地放弃昨天的任务。

然而，这些措施仍不会使政府转变为一位"执行者"。它们不会改变过去 50 年的主要经验教训：政府不是一位"执行者"。

政府可以是什么

政府的目的是制定根本性决策，并且是有效地制定这种决策；是集中社会的政治力量；是凸显某些议题；是提供基本的选项。

换句话说，政府的目的是治理。

然而，我们已通过其他机构了解到，治理与"执行"相互冲突。任何试图将治理与"执行"结合起来的尝试，一定会使决策能力瘫痪。任何让决策机构实际上去"执行"的尝试，也意味着极其糟糕的"执行"，政府不能专注于"执行"，政府的工作不在于此，也根本不关心此事。

现在，很多军人、公务员和医院行政管理人员开始向企业学习管理的理念、原则和实践，这不是没有道理的。过去的 30 年中，企业在一个小得多的范围内不得不面对现代政府如今面临的问题："治理"与"执行"无法兼顾。企业的管理层已经知道，两者必须分离，企业最高层（即决策者）绝不能插手具体事务，否则将无法做出决策，最终也无法完成该"执行"的任务。

上述说法在企业界被称为"分权化"（decentralization）。其实，这个词会造成误导，因为它暗示应削弱企业总部（即最高管理层）的权力。事实上，分权化是一项结构性原则和宪法秩序原则，旨在让企业总部（即最高管理层）变强，并有能力完成自身的任务。这样最高管理层就能够聚焦于决策和指挥，将"执行"工作留给经营管理部门，而每个经营管理部门都有自己的使命和目标，并有特定的行动和自治范围。

如果将这个经验用于政府，其他机构就会顺理成章地成为"执行者"。政府的"分权化"不仅是"联邦制"的另一种形式（即由地方政府而不是中央政府履行"执行"的职能），更是一套运用组织型社会中的其他非政府机构来"执行"（即贯彻、操作与落实）的系统性政策。

这套政策可以称之为"再私有化"。在19世纪，由于社会上最早的私营机构（家族）无法承担而被转交给政府的任务，将再次被转交给新的非政府机构，这些机构在过去的六七十年中雨后春笋般涌现并成长起来。

政府首先要问，这些机构是如何运作的？它们能够做什么？接下来再问，如何确定并安排政治目标和社会目标，使其成为这些机构取得绩效的机会？它还会问，这些机构的能力为政府实现政治目标提供了哪些机会？

如此一来，政府的角色将与传统政治学所描述的截然不同，传统政治学中，政府是唯一的机构，然而一旦实施"再私有化"，政府虽然还是核心的、最高的机构，但它将成为机构之一。

再私有化会带给我们一个与现有的社会理论假设完全不同的社会。在现有的社会理论中，政府并不存在，而是处于社会之外。然而，根据再私有化政策，政府将成为位于核心的社会机构。

在过去250年中，政治理论和社会理论始终分离。如果我们把过去50年来在组织方面的知识应用到政府和社会中，政治理论与社会理论将再度合流。大学、企业和医院等非政府机构将被视为实现成果的机构。政府将负责为实现重大社会目标提供资源，并作为多元社会的"指挥者"而存在。

我特意用了"指挥者"这个词。将今天的情况与 200 年前
音乐的发展状况相比较，也许并不会让人感到匪夷所思。18 世
纪早期，音乐界占主导地位的人物是伟大的管风琴演奏家，在信
仰新教的北方尤其如此。在管风琴音乐中，正如布克斯特胡德或
巴赫所做的那样，一件乐器或一位演奏者就能表达音乐的全部
内容。但如此一来，要成为一名音乐家就几乎需要超人的精湛
技艺。

到 18 世纪末，管风琴演奏家已经消失，取而代之的是现代
管弦乐队。在这种管弦乐队中，每种乐器只演奏一部分音乐内
容，站在前面的指挥者会把所有这些多种多样的乐器融入一个乐
谱并组合成一场演出。因此，似乎音乐的绝对界限突然消失了。
即使是海顿的小型管弦乐队，其音乐表现力也远远超越了上一代
最伟大的管风琴演奏家。

指挥者本人不演奏乐器，甚至不需要知道如何演奏乐器。他
的工作内容是了解每种乐器，并激发每种乐器演奏者的最佳表
现。他不是"演奏者"，而是"指挥者"。他不是在"执行"，而
是在引导。

因此，政治领域的下一项重大发展，也是让这位已届中年的失败者
（即疲惫不堪、过度扩张、软弱无力、虚弱无能的政府）重新变得有效所
需的发展，可能是"执行"（即社会任务的执行）的再私有化。这不一定意
味着"回归私有制"。事实上，今天东欧由共产党执政的国家（尤其是南
斯拉夫）正在推进完全不涉及所有权的再私有化。自治的企业通过市场销
售产品、获得劳动力和资本。

换句话说，重点在于各种机构不是由政府运作的，而是自治的。例
如，在盎格鲁美洲国家，由于合作社不由政府运作，所以它是"私立的"，

尽管如此，人们也不认为它是"资本主义的"。"私立"医院和"私立"大学也是如此。此外，德国的大学虽然是"公立的"，但它传统上几乎跟美国的"私立"大学一样享有自治权利。

因此，虽然各个国家和各个机构在所有权方面的法律规章大相径庭，但是再私有化可能创造出惊人类似的社会结构，其共同点是绩效原则而非权威原则。在所有这些国家和机构中，为执行某项重大社会任务而建立的自治机构都是"执行者"。政府将逐渐成为决策者、愿景制定者、政治"器官"。政府将设法理解如何构建一个特定的政治目标，使之对某个自治机构有吸引力。换句话说，政府将成为"指挥者"，深入思考每种乐器最适合做什么。正如我们赞扬某位作曲家创作出"可演奏"的音乐的能力，其音乐能够恰如其分地利用法国号、小提琴或长笛的特征，同样，我们也可以赞扬立法者有能力把某项特定任务构建得最好，使其最适合多元社会中某个自治、自主的私营机构。

在这种社会结构中，企业可能只是一种机构，却是一种非常重要的机构。至于企业归资本家（也就是投资者）所有，还是归合作社或政府所有，这是次要问题，因为即使是政府所有，企业也必须独立于政府，并实行自治（正如南斯拉夫所表明的那样），这不仅表现在日常管理方面，也表现在或许更重要的市场（尤其是竞争性的资本市场）地位方面。

企业之所以特别适合再私有化，是因为它主要是一个创新机构。在所有社会机构中，企业是唯一以创造并管理变革为明确目的的机构。其他所有机构最初都是为了防止或至少减缓变革而建立的，它们成为创新者只是出于必要，而且是极不情愿的。

具体来说，在政府存在重大缺陷之处，企业有两个优势。第一个优势在于，企业可以放弃某项活动。事实上，如果企业在市场上开展业务，它就不得不这么做——如果企业的资本供给依赖市场，那么就更是如此了。企业有一个限度，一旦超过该限度，即使最顽固的企业人士，并且无论他多么富有，也都无法抗拒市场的检验。当 T 型车卖不出去时，就连亨利·福特也不得不放弃。甚至他的孙子也曾不得不放弃 Edsel 汽车。

更重要的是，在我们所有的机构中，企业是社会会让其消失的唯一机构。

无论一所大学或一所医院变得多么多余和无益，都需要一场大灾难、一场战争或一场剧烈的革命才能让其消失。例如，美国天主教会一次又一次试图关闭已经不再有用的医院，但几乎每一次，社区中人们的怀旧情绪都会迫使据说非常专制的主教收回成命。

只有一位从国外派来的外国人（加拿大人）大主教，才能迫使英国耶稣会放弃其寄宿学校，即使该学校此前早已变得不合时宜。而这位外国人此后不得不迅速撤离英国，返回加拿大。20世纪40年代末，苏联人试图合并一些地方大学时，也有同样的经历。就连斯大林也不得不做出让步，撤销了该命令。

但是，当美国最著名的飞机制造商，也就是 DC-3 型飞机（军方和欧洲人称之为达科他型飞机）的设计者与生产者道格拉斯公司在 1967 年陷入困境时，美国公众和政府都没有伸出援手。若非一家竞争对手收购了这家公司，并将其并入自己的业务，我们便会接受道格拉斯公司的消失——当然，我们会用许多怀旧之辞来表示遗憾，但也会觉得"这毕竟是该公司自己的错"。

正因为企业可以盈利，所以它必须承担亏损的风险。

反过来，这种风险又会追溯到企业的第二个优势：在所有机构中，企业是唯一接受绩效检验的机构。无论利润率多么不充分，它都是一项有目共睹的检验。有人可能会争辩说，某个过时的医院是社区真正需要的，或者将来有一天总会需要。有人也可能会争辩说，再差的大学也总比没有好。校友或社区总是有"道德义务"来拯救"亲爱的母校"。

然而，消费者不会感情用事。假如有人告诉他，他有义务购买某家公司的产品，因为该公司已存在很长时间了，他会嗤之以鼻。消费者总是问："这种产品明天会为我做什么？"假如回答是"什么都不会做"，那么他会对该制造商的消失冷眼旁观，并且丝毫不会感到可惜。投资者也是如此。

这就是企业作为一个机构的优势所在。这也是保持其私有制的最好理由。流行的观点认为，不应该允许资本家获得利润。但资本家扮演的真正角色是可以牺牲的角色，其职责是承担风险并承受损失。相比于公共投资者，私营投资者履行这项职责的能力强得多。我们之所以想要私营企业，正是因为需要能够破产、可以消失的机构。我们希望至少有一种机构，它从一开始就能够适应变革，必须一次又一次地证明自己生存的权利。这是企业的设计初衷，正因为它旨在创造并管理变革。

如果我们想要一个真正强而有效的政府，我们就应该想要非政府所有的企业。我们应该希望私营投资者在自身利益的驱使下，根据自己的最佳判断做出决策，承担失败的风险。支持"私营企业"最有力的论据不是其创造利润的功能，而是承担损失的功能。正因为如此，企业是适应性最强、最灵活的机构。正是企业，需要接受尽管有限但很明确的绩效检验，也有其衡量标准。

企业是最有能力进行管理的机构，因为如果有衡量成果的标准，便可以确定工作的效率和投入的充分程度。在企业中，人们可以说："在控制95% 的成本，而不是 99% 的成本的时候，我们可以获得最高利润。因为控制并审计最后 4%～5% 的成本所须付出的代价，远远超过最后这些活动所能赚取的利润。"而对于医院病人的护理，人们不能这样说；对于大学的教学，也不能这样说；对于任何行政机关，都不能这样说。在这些机构中，人们不得不通过猜测和判断来表达观点。但在企业中，人们可以衡量。因此，企业是一切机构中最可管理的，是我们最有可能在成果和所投入的成本之间找到适当平衡的机构。企业也是唯一不需要把控制作为情感和道德问题的机构，当在企业中谈到"控制"时，我们讨论的是"价值"而不是"价值观"。

再私有化仍然是异端邪说，但不再是异端做法。当黑人权力的倡导者认真地建议把贫民区的教育事业交给私营企业，使其教育事业具有"竞争力"，并根据在教育贫民区儿童方面的公认表现来争取税款时，再私有化就很难作为"有权有势的富翁"的信条了。也许有人会说，美国城市中的黑人贫民区问题非常特殊——事实上确实如此，它体现了现代政府的极端失灵。但是，如果再私有化在这种极端情况下都能奏效，那么在不那么严重的情况下，效果可能会更好。

在国际领域，再私有化的一个例子是世界银行。虽然世界银行由各国政府建立，但它是自治的。世界银行通过在资本市场出售自己的证券直接筹资。国际货币基金组织也是再私有化的例子。事实上，如果我们建立起世界经济所需的货币与信贷体系，我们就将有效地把货币与信贷的创造及管理再私有化，而数千年来，货币与信贷向来被视为主权属性。

同样，企业也完全有能力成为国际领域的"执行者"。例如，跨国公司是我们通过人员与资本的"契约型增长"以实现经济社会快速发展的最佳机构。通过通信卫星公司（COMSAT），我们正在以跨国公司的形式组织全球通信业务（主权国家的另一项传统特权）。英国工党政府与跨国石油公司签订了勘探和开发北大西洋天然气田的合同，从而利用再私有化政策为英国带来了廉价能源。

在热带非洲的迷你国家，碎片化的部落导致政府不可能有绩效，而跨国公司可能是唯一有能力取得绩效的机构。

但无论在国内还是在国际上，企业当然都只是一种机构，而且只能完成一项任务，即经济任务。事实上，重要的是（如第 9 章所讨论的那样）把企业和其他所有机构限制在各自的任务范围内。因此，再私有化需要利用其他非政府机构，如医院和大学来完成其他非经济的"执行"任务。事实上，设计新的非政府自治机构，使其作为再私有化条件下取得社会绩效的行动者，这很可能成为未来政治建筑师的一项核心工作。

> 我们有了世界大学的最初雏形——其起源也许是伦敦大学在大英帝国最后几十年里逐步推广到新机构的"校外认证"。如今，美国的大学正在建立越来越多的跨国机构。此外，拉丁美洲各国也涌现出一批积极进取的新商学院，其中分布在 9 个国家的 9 所不同的商学院越来越像一个机构那样运作，它们拥有共同的目标、共同的师资，也有交换项目和交换生。事实上，跨国大学可能是我们阻止甚至扭转"人才流失"的最佳工具。

我们不会面临"国家的消亡"（withering away of the state），相反，我们需要一个精力充沛、充满活力的强政府。不过，我们却面临一个选择：是要一个大而无能的政府，还是要一个只管制定决策并指明方向、把"执行"工作留给其他组织的强政府。我们不会面临"自由放任主义的回归"，任凭经济自由发展。经济领域不能也不会被认为在公共领域之外，经济部门（以及所有其他部门）面临的选择不再是要么被政府完全忽视，要么被政府完全控制。

在这个多元的组织型社会中，我们在所有重要领域都有了新选择——这是一种有机的多样性，其中的机构被用来做它们最有能力做的事情。这是一个所有部门都"受公共利益影响"的社会，而且每个部门中都有一个特定机构，该机构在自己的管理下，致力于自己的工作，作为采取行动并实现绩效的器官而存在。

这是一个错综复杂的结构。只有各机构都严格聚焦于自己的领域，严格尊重其他机构的完整性，机构之间的这种共生关系才能发挥作用。再次使用管弦乐队的比喻，每位演奏者都必须满足于演奏好自己那一部分。这对政府来说是最难做到的，尤其是在过去 50 年中，政府一直受 18 世纪管风琴演奏家的信念鼓舞，自认为能够且应该演奏所有乐器。但是，每个机构都将不得不吸取同样的教训。

再私有化不会削弱政府。事实上，其主要目的是让出现严重问题且不能正常运作的政府恢复自身的优势和取得绩效的能力。我们不能再沿着过去 50 年间政府的老路走下去了。否则，我们只能设立更多官僚机构，却得不到更高的绩效。我们可以征收更多税，但无法得到公众的奉献、支持和信任。政府可以腰围更粗、体重更沉，但无法增加力量和智慧。如果我们继续走老路，那么就只能让政府的弊病越来越恶化，人们对政府越来越不抱幻想。这种做法会引发暴政，也就是导致政府有组织地对抗自身所处的社会。

这种情况在历史上已经发生得够多了。但在一个多元的组织型社会中，旧有的做法不可能长期有效。现代社会的结构及其任务是与一元化政府不相容的。一元化政府要求实行绝对独裁，而从没有哪个一元化政府能够在独裁者死后长期存在。

归根结底，我们需要一种新政治理论，也许需要全新的宪法。我们还需要新观念和新社会理论。当然，现在我们无法知道这些新观念和新理论是否会出现，也不知道其内容是什么。不过我们至少知道一件事，即主要因为政府的绩效太差，我们已对政府不抱幻想。可以说，在多元社会中，我们需要一个能够治理且确实在治理的政府。这不是一个"执行"的政府，也不是一个"行政"的政府，而是一个从事治理的政府。

个人如何才能生存

学生运动不是什么新鲜事。但是，当今社会最有特权的群体——青年大学生的疏离，确实是一种非常新的现象。

所有早期的学生运动都是地区性的，针对的是个别国家或社会的特定机构。西方国家学生运动的主要前奏——拿破仑战争后欧洲大陆学生反对专制政府的运动便是如此。那时的学生运动在俄国、德国和意大利引发了长期的激烈斗争，但在莱茵河以西的国家只引起了微弱反响，英国则完全没受影响。

然而，现在有了一个真正的"学生国际"。当然，他们没有中央指挥，没有共同信条，但有一个共同的敌人——组织。如今的学生"积极分子"反对任何形式的组织及其当局。归根结底，他们反对以往组织、大学和政府中的所谓"好人"。天主教会的年轻神父和宗教人士同样反对罗马教廷及其当局。在 1968 年 5 月反抗所有当局的骚乱中，传统上象征着反抗的共产党，也成为法国学生和年轻工人的主要针对目标之一。

越南战争和黑人贫民区的种族问题也许可以解释美国年轻人的反抗行为。但这两个原因很难解释意大利学生冲击大学校园，波兰和南斯拉夫学生同政府、警察发生冲突，印度和印度尼西亚学生爆发骚乱，这是一种有组织的无政府主义。很显然，越南战争和黑人贫民区的种族问题只是引发反抗的导火索，而不是"原因"本身。

年轻人感知到，当今社会已成为一个组织型社会，它与我们的教科书、政治辞令、惯例习俗中描述的社会形成了鲜明对比，这种感知是正确而现实的洞见。然而，年轻人对组织型社会的回应是徒劳的。没有任何迹象表明，我们的社会已决定放弃只有组织才能提供的服务。我们不愿放弃国防和教育，不愿放弃经济产品和服务，也不愿放弃医疗保障。提供这些服务的组织不会消失。否定组织并不会使其消失，甚至不会削弱其权力。

事实上，不屑于接受权力只会让权力更暴虐。权力必须得到使用，这是现实。如果正人君子和理想主义者把权力扔进阴沟，那么流浪汉就会把它捡起来。如果有能力的、受过教育的人拒绝负责任地行使权力，那么不负责任之人和无能之辈就会占据强者的位置并接管权力。未被用于社会目的的权力会被用来谋求个人目的。在最好的情况下，权力也不过是被那些因胆怯而变得专横跋扈、独断专行、一派官僚作风的野心家接管。

无政府主义是一种有效的哲学立场，它也许是唯一"纯粹"的政治理论。无政府主义唯一的问题是，它行不通。在实践中，无政府主义不可避免地会导致压迫，而首当其冲的受害者正是这些哲学上的无政府主义者自己。

但是，在如今年轻人对组织的反抗中还有更大的危险：他们容易受到伪领导者的影响。年轻人拒绝领导，这不是真的。实际上，年轻人寻求领导，也需要领导。如果他们在现存体制中找不到领导，甚至在"忠诚的反对派"中也找不到，那么就很容易成为煽动者的猎物。如果年轻人"不相信 30 岁以上的人"，那么到头来就只能相信装嫩的人，因为他们总得相信某个人。

如今打着"理想主义"和"真诚"旗号的学生"积极分子"，与第一次世界大战前后的德国青年运动成员有着惊人的相似之处。甚至连外在形象都很相似，包括留长发、唱民谣，以及喊着诸如"做爱，不作战"之类的口号。然而，德国青年运动中那些理想主义的、反权威的"漫游者"（他们也不相信"30 岁以上的人"）很快就变成了狂热的、忠诚的、盲目的纳粹分子和希特勒崇拜者。年轻人想要也需要信仰，而煽动者是"真诚的"专家。

"积极分子"只是当前年轻人中的一小部分。"极端狂热者""嬉皮士""垮掉派"是更小的一部分。今天的绝大多数学生都会像其前辈那样很快陷入传统的窠臼。他们很快就会顺应中年生活，就像现在他们响应"激情燃烧的青春岁月"那样。他们可能继续抱怨"组织人"。但是，正是年轻的工程师、科学家，尤其是那些迫切想被孩子们"接受"的年轻大学教授在迫使组织墨守成规。没人比这些"传统上的非传统者"更顺应了。

学生向来不安分。突然间，各国学生人数急剧增加。在很大程度上，目前的学生运动只不过是"教育爆炸"的一个症状，因为我们现在把大量年轻人留在了学校，而在以前，他们这个年龄的人都已经参加工作了。

今天绝大部分大学生出身于没人受过高等教育的家庭，这本身就是学生运动兴起的一个主要原因。从这个角度来说，目前的学生叛逆堪比传统上美国第二代移民对其父母移民背景的叛逆。正如那些来自爱尔兰、瑞典、犹太或意大利家庭的叛逆孩子很快就会安定下来，成为一名惬意的美国中产阶层成员一样，今天的学生也有望很快安定下来，成为"教育型社会"里中产阶层的成员。

现如今，代沟尤为明显。我们社会的平均年龄比以往很长一段时间以来的平均年龄都要年轻。然而，由于寿命（特别是工作年限）已经大幅延长，活得更长的老年人比以往多得多，而且领导者担任领导职位和掌权的时间也更久。在现代史上，从未有过这么多受过教育的年轻人，而领导层也从未如此老龄化过。在每个机构中，在每个国家中，领导职务仍主要由第一次世界大战前出生的那代人占据。实际上，直到最近 10 年，领导职务才交给 20 世纪出生的人。

对于经历了第一次世界大战、20 世纪 20 年代、经济大萧条的那些人而言，其成长经历相比于第二次世界大战结束时尚为儿童但如今已 30 多岁、步入中年的人，差距之大可谓罕见。对第二次世界大战后出生的人来说，其长辈身处的世界，即 20 世纪 30 年代和 40 年代初的世界，几乎是不可想象的。基于更早期经历的行动与行为，也就是在长辈们看来自然而然的行动与行为，在年轻人看来一定是非理性的、毫无意义的、完全无关紧要的。

因此，年轻人的疏离可以解释为：这只是一小部分人的行为，只不过是一种时髦、一种短暂的"悲观厌世"（Weltschmerz，常见但很少致命的青春期疾病）的当前表现形式，或者是一种人口统计学上的偶然现象，很快就会得到纠正。但作为一种症状，年轻人的疏离需要得到认真对待。这种疏离的背后是社会和政治理论尚未看到组织型社会给个人带来的问题，更别说回答了。

"学生积极分子"当然不会回答关于个人在这个多元组织型社会中的命运和角色的问题。事实上，他们甚至没打算回答这个问题。然而，学生的反抗表明，这个问题至关重要，必须得到解决。

决策的重担

弗洛姆的第一本书《逃避自由》（1940 年）撰写于第二次世界大战前

夕，旨在解释极权主义（左派的或右派的）在第一次世界大战后对年轻人的吸引力。今天，如果有一本类似的书试图解释年轻人的疏离，那么它很可能名为《逃避决策》。

归根结底，正是组织型社会强加给年轻人的决策重担，让他们感到害怕并加以抗拒。突然间，他们可以选择自己的职业了；而就在不久之前，大多数人的职业在他们出生时就注定了。突然间，他们要做出关于知识方向和知识目的的决策。突然间，我们必须出台新的经济政策；我们既不能再相信亚当·斯密提出的"互补性贸易"会自动运行，也不能再相信"历史必然性"模式。突然间，我们掌握了足够的医学知识，不得不做出决定人生死的决策（例如心脏移植或人工肾脏）。

年轻人言辞激烈地抱怨被"操纵"，但其行为清楚地表明，令其害怕的是决策的重担。他们想要"退学"，这样就可以逃避决策，无须选择，不用承担责任了。

逃避决策也是一种决策，而年轻人将会发现，这种决策最不可能正确无误。例如，那些为了逃避决策而继续攻读研究生，或者加入和平队（Peace Corp）的学生，很可能在几年后发现他们实际上做出了错误决策。如果他们失去的只是时间，那就太幸运了。

但是，年轻人的回应虽然徒劳无功，却再次反映出真正的洞见。组织型社会要求个人自己的事情自己决策。乍一看，这种决策似乎只跟职业和生计有关。"我该做什么？"这是人们通常提问的形式。但事实上，这反映出一种要求：即个人要对社会及其机构负责。继续要问的是"我想要致力于什么事业？"这个问题的背后是要求个人对自己负责。对面对众多选择的年轻人来说，真正被要求思考的问题是"我自己该有什么用？"而不是"我该做什么？"组织型社会迫使个人扪心自问："我是谁？""我想成为怎样的人？""我想在生活中付出什么，又想从中得到什么？"

对所有人而言，尽管这些问题是以世俗形式表达的，表现为在政府、企业或大学等不同组织的工作岗位之间做选择，但它们都是存在主义的问题。几个世纪以来，没人问过这些问题——起码没有西方人问过。400 年前的新教改革最后一次将其作为每个人都要回答的普遍问题提了出来。中世纪的天主教给出了通过遵守教义而"自动"得救的答案，而改革后的宗教则要求个人扪心自问："为了得救，我想成为怎样的人？"

自从 17 世纪中叶笛卡儿将人的灵性存在作为无关紧要之物弃置一旁以来，西方人就开始关注人之外的事物，即自然和社会。在 19 世纪的所有主要思想家中，只有克尔凯郭尔问："人的存在如何可能？"对其他所有思想家来说，这是一个毫无意义且不合时宜的问题。他们问的都是："社会何以可能？"卢梭问过这个问题，黑格尔问过，古典经济学家也问过。马克思用一种方式，自由派新教（liberal Protestantism）用另一种方式回答了该问题。在过去两个世纪的西方历史中，备受关注的一直是社会及其权利、功能、绩效。[⊖]

如今，近几个世纪以来的第一次，我们再次面对个人意义、个人目的和个人自由这些古老的问题。麻醉药品和避免使用肥皂是答非所问。但起码，当今全世界年轻人的疏离，使得这些问题将不得不被考虑。组织型社会提供了选择，因而也把决策的重担强加给了个人。组织型社会要求个人承担自由的代价，即承担责任。

自由的领域

极权主义不同于以往所有的暴政，因为它旨在完全控制社会，而不仅仅是控制政府。这就是极权主义的危险所在，在现代社会中，每项社会任务都在某个大型组织中且通过大型组织来执行，完全控制似乎既有吸引力

⊖ 这段话摘自我的文章《"不合时宜的"克尔凯郭尔》，它首次发表于 1949 年秋季号《塞万尼评论》（*Sewanee Review*）。

又有可能性。

但与此同时，在这样一个社会中，传统的、纯粹政治暴政的危险也微乎其微。只要不允许某个组织成为唯一的组织，多元社会就能确保不受任何单一团体的支配。正如加尔布雷思在近 20 年前指出的那样，多元社会是一个"制衡权力"的组织。[⊖]事实上，正如历史告诉我们的那样，多元的危险不在于被某个利益集团支配，而在于优柔寡断或陷入相互竞争的"制衡权力"的僵局。

但即使强有力的机构相互竞争、陷入僵局，个人仍可能受到压迫。加尔布雷思坚持认为，在权力的夹缝中有自由的前景。但这是一种战战兢兢的生活。小黑人桑波（Little Black Sambo）确实因为"老虎们自相残杀"而得以幸存。但我怀疑小黑人桑波是否喜欢这段经历或者愿意再经历一次，更不用说在那些相互撕咬的虎口间度过一生了。

> 已故的新左派社会学家 C. 赖特·米尔斯（C. Wright Mills）关于新"权力精英"（立足于企业、军队、工会、大学等组织的管理者的阴谋）的论述是站不住脚的。阴谋很少，成功的阴谋更少。这种特殊阴谋是米尔斯想象出来的。然而，新左派对此深信不疑，这个事实应该引起我们的警惕。即使这些"精英"认为他们彼此之间存在激烈的竞争，但对个人而言，他们很可能就像小黑人桑波眼中的老虎。谁都不能保证，它们在任何时候都不会联合起来共同对付个人。而 10 分钟后，它们会再次相互撕咬，但被吞食的人并不能因此而获得多少安慰。

在这样的多元社会中，自由只有一种可靠的保障：每个机构都局限于

⊖　参见 J. 肯尼斯·加尔布雷思（J. Kenneth Galbraith）：《美国资本主义》（*American Capitalism*, Boston: Houghton Mifflin, 1952）。

自身的任务与使命范围。每个机构都聚焦于自己的任务，这既是一项管理要求和社会要求，也是一项政治要求。任何机构稍有要为超出自身狭窄范围的事项"负责"的企图，都应该被视为篡夺权力。尽管它们可能是出于好意。从短期来看，这可能符合社会利益，也可能确实是完成并做好某项紧急任务的唯一途径。但这与自由社会不相容，是对自由的威胁。

需要对行政机关强调这一点。行政机关不是主权的一部分。它不是决策、治理以及指挥有识之士的必要组成部分。行政机关是社会的一个"器官"，负责执行某项特定的、特殊的、局部的任务。至于行政机关的所有权是公有的，其管理层由政治当局任命，这些都无关紧要。事实上，让行政机关成为"主权"的一部分，就是篡夺权力。

公众知道这一点。人们认为有必要在"行政机关"和"政府"之间划清界限。当法官罢工时，公众即使不感到愤怒，也会感到不安。然而，当地铁工人罢工时，市民会将其视为劳资双方之间的又一场斗争，尽管这比法官罢工给他带来的不便和危险更大。伸张正义是主权的职能，而交通运输虽然重要，却只是一个"产业"。把经济斗争添加到主权的职能中并不恰当，也会触犯众怒。在一个产业中开展经济斗争，虽然会造成困扰，却是适当的。在 1968 年 5 月的法国大罢工中，最先罢工和最后复工的都是国有产业的人员，尤其是汽车和飞机制造厂的工人。

换句话说，我们正在接近这样一个时刻：我们对各种罢工的区分不是形式上的和法律上的区分，而是实质上的区分。行政机关的雇员是否参与已无关紧要。我们已经认识到，某些领域对现代社会的正常运作和存续至关重要。这些领域所提供的服务的中断是对公众的威胁。是否应该允许中断以及在什么条件下允许，这是一个存在激烈争议的难题。然而，无论这类服务是否由政府提供，解决办法都一样。而"国有化"某项服务并不是解决办法。

然而，这种区分同政治理论与公法仍坚持的立场完全不兼容。政治理论与公法仍遵循约翰·奥斯汀（John Austin）在 19 世纪提出的"形式主权"学说。两者都仍然认为，一切都是"主权者"的行为或领域，可以通过形式的、逻辑的分析追溯到具有法律效力的"主权者"法案、法律、法令或判决。他们认为，包括国际象棋俱乐部在内的每个机构都是政府的一个"器官"，而每个政府机构都是最终的主权者"工人阶级"的化身，因此它是绝对无误的。

在多元的组织型社会中，规则必须与此相反：每个组织，无论其法律地位或所有权如何，都是一种为了实现特殊目的的工具。只有在其行动对实现该目的有必要时，它们才是正当的，否则它们就是无价值的、无效的。功能而非形式决定了对一个组织而言何为合法。

然而，这也意味着，无论法律形式如何，执行不同任务的机构必须自治。多元社会中的个人自由要求机构自治。

相比于我们的理论或言辞所表明的，实践可能已经在这个方向上走得更远。把邮局转制为"公营公司"可能不会带来其倡导者所承诺的效率大幅提高。但是，邮政通信自罗马时代起就被视为一种"主权属性"，而现在我们竟然可以认真地讨论这种转制举措，这清楚地表明，我们已经在考虑功能而不是形式了。事实上，没有人（除了邮政工人工会）会再对邮政服务最终可能被"再私有化"的想法感到震惊。甚至很少有人会对下面的说法感到惊讶：20 年后，我们可能完全放弃邮政服务，因为它不再有能力同形式新而不同的电信服务竞争，无论它曾经是一种多么根深蒂固的"主权属性"。

传统上，自查士丁尼时代以来，欧洲法学理论将法律分为"公法"与"私法"。如今我们可能不得不增加第三类：组织法。组织法将是"私法"，即使该组织是政府所有，并由政府运营；但组织法也将是"公法"，即使该组织完全由私营投资者所有，并由其代表者经营。每个机构都被认为仅限于为社会成员提供它旨在提供的特定服务，因此是"私营"机构。然而，由于每个机构都在其范围内拥有权力，因此，用美国律师的优雅辞令来说，它会"受公共利益影响"。

我们需要这样一种新观点，即所有组织都是自治的和有限的，这既是为了让组织发挥作用，也是为了保障个人自由。

我们可能得运用类似的方法来深入思考组织内部的权力，即组织对所谓"成员"（member）拥有的权力。"成员"这个词本身就是不允许的。就组织对人拥有的权利和权力而言，只有"雇员"（employees）。"成员"意味着机构可以进行控制，实际上意味着两者之间的联系不可分割。辞退某位成员就是要毁掉组织（或这位成员）。手臂如果不作为身体的"成员"，就无法持续存在。然而，雇用是一种具体且有限的合同，在这种合同中，双方都保留了自己的身份和自由，而且雇用合同总是可以随时终止。这看起来似乎像是语义上的狡辩，但在 200 年前卢梭曾经教导我们，个人自由的最终保障是可以移民的权利。

我们需要防止雇主任意取消雇用合同。法律有责任保护合同关系中的弱者，并限制强者滥用其优势。因此，对任意终止雇用的权利加以限制是正当的，尽管这会妨碍社会适应变革的能力。但如果多元的组织型社会要有一个有意义的个人自由领域，那么对雇员的流动进行限制就是非常不正当的，也绝不能被允许。

这对社会的核心雇员——知识工作者而言尤为重要。现如今，在这种自由尚不存在的地方，我们已看到知识工作者在要求这种自由。

例如，如果日本雇主放弃"终身雇佣"的传统，那么受过教

育的日本年轻人会最不高兴。他们强烈反对下面这种企图：赋予雇主解雇除最高管理层成员之外任何人员的权力。但是，他们越来越要求自己有权离开，另谋他职，尽管这有悖传统。日本电子产品制造商索尼公司在吸引优秀人才方面做得非常成功，该公司管理者把这归功于他们为在其他公司工作的优秀人才提供高级职位，也帮助想离开的员工在其他地方找到更好的工作——两者都不符合日本的传统。同时，每位索尼员工都享有"终身雇佣"的全部"权利"，一旦入职，只要他愿意就可以一直拿工资，直到退休。

日本其他雇主仍然害怕这种流动。他们担心工程师、会计师、计算机专家这类知识工作者的流动。当然，在任何社会中，流动的人都只占少数。[⊖]重要的是，流动渠道要保持畅通。这就要求，员工既可以辞职，也可以另谋他职。这两种选择都必须在无须付出高昂的法律或经济代价的情况下实现。害怕人员流失最能激励雇主尊重人。

限制人员流动最危险的做法，不是警察的栅栏，而是呈现为福利的束缚。现如今，组织里人员流动的最大障碍是"金镣铐"，如养老金项目、股票期权项目、延迟薪酬方案等。我们利用这些福利把管理人员、专业人士和技术人才绑定在某个特定雇主那里，但我们对这些福利应该持严重怀疑态度。雇员自己迫切渴望获得这些福利，因为它们提供了一种逃避沉重税收负担的手段。但反过来，它们又受到政府和税务机关的青睐，甚至被给予补贴。但这些福利项目会危害社会。当然，危害社会的是政府而不是雇主（无论是企业还是大学）。政府通过提供税收优惠，让这些福利项目

⊖　日本人和欧洲人都过分夸大了美国产业界实际"跳槽"的程度。在最初 5 年之后，美国绝大多数知识工作者都会像欧洲人一样安定下来，并且几乎像日本人一样没有流动性。

变得几乎不可抗拒，从而表明它们是公共政策所渴望的。

　　中世纪欧洲的农奴制最初是农民热切追求的一种"雇员福
利"。农奴制保障弱者得到强势领主的保护，尤其是修道院中修
士的保护。农奴制保障穷人可以享用自己微薄土地上的农产品，
防范勒索税金和贡品的贪婪之人。然而，在一代人的时间里，农
奴制就使农民丧失了自由并受到束缚。最糟糕的镣铐就是让我们
的自我利益来奴役我们的镣铐。我们必须特别警惕这些镣铐。

　　除了在法律上防范压迫性权力，我们还需要在行政上防范压迫性统
治。在组织中，小人物掌握很大权力。邮局的柜台办事员在邮局里是无名
小卒，在家里可能也无足轻重。但除非受到严格约束，否则他能够且将会
"肆意妄为"，像个高高在上的官员那样辱骂公众，让公众苦苦等候，等
等。如果通过提醒他"领取薪资就是为了服务公众"就能使他改变，那么
法国或奥地利的邮局办事员就会成为最体贴、最友善的公仆，而非最令人
讨厌的小暴君了。相比之下，美国的邮局办事员通常都很体贴、乐于助
人，这是因为有"邮政督察员"制度，督察员会秘密监督办事员的行为，
并对存在官僚主义作风的办事员加以惩戒。

　　随着组织成为普遍存在的社会现实，保护个人免受行政惰性、傲慢和
小暴君的侵害，已成为对个人的基本保障。

　　这就是瑞典设立申诉专员（ombudsman）职位背后的理念，
申诉专员的职责是保护公民免受官僚主义的侵害。申诉专员（或
邮政督察员）的所作所为远不如其存在那么重要。知道有这些人
存在，知道这些人是独立的，知道若被他们发现自己玩忽职守就
会非常痛苦，这是一种强有力的威慑。申诉专员无法阻止专政对

自由的颠覆，但能够遏制疏忽怠惰、粗心和傲慢对自由的侵蚀。申诉专员迫使官员在冷漠地把个人当作"个案"处理之前进行三思。他不能使粗鲁之人变得彬彬有礼，但可以让轻率自私之人变得周到一点。

申诉专员最需要小心翼翼保护的一种个人权利就是隐私权，而且是针对所有组织的隐私权。可以肯定的是，这类权利以往不曾有过。在过去的社区（部落、村庄和小镇）中，没人知晓隐私权。只有住在洞穴中的隐士曾拥有过隐私。其他人的一举一动、一言一行都是公开的，至多只有思想是隐私的。即使是早期最伟大的人物也没有隐私可言。事实上，没人比历史上国王的生活更没有隐私了。相比于路易十四不得不忍受的完全没有隐私的生活，生活在媒体镁光灯下的现代统治者也有较多隐私。

隐私是工业革命和中产社会带来的福音。真正想要隐私的人可能不多。然而，在一个由强有力的组织构成的世界里，隐私是自由的必要保障。保护公民的隐私是我们需要的重要政治创新之一。我们应当时常问这个问题：有必要了解个人的信息吗？如果答案是"不"，那么即使个人完全愿意提供，也应该拒绝收集。隐私并非一种个人特权，而是一种社会需要。因此，除非能证明某种社会需要至关重要，否则就应该设法停止收集个人信息。

我们可以把所有关于个人的信息（以及错误信息）放到计算机存储器中，但这并不是我们关注隐私的原因。计算机存储器只是用机械来表达一种组织事实。组织依靠信息运作，因此总是试图搜集尽可能多的信息。组织真正需要的信息（因此理所当然地"受公共利益影响"）与公民的隐私（对其自由至关重要）之间的界线需要确立，并需要一再得到重申。

在多元社会中，组织无所谓好坏。所有组织都是被需要的，然而所有组织都可能堕落。所有组织都会受到官僚主义疾病的威胁，这种疾病让官僚体制的程序、惰性和便利凌驾于组织的基本理念（满足个人的需要或欲求）之上。因此，在所有组织内部或针对所有组织，我们都需要申诉专员。申诉专员需要支持个人对抗企业的管理层，还需要支持个人对抗工会，无论后者声称自己多么"代表工人"。在行政机关中或针对行政机关，我们也需要申诉专员，大学同样如此。打个比方，申诉专员是组织的医疗保健人员——或者起码是组织的"牙刷"。

所有这些都可被概括为一个总命题：包括行政机关在内的每个组织都必须专注于自身的特定任务，必须被迫把权威和责任限制在狭义的、严格解释的任务上。对一个多元社会而言，严格遵守特定目的和狭窄界限是自由的第一法则。

无论所有权归谁，企业都应坚持提供经济产品和服务，从而期待获得经济回报。大学应该坚持促进和传授知识，并使之有效。军队应该坚持保卫国家。毫无疑问，让企业承担"社会责任"是很有诱惑力的——而且受邀承担社会责任也会让企业人士感到欣慰。对国防部而言，将其强大的购买力用于推动教育改革（正如麦克纳马拉先生在担任国防部部长期间所提议的那样），这是很有诱惑力的，而尤其有诱惑力的是，让大学来扮演满足社区需求的"万能保姆"角色。然而，不论多么出于善意，这些做法都是不负责任的，是篡夺权力。这些做法超出了机构得以存在所依赖的权威，也超出了机构的任务范围，而该任务的完成是机构获得权威的唯一理由。

多元社会不会因男爵们的权力欲而堕入暴政，因为某位男爵的权力欲很容易被其他男爵的权力欲遏制。查理大帝（Charlemagne）时的欧洲之所以堕入暴政，是因为修道院的院长和主教（他们是一个暴力和邪恶社会中的善良、圣洁之人）承担起了与他们无关的"社会责任"，即司法管理。这只是意味着，那些强大且邪恶的大男爵们在用武力从修道院院长手中夺取司法特权时，不会遭到任何反对。

长久以来，历史学家一直认为，英格兰的崛起很大程度上依靠王权掌控司法。金雀花王朝的国王们通过征服权统治着英格兰（此外，他们也不是美德或有效性的典范），绝不允许其他人染指司法管理。英格兰与欧洲大陆的区别，不在于大主教对司法自治的主张，而在于托马斯·贝克特关于承担"社会责任"以追求正义的主张遭到了镇压——以残酷而怯懦的刺杀的方式，但这却是有效的镇压。英格兰国王们知道，在多元社会中，权威不能只授予某个有影响力的团体，而不授予其他团体。相对于全体教徒的权威不能只授予大主教，而不让男爵们不以任何"社会责任"的幌子来攫取权威。

我们必须再次认识到，我们授予某个多元机构（例如行政机关）的权力，其他所有机构最终也会要求拥有。如果我们不希望出现这种情况，那么最好剥夺其中任何一个机构（包括行政机关、大学或政治传说中的其他任何"好机构"）的权力。我们必须认识到，所有组织都是社会的工具，每种组织的"善"只适用于特定目的，超出这个目的之外的"善"就是一种"恶"。

作为个人机会的组织

到目前为止，我们一直在讨论德意志人所谓"法治国"（Rechtsstaat）：一个保护个人免受当局滥用权力之害的政治社会。我们一直在谈论为个人提供一个不会被组织追捕的保护区、一个组织之外的"国家公园"，在那里，个人将不受干扰地生活在其"自然栖息地"中。

但是，对自由社会来说，这种免于权力滥用的自由是不够的。自由社会有赖于做出负责任决策的自由。

现代组织把个人从狭小而严苛的部落、村庄、小镇环境中解放了出来。正是现代组织为受过教育的人创造了机会，使他们能够把知识用于工作，并从中获得报酬——而且是相当高的报酬。但是，这些好处也把决策的重担强加给了个人，迫使他自己对"想作为什么样的人、想变成什么样的人"负责。

组织应该是什么样、应该变成什么样，上述好处也把这方面的责任强加给了个人。那么，个人应该对组织有何要求？为了让组织服务于其目的，个人必须做什么？我们将不得不学会要求组织为个人提供身份与功能。⊖但对我们自己而言，我们必须要求自己学会如何利用组织，并将其作为我们取得成就和成绩的机会。

年轻人抗议组织把个人视为工具，他们是对的。但当把这件事归咎于组织时，他们就错了。他们从没有问过自己："我怎样才能让组织为我的目的和需要服务？""我如何才能让它使我表现良好、有所成就、做出贡献？"

年轻人抗议成为计算机的"输入"，这是可以理解的。但他们把自己巧妙地打扮成打孔卡片的形象，举着"不要折叠、不要损坏、不要打孔"的口号牌游行，这种做法没有抓住要点。因为打孔卡片的用途就是如此。问题在于："我们如何才能把计算机及其卡片作为实现个人目的的工具？"为了做到这一点，人们必须对计算机略有了解——即使人们只知道拔掉插头可以让计算机停止运转（那些有关计算机将统治世界的虚构神话往往忽略了这一点）。然后，人们马上就会看到，对了解计算机的人来说，计算机代表了个人的解放。计算机的目的是让我们不再把时间花在

⊖ 这一点请参阅我的《新社会》(*The New Society*, New York: Harper & Row, 1950)。

"核查"上，而是把时间花在需要洞察力、想象力、人际关系和创造力的任务上——这些正是年轻反抗者们宣称相信的任务。

这只是一个例子。现代组织要求个人学习一些他以前从未有能力做的事情：明智地、有目的地、深思熟虑地、负责任地利用组织。如果个人逃避这项任务和相应的决策，那么组织将真正成为他的主人。如果个人承担起这项责任，那么他将获得自由并掌控局面。

组织自身也只是模糊地看到了这一点。然而，今天我们越来越多地谈论"自由型组织"，认为它只适用于知识工作——无论是在企业中，还是在军队、大学与政府服务部门中。这是一种纪律转移到个人身上的组织，它通过任务而非等级进行控制。对那些相信真爱包括滥交（就像年轻人总是倾向于相信的那样）的人而言，这当然仍是"约束"。然而，实际上这是责任。

要使组织型社会成为一个自由社会，个人就必须承担责任，尤其是承担做出贡献（他自己的贡献和组织的贡献）的责任。这一点令个人感到害怕，而且不仅仅是年轻人感到害怕。但这并不是什么新鲜事。我们一直都知道，自由是责任而非放纵。

组织型社会中的年轻人需要系统性的信息，需要了解如何让组织为自己的目的、价值观和抱负服务。他们必须像祖先学习耕作那样学习关于组织的知识。一个人变得成熟的标志是询问："我想从生活中得到什么？"——并且知道一分耕耘一分收获。未来一个自由人的标志是询问："我想从组织那儿得到什么？"——并且知道投入多少，回报就有多少。

要让我们的社会正常运作，我们就必须知道如何管理，即如何通过个人的工作来取得组织的绩效。要让我们的社会成为自由社会，还要求个人学会如何管理组织——如何让组织及个人在组织内的工作服务于个人的目的、价值观和有待实现的愿望。

一个社会需要能够允许个人选择退出并过"私人生活"。但退出不是自由，而是冷漠。最重要的是，在一个自由社会中，公民需要对社会及其机构负责。在组织型社会中，也就是在我们这个时代的多元社会中，这项任务不同于 18 世纪的人们所面临的任务。事实上，18 世纪的政治传统，即洛克的传统，显然已经走到了尽头。但相比于以前的社会，组织型社会可能为有意义的、有效的、负责任的自由提供了更多机会。至于这些机会能否实现，则取决于我们的所作所为，而不是"它们"（即各种机构）的所作所为。

我们正处于一个对社会政治结构及个人在其中的地位和作用进行重新思考的艰难时期。到目前为止，我们所拥有的是一种新多元主义，一个新组织型社会。我们所需要的是一种新个人主义，一种新责任。

4

第四部分

知识型社会

第 12 章 | CHAPTER 12

知识经济

"知识产业"[⊖]生产、分销的是观念与信息，而不是商品与服务。1955年，知识产业的生产总值占美国国民生产总值的 1/4，是 1900 年美国国民生产总值中"知识部门"所占比例的 3 倍。但是 10 年后，也就是 1965年，知识部门占国民生产总值的比例已高达 1/3。到 20 世纪 70 年代末，知识部门占国民生产总值的比例将达到 1/2。即，在美国经济体系中，每赚取 2 美元，就有 1 美元是通过生产、分销观念与信息赚来的；每花费 2美元，就有 1 美元用于购买观念与信息。

一直到第二次世界大战时，美国经济还是商品经济，现在已从商品经济转变为知识经济。

这些数字足够令人印象深刻。有史以来所有的科学家和技术人员中，有 90% 今天还活着并在工作。在古登堡发明铅合金活字

⊖ 普林斯顿大学经济学家弗里茨·马克卢普（Fritz Machlup）在《美国的知识生产与分配》（*Production and Distribution of Knowledge in the United States*, Princeton University Press, 1962）中最早提出了"知识产业"这个术语。

印刷术以来的第一个 500 年（1450～1950 年）中，全世界共出版了大约 3000 万本印刷书。然而，仅仅在过去的 25 年间，世界上就有同样多的书面世。在 30 年前的第二次世界大战前夕，半技能型机器操作员（即流水线工人）是美国劳动力的核心。如今，美国劳动力的核心是知识工作者。无论男性还是女性，知识工作者在生产性工作中运用的是思想、观念和信息，而不是手工技能或体力。美国现在从业群体最大的职业是教学，也就是系统地提供知识和系统地培训如何应用知识。

1900 年，美国人口中最大的群体（实际上当时仍占人口的大多数）是靠务农为生的乡村人口。到 1940 年，最大的群体成为产业工人，尤其是半技能型（实际上基本上是无技能的）机器操作员。到 1960 年，最大的群体是人口普查中所称的"专业、管理与技术人员"，即知识工作者。到 1975 年，或者最迟到 1980 年，这个群体将囊括美国民用劳动力队伍中的大多数人。

由于知识工作者的收入往往比体力工作者高得多，而且工作更有保障，因此知识已经成为美国经济的核心成本。知识的成效已经成为美国生产力、竞争优势和经济成就的关键。

上述统计数字尽管令人印象深刻，却没有揭示出重点。这个重点就是，知识已成为先进发达经济体的核心"生产要素"。

经济学家仍倾向于把"知识产业"归入"服务业"，因此他们将其与第一产业（为人们提供自然产品的农业、矿业、林业、渔业）、第二产业（制造业）进行比较。但是，知识产业实际上已成为"第一产业"，成为向经济提供基本、核心生产资源的产业。先进发达国家近百年的经济史可以称为"从农业到知识产业"的历史。一两百年前，务农人口是任何一个经济体的支柱（不仅体现在就业人数上，而且体现在其产品的重要性和价值上），而现在，知识是发达经济体的主要成本、主要投资领域与主要产品，也是人口中最大群体的生计来源。

知识越来越成为一个国家国际经济实力的关键要素。我们越来越多地听到关于"人才流失"的讨论，即许多受过教育的人从知识相对落后的国家流向知识先进的国家。

> 最著名的例子是从英国向美国的人才外流，这当然与下述事实密切相关：在主要工业国家中，现在英国大部分人口的受教育水平最低，80% 的人在 15 岁时就离开了学校。而且在英国，找到好工作的主要途径仍然是做学徒，也就是靠经验而非知识。
>
> 但对欠发达国家而言，人才外流可能是一个更严重的问题，这些国家受过教育的人都想去发达工业国家工作，特别是去英国和美国（其次是到法国），而不是留在自己的国家。

同样，在过去的几年里，关于美国和西欧国家之间将出现"技术差距"的说法越来越多。甚至美国在欧洲的盟友也非常恐惧，唯恐欧洲在技术上屈从于美国——例如，前面讨论跨国公司时曾提到的作家兼记者塞尔旺－施赖伯撰写的畅销书《美国的挑战》就表达了这种恐惧。

在 1910 年，钢铁业是经济的衡量标准，而该产业完全基于技能而非知识。如果 1900 年某个国家所有正在工作的知识人突然消失，经济几乎不会受到什么影响。从经济角度来看，那时知识是装饰性的而非功能性的。如今，知识已成为经济潜力和经济实力的基础，也是这两方面的衡量标准。

"知识"而不是"科学"已成为现代经济的基础，这在本书第一部分已经提到过，但有必要再次强调。可以肯定的是，科学和科学家突然跻身于政治、军事和经济舞台的中心。但实际上几乎其他所有知识人也是如此。不仅化学家、物理学家和工程师通过咨询任务赚得盆满钵满（他们在校外的咨询收入可能比在校内从事教学和研究获得的收入还要高），而且地理学家、地质学家、数学家、经济学家、语言学家、心理学家、人类学家和营销人员都忙于为政府、产业界、国外援助项目等提供咨询。在这个多元社会中，几乎没有哪个学问领域是组织不需要的。我承认，很少有组织会需要古典文学方面的咨询顾问，[⊖]但对于神学家的需要比一般人想象的要多。总体而言，神学是如今在企业和产业界、政府和军队、医院以及国际关系等领域尚未发挥作用的罕见知识领域。

　　这种需要反过来又反映了一个基本事实，即知识已变得有成效。系统地、有目的地获取信息以及系统地应用信息（而不是"科学"或"技术"），正在全世界成为工作、生产力和组织性活动的新基础。

　　美国在这方面走得最远，但也如在其他许多领域一样，美国在该领域只是比其他国家早几年开始行动。在每个发达工业国家，这种趋势都是一样的。当今世界，某个经济体增长与竞争的能力同15岁以上在校学生数的增长率之间有密切联系——在发达工业国家中，美国、日本、以色列和苏联名列前茅，英国则垫底。当欧洲人抱怨人才流失和技术差距时，他们只是在断言，其经济的运行、增长与竞争缺乏足够的"知识基础"。

　　未来对知识工作者的需求似乎无法得到满足。除了100万名计算机程序员之外，美国信息产业在未来15年内还将需要50万名系统工程师、系统设计师和信息专家，也许还需要200万名医疗保健专业人员，包括护士、营养师、医疗和X射线技师、社会工作者和精神科个案工作者、理疗师等。这些人都要受过严格培训，受过远高于中学的教育，并且掌握了高超的技能。他们完全相当于经历过多年学徒生涯的、有技能的机械师或木匠，但其技能基于知识。

　　⊖　尽管圣经学者被以色列和阿拉伯国家的军队视为地形、隐藏的水资源等方面的顾问。

从现在起到 1980 年，巨型喷气式客机和货机很可能成为人员和货物的主要运输工具。相比于维持现在的所有铁路运行，维护未来的机队将需要更多工人。这些维护机队的人虽然技术高超，但与传统的铁路工匠截然不同。首先，他们能够从事全部维修工作。他们不会像其前辈那样，只接受特定手艺的培训（无论是钣金还是电子），而是接受特定职能的培训——确保飞机安全运行。其次，他们的技能将依靠理论知识和正规学校教育，而不是某个手艺方面的学徒制。尽管他们也用自己的双手工作，但他们应用的是知识而非技能。手册、图表和文本对他们的重要性，至少不亚于传统手工工具对工匠的重要性。

这些例子揭示了知识经济的若干基本原理。

（1）知识工作不会导致"工作的消失"。知名的博士今天告诉我们，在富裕的工业发达国家，如美国、西欧国家或日本，工作即将消失。实际上，趋势正朝着相反的方向发展。发达经济体中典型"工作者"（即知识工作者）的工作越来越多，对知识工作者的需求也越来越大。过去典型的工作者，即体力工作者，可能会有更多闲暇时间。这些人或许傍晚 5 点就可以回家了，但是世界各地知识工作者的工作时间却越来越长。年轻的工程师、会计师、医疗技术专家和教师离开办公室时都会把工作带回家。如同所有的生产性工作，知识工作创造了自己的需求，而这种需求显然是无限的。

（2）知识不会消灭技能。相反，知识正迅速成为技能的基础。我们越来越多地利用知识来使人们能够快速、成功地掌握某种非常先进的技能。没有技能的知识是缺乏成效的。只有当知识被用作技能的基础时，它才会变得有成效。进而，知识使我们能够在更短时间内，付出更少努力就能掌握需要多年学徒期才能学会的技能。它使我们能够获得新技能，如计算机编程，而这些技能是无法仅通过担任学徒获得的。因此，知识（即系统地组织起来的信息和概念）正在使学徒制变得过时。知识用系统的学习代替了积累的经验。

关于体力方面的手艺，第二次世界大战期间我们了解到，可以把为期几年的学徒期压缩为几周或最多几个月有组织、有系统的学习。一旦我们把某项手艺的经验转化为系统的"程序"，那些没有很高天赋或智力的普通人，也能够在很短时间内成为技能高超的手艺人，并享受这一学习过程。敦刻尔克大撤退后的英国首先证明了这一点，后来美国在1942～1944年间更大规模地证明了这一点。美国在焊接或铆接等金属加工领域、造船领域、各种工程领域、建筑领域都证明了这一点。军队利用系统和程序作为各种技能（如文书、监督和医疗）的基础。有了这样的经验，向知识工作和知识产业的变迁才真正开始。

曾经在知识的基础上掌握了技能的人，无论男人还是女人，都已经学会了学习。他能迅速掌握新而不同的技能。学徒制为一种特定的手艺做准备，并教人们如何使用一套特定工具来达到特定目的。知识基础则不同，它能够让人们忘掉已学习的东西并重新学习新东西。换句话说，知识使人们成为能够把知识、技能和工具运用到工作中的"技术专家"，而不是只知道如何以一种特定方式完成某项特定任务的"手艺人"。

把知识用于工作，这已有很悠久的历史了。数千年前，古埃及祭司就根据尼罗河周期性洪水的知识组织安排国家的农业生产，乃至该国的全部政治和社会生活，他们是"知识工作者"，并且把知识应用于工作。

但这些都是例外。直到最近，知识和工作仍是分离的，很少相互联系。知识因其固有的美而被珍视，并被赞誉为有助于增进智慧（尽管这种古老信念的证据并不充分）。工作是建立在经验的基础上的——直到一两个世纪以前，即使是医生的工作，也是如此。至于律师的工作，霍姆斯大法官的名言"法律的生命从来不在于逻辑，而在于经验"，在今天和在一个世纪前同样有效。

"知识分子"通常认为的"知识",同"知识经济"或"知识工作"语境中的"知识"截然不同。对知识分子而言,知识是书本上的内容。但只要是书本上的内容,它即使不只是单纯的"数据",也仅能算是"信息"。只有当一个人把这些信息用于做事时,它才成为知识。知识就像电或金钱一样,它是一种只有在被使用时才存在的能量形式。换言之,知识经济的出现并非像人们通常想象的那样是"思想史"的一部分,而是"技术史"的一部分。技术史讲述的是,人类如何把工具用于工作。当知识分子说到"知识"时,他通常会想到一些新事物。但在"知识经济"中,重要的是知识(无论新旧)是否得到使用,例如,牛顿物理学是否适用于太空项目。重要的是应用知识之人的想象力和技能,而不是信息的复杂性或新颖性。

系统地获取知识,并将其系统地用于工作,这种想法的历史仅有200～250 年。18 世纪和 19 世纪早期的英国工具制造商和工具设计者率先产生了这种想法,而约瑟夫·惠特沃思(Joseph Whitworth,1803—1887)是其中的佼佼者。这些人不只是伟大的发明家,如果没有他们的工作,现代工业和现代技术就不会产生。⊖他们还着手把关于机械工作的知识系统化,并把这些知识融入工具中。这不仅直接孕育了"工程学"(即对完成任何特定任务的正确方法进行编排),也改变了工作和劳动力——这是工业革命的真正开端。精心设计的工具,让刚刚能胜任的工人可以一次又一次可预测地、有效地完成符合预定精确度和一致性的工作。惠特沃思几乎在职业生涯之初就设计了著名的"通止规"⊜,它让每个熟练工通过一个操

⊖　遗憾的是,思想史家轻视这些人,因为他们不是"科学家",而技术史家则太容易被蒸汽机这类原动机所迷惑,反而忽略了让新引擎和新流程得以实际运作的工具专家。要不是约翰·威尔金森(John Wilkinson)发明了新式镗床,提供了能紧密接合的汽缸和活塞,从而解决了早期纽科门(Newcomen)蒸汽机漏损蒸汽的重大缺陷,瓦特的蒸汽机根本不可能工作。

⊜　通止规把金属对象内部与外部的尺寸标准化,以量规测量,若金属对象的尺寸太大或太小则不符合标准。

作工序就能知道工作是什么样、应该是什么样，需要做什么才能合乎标准——然后再根据标准来衡量成果。这是有史以来设计的第一个"程序"，而且直到今天都是最成功的程序。它们预示着"知识经济"的到来，因为在英国工具设计者的工作中，知识已经成为技能的基础，也成为一种手段，让人们得以轻松快捷地学会一直以来只有近乎天才的人才能做到的事情。以前需要"大师"才能完成的工作，现在只需要"有技能的工人"。

接下来，1862 年美国颁布《莫里尔法案》（Morrill Act），迈出了完全不同的一步。该法案规定联邦的每个州都建立一所赠地大学。它的创新之处不在于开展农业研究和开发新方法、新种子、新品种等的理念，而在于完全把农业从一种实践转变为一门学科，让每位农场主都成为农学家和系统的技术专家。这在当时是一种纯粹基于信念的行为，没有先例可循。事实上，在人类的经验中，几乎没有什么能让这个想法听起来可信。最初50 年内，这种做法成果甚微，但第一次世界大战前后，赠地大学和推广服务[○]开始对农业工作、农业产出和农业生产率产生预期的影响。从那时起，农业生产率成倍增长，农业的特性也发生了变化。务农曾经是绝大多数人的生活方式，农业也是一种勉强糊口的生计来源。现在，农业已成为资本密集的、机械化的和"科学的"产业。少数训练有素的人，借助昂贵的机械和管理工具，生产出了世界上全新的东西——农业盈余。相比于我们为之惊叹的多数技术创新，这是文化、社会和经济领域的更大变革。

然而，迈向"知识经济"的最重要一步是科学管理——也就是对体力工作进行系统分析和研究，这是由泰勒（1856—1915）在 19 世纪最后几十年首创的。泰勒在历史上第一个认为，工作本身值得受过教育的人关注。此前，工作总是被视为理所当然，受过教育的人更是这样认为。即使

　　○　这在原先的法案中并没有规定，而是在 20 世纪初建立起来的，它主要通过一位不是农民的人的愿景和努力才得以建立，此人就是西尔斯公司的缔造者朱利叶斯·罗森沃尔德（Julius Rosenwald）。

曾经考虑过，他们也认为工作是由上帝或自然规定的，而增加产量的唯一方法就是更多、更辛苦地工作。泰勒认为这是错误的。提高产量的关键是"更聪明地工作"。生产力的关键是知识，而不是汗水。

泰勒一开始并没有怀着效率或经济的想法（尽管大多数从未读过其著作的人不相信这一点），更没有为雇主创造利润的目的。他的出发点是强烈的社会关怀，他对所看到的"劳方"和"资方"之间的自杀式冲突深感不安。他最大的影响也在社会方面，因为科学管理（我们现在可能会称之为"系统的工作研究"，从而消除"科学管理"这个术语所造成的许多误解）已被证明是 20 世纪最有效的思想。它是美国唯一在世界范围内得到认可并产生影响的基本理念。无论在哪里得到应用，科学管理都提高了体力工作者（尤其是劳工）的生产率和收入，同时大大降低了他们的体力消耗和工作时间。科学管理可能使劳工的生产率提高了 100 倍。

但最重要的是，泰勒的科学管理为打破 19 世纪的僵局提供了出路。当时人们普遍认为：经济蛋糕是给定的，除非投入更多资本，或更多、更辛苦地工作，否则经济蛋糕无法做大，这是一条自然规律。泰勒表明，通过把知识用于工作，可以迅速做大经济蛋糕。这并没有像泰勒天真希望的那样创造和谐，但它用更高的生产率带来的成果分配冲突，代替了不可调和的原则冲突。"为获得更多而战"可能是艰苦而漫长的，但总可以达成妥协。

虽然人们经常断言，泰勒从体力工作中剔除了技能，但其实不然，因为他只是把科学管理应用于从未熟练开展的工作，也就是劳工的工作。泰勒最著名的研究是 1899 年开展的铁锹试验。作为研究对象的搬运工人施密特没有熟练的技能，没有引以为荣的手艺，不能掌控自己的工作，感受不到工作的乐趣，只是通过每天 10 个小时艰苦繁重但基本没什么生产率的辛苦劳碌勉强维持生计。因此，泰勒的研究让无技能工人获得了丰厚的报酬，几乎达到了有技能工人的水平，而且对无技能工人的需求量变得很大。劳工突然变得有生产率了。换句话说，泰勒破除了一直支配无技能体力劳工的"工资铁律"（iron law of wages）。泰勒通过创造一种前所未有的技能（即"工业工程师"的技能）做到了这一点。它是第一种牢固地立足于知识而非经验的技能。从事科学管理的工业工程师，就是所有现代"知识工作者"的原型，也是到目前为止极富生产率的人之一。

（3）尽管知识既不导致"工作的消失"，也不消灭技能，但知识的引入确实在工作的生产率和工人的生活方面开展了一场真正的革命。

也许知识的最大影响在于，使预先确定职业的社会转变为个人选择职业的社会。现在，人们有可能通过做任何自己想做的事情，运用任何自己掌握的知识来谋生，并且过上好日子。这是太阳底下的新鲜事。

古往今来，大多数人根本没有选择，都是子承父业。印度的种姓制度只不过是对多数人的常态给予了宗教上的认可。当然，总有一些向上或向下的流动，即使是印度种姓制度，也无法完全杜绝这种流动。但这些流动都是例外，只发生在少数幸运儿、偶尔出现的天才、战争和灾难的受害者、目光短浅的赌徒或舍家弃业之人身上。在一个大多数人靠土地勉强维持生计的世界里，务农是大多数人唯一的职业。

一个世纪以前，即使是受过教育的人，也只能在狭窄的少数几个"职业"范围内靠知识谋生。这些职业包括牧师、医生、律师、教师以及新出现的公务员，19世纪末才出现的工程师也属于这个行列。

1930年，一位最优秀的牛津大学毕业生获得了到英国最负盛名的学术机构万灵学院（All Souls College）深造数学专业的初级奖学金。于是，他那些精明且富裕的中产阶层家人纷至沓来，劝说他放弃这个机会，转而去伦敦金融城的银行工作。家人们指出，这位年轻人必须自食其力，而在英国，能为数学家支付维持生计所需工资的岗位少之又少，主要是牛津、剑桥和伦敦的少数几个高级教授职位。要想得到一个这样的职位，既要看数学天分和才能，也要在合适的时间、合适的地点刚好有在职的教授去世。没能获得这种职位的人最多只能当一名可怜的中小学教师，为了微薄的收入而向思维迟钝的学生灌输欧几里得几何学。

关键不在于这个年轻人的家人胆小怯懦，而在于他们的看法更接近正确，而不是错误。35 年前或 40 年前，英国就像世界上大多数国家一样，数学家根本没什么机会。

不用说，今天的数学家有无限的机会。他不必像牛顿或高斯那样杰出，就可以做自己喜欢做的事，过上优裕的生活。几乎其他所有知识领域都是如此。在每个领域，从事有生产率的、有回报的、高薪工作的机会，都比胜任这些工作的人更多。

与此同时，受教育正在成为发达社会中的人们与生俱来的权利——而受教育权利欠缺就成为"阶级统治"的标志。现如今，当发展中国家的人们谈论"殖民压迫"或"新殖民主义"时，指的就是无法接受教育。100 年前，受教育仍然是一种特权。1850 年左右，受教育首次成为一种机会，发达国家的教育系统越来越多地向穷人和弱势群体中有天赋、有抱负的人开放。在过去的二三十年中，受教育已经成为一种权利。虽然美国宪法尚未给予该权利任何保障，但在今天，受教育的权利显然跟美国《权利法案》中的任何权利一样重要。事实上，当美国最高法院 1954 年宣布黑人"隔离但平等"的教育为非法，并下令整合学校时，它显然假设了受教育的权利跟宪法实际保障的其他权利一样，都庄严地列入了宪法。

当然，仍有一些限制——不仅有能力的限制，也有财富的限制、地点的限制，还有种族的限制，即使在较富裕的国家，也是如此。但总体来看，我们正在迅速从一个职业和事业很大程度上由出身的偶然性决定的社会，转变为一个把自由选择视为理所当然的社会。

如今的问题不是选择太少，而是选择太多。有那么多的选择、那么多的机会、那么多的方向，这让年轻人惊慌失措、无所适从。他们刚对某个领域表现出一点点兴趣，就被鼓励将其作为毕生的事业。同时，任何人才都不够用——不论是冶金学家还是东方语言学家，不论是统计学家还是心理学家，不论是系统工程师还是植物学家，所有这些专业人士都长期供不应求。面对这么多选择，受过教育的男男女女不知所措。有时候我觉得，1930 年我在牛津大学的数学家朋友比他今天的孩子们过得更轻松。

然而，尽管选择过多会成为负担，但人类的视野仍得到了极大拓展。

（4）知识工作的机会主要存在于大型组织中。虽然向知识工作的变迁让大型组织成为可能，但是企业、行政机关、大学、研究实验室和医院这些组织的出现，反过来又为知识工作者创造了就业机会。

知识工作的机会，以往主要是为独立工作的专业人士提供的，现在则主要是为在组织内工作的作为团队成员或独立工作者的人提供的。即使是在知识型社会出现之前就已存在的组织，也是如此，如军队和政府服务部门、大学和医院。现在仍然有"教授先生"（Herr Professor）认为大学是为他而存在的，他可以随心所欲地独自工作与教学，最多有几位助理帮忙，但现在大学里的大部分工作都不再这样开展，而是由团队、"跨学科小组"和有组织的研究中心去完成。

安东尼·特罗洛普的小说《约翰·考尔迪盖特》（*John Caldigate*）讲述了维多利亚时代英国内政部的精彩故事。这部小说出版于 1879 年，那是英国内政部率先推动地方政府大规模改革的时期。特罗洛普本人曾是一名公务员，对当时的英国政府了如指掌。然而，他所描绘的英国内政部，其本质上是一个人，此人完全匿名但手握重权，在几名职员的协助下直接听命于部长。在沙皇时代的官僚主义俄国，根据托尔斯泰描述的高层官僚（安娜·卡列尼娜倒霉的丈夫）的官场生活来看，情况显然没有太大不同。即使到第一次世界大战前，行政机关基本上仍然是一个或几个训练有素的人，他们各自独立工作。

　　从来没有人指责奥匈帝国政府办公室人手不足。然而，当我父亲在 1897 年进入该国政府工作时，他加入了另外 9 位"绅士"的行列，每位都有自己单独的任务，各自直接向一位年长且有权势的局长汇报工作，这位局长又直接向内阁汇报工作。当时根本没有足够多受过教育的人来提供更多工作人员。而现在的奥地利，尽管只有 1900 年奥匈帝国面积的 1/10，但其同一个部门却雇用了约 500 名受过大学教育的人，其中多数人都是在大型团队中工作，而不是独自完成任务。

　　换句话说，当今的知识工作者不是 1750 年或 1900 年"自由专业人士"的后继者，而是以前的雇员（有技能和无技能的体力工作者）的继承者。

　　这是非常实质性的提升。但是，这也在知识工作者的传统与其雇员地位之间造成了一个尚未解决的冲突。虽然知识工作者不是"劳工"，当然也不是"无产者"，但他仍是"雇员"。他不是通常意义上的"下属"，不能被告诉该干什么，相反，他得到报酬是因为他能够运用自己的知识，做出自己的判断，并负责任地进行领导。然而，他有一位"上司"——事实上，知识工作者若要有生产率，就需要有一位上司。这位上司通常不是相同专业的人，而是一名"管理者"，其独特能力是计划、组织、整合和评估知识工作者的工作，而不论其学科或专业领域是什么。

　　知识工作者既是知识型社会中真正的"资本家"，又依赖其工作岗位。整体上看，知识工作者是当今社会中受雇的、受过教育的中产阶层，他们通过养老基金、投资信托等拥有生产资料。这些基金是现代社会真正的"资本家"，任何个人，即使比克里萨斯（Croesus）、罗斯柴尔德和摩根加起来还富有，也无法与之竞争。但就个人而言，知识工作者依赖其薪资，也依赖同其薪资相关的养老金福利和健康保险，总之他们依赖有一份能获得报酬的工作。即使在我们的社会中没有其他"雇主"，就个人而言他们仍是"雇员"。

但知识工作者认为自己只是另一种"专业人员"，与以往的律师、教师、传教士、医生和公务员没什么不同。他受过同样的教育，有更高的收入，可能还有更多的机会。知识工作者可能认识到，他只有依靠组织才能获得收入和机会，并且如果没有组织做出的投资（而且是高额投资），他就没有工作岗位。但他也认识到，组织同样依赖他，并且也确实如此。

知识工作者认为自己是"专业人员"，而在社会现实中他是以往有技能工人的"升级版"和高薪继承者，这两者之间隐含的冲突，是许多受过良好教育的年轻人对现有工作不抱幻想的根本原因。这也解释了他们为何如此高声抗议企业、政府、军队和大学的"愚蠢"。他们期望成为"知识分子"，却发现自己只是"职员"。因为这种情况出现在所有组织中，而不仅仅是这个或那个组织中，所以他们无处可逃。如果他们离开企业，转而进入大学，很快就会发现大学也是一台"机器"。如果他们从大学转到政府服务部门，也会发现同样的情况。

知识工作者中的大多数人并没有意识到，他们不是在令人厌烦的工作（正因为它们是工作，所以才令人厌烦）与虚幻的自由之间做选择，而是在机会多且待遇好的工作与在马铃薯田或棉花田里锄地或除草的工作（每天工作16个小时，仅能勉强糊口）之间做选择。但是，指望年轻人理解这一点，可能要求过高。当然，他们中的每个人都会争辩说，这可能对其他所有人来说都是正确的，但他是例外，他是有资格成为一名真正的"专业人员"的那个人。

随着时间推移，人们对知识工作的期望与现实状况之间的冲突将越来越明显，越来越尖锐。这将使管理知识工作者对知识型社会的绩效和成就而言变得越来越至关重要。我们将不得不学会管理知识工作者，这既是为了提高生产率也是为了满足其需要，既是为了取得成就也是为了赋予其身份。我们将不得不学会给知识工作者提供一份足够大的工作岗位，使其能够接受挑战，并允许他作为一名"专业人员"取得绩效。

　　然而，不论我们在知识工作者的管理方面做得多好（到目前为止，我们在这方面的工作才刚刚开始），知识工作者在现代社会中的身份、功能和地位肯定是政治和社会领域的一个核心问题。这很可能是发达国家在20世纪甚至21世纪面临的重要社会问题。

知识工作的出现

　　这种向知识型社会与知识经济的变迁是如何发生的呢？

　　流行的答案是："因为工作越来越复杂，要求越来越高。"但正确的答案是："因为人类的工作年限大大延长了。"这种社会和经济巨变的基础，不是对劳动力的需求，而是劳动力的供给。反过来，这也解释了知识的出现所带来的社会和经济问题。

　　知识工作者的出现，改变了工作的性质。因为现代社会不得不雇用那些期望并要求从事知识工作的人，所以不得不创造知识工作岗位。结果，工作的性质正在发生变化。

　　起码直到最近几年，大部分工作的要求虽然发生了变化，但变化不大。

　　举例来说，在女售货员的工作中，没有任何原因可以解释，为什么30年前人们认为只要初中毕业就可以胜任这项工作，而今天人们却希望应聘者高中毕业，最好还上过几年大学。相比于1935年时15岁或1910年时12岁的女售货员，现在18岁或20

岁的女售货员的销售额并不会更高。

1929 年，在美国的大规模生产工厂中，典型的领班都只上过 6 年学，在 15 岁时开始工作。10 年后，也就是第二次世界大战爆发前，典型的装配厂领班已经受过高中教育。现在，人们越来越理所当然地认为，领班应当是大学毕业生。然而，这项工作跟 40 年前完全相同。如果说有什么变化的话，那就是随着越来越多的工作被简化为例行程序，或者从领班手中转移到人事专员、质量控制员与生产计划员等专业人员手中，领班工作的要求越来越低了。

将美国的做法与其他发达工业国家的做法进行比较，也可以看出被大肆宣扬的"当今工作的复杂性"不过是一个神话，因为欧洲国家和日本虽然朝着同一个方向前进，但在提高全民教育水平方面仍远远落后于美国。例如，在美国需要接受过一两年大学教育的人才能获得的工作，在德国却由大致相当于美国初中毕业（德国九年制中学教育中的七年级学力）的人从事。然而，在对员工的要求和员工的生产率方面，两者并无明显差异。

最好的例子出现在加拿大，那里有两套并行的教育标准。多伦多和安大略省工业区的教育标准跟美国中西部的一样。往东几百英里的蒙特利尔和魁北克省工业区现在才刚刚开始"教育爆炸"。那些在安大略省由高中毕业生（最好是上过一两年大学）从事的工作，在魁北克省，同样的雇主（例如连锁超市、商业银行或制造型企业）却雇用初中毕业生。他们的薪资差别很大，但所做的工作或生产率却没有太大差别。

换句话说，入职门槛提高的直接原因是入职者受教育水平的提高。人们在校学习的时间越长，进入某一工作岗位或职业所需的受教育程度就越高。

但是，在校学习年限的延长本身只是一个结果，而不是原因。这是长期发展的结果，这种发展极大地改变了工业发达国家民众的预期工作年限。

在发达国家，人们的预期寿命急剧延长，这是众所周知的事。然而，很少有人注意到，人们的工作年限延长得更快。19 世纪末 20 世纪初以来，也就是现在仍在世并且还在工作之人的一生中，很少有劳动力在 45 岁或 50 岁之后还能满负荷工作。到了这个年龄，他们的身体至少会有各种伤病。

> 50 年前，欧洲中产阶层家庭的母亲常对孩子说："在政府工作虽然薪水不高，但即使你丧失劳动能力，也不会被饿死，而且在你死后，政府还会供养你的妻小。"早期的退休制度，如欧洲国家军队和文职部门的退休制度，希望为数不多的幸存者在工作 25～30 年后退休，即在 50 岁前退休。日本的退休制度是最古老的退休制度之一，该制度仍强制规定除了最高层人员之外，其他员工必须 55 岁退休，并一次性领取相当于两年工资的退休金。直到 1940 年，该规定仍能满足当时的需要。因为很少有日本人能活那么久，而那些活到 55 岁的人也不太可能在退休后再活很多年。现在，当日本人的预期寿命和工作年限达到西方最发达国家的水平时，这些退休规定就显得荒唐可笑了。

半个世纪前，人们的工作年限就已经超过了历史上任何时期。1850 年以前，没有哪个国家的平均预期寿命大幅超过 33 岁或 35 岁，这把平均工作年限限制在 20 年。到 1914 年，最发达国家的预期工作年限已经延长到大约 30 年，从 15 岁开始工作到 45 岁左右致残或死亡为止。现在，绝大多数人可以工作到 65 岁。如果我们还像第一次世界大战时那样，期望人们从 14 岁左右开始工作，那么绝大多数人的工作年限将长达 50 年——是一个世纪前的 2.5 倍，比上一代人多 2/3。即使我们开始工作的年龄较迟（到 18 岁或 20 岁），如今发达国家民众的工作年限也已是一个世纪前的 2 倍，比第一次世界大战前后延长了 50%。

这意味着，相比于 19 世纪，我们经济体系的人力资本增加了 1 倍多。我们还让个人的收入潜力提高了 1 倍以上，因为个人的终生收入当然相当于其年收入乘以有能力赚钱的年数。在经济史上，这是经济学家所谓"资本存量"的最大增长。这也是有史以来在经济财富和福祉方面取得的最大进步——远大于经济学家关于商品供给的统计数据（这是经济学家谈到"生活水平"时通常表达的内容）所表明的任何进步。

工作年限的延长，改变了工作人口和受抚养人口的比例。这对生产力的促进作用可能比资本存量的增加还要大。一个社会中有多少财富，并不完全取决于个人生产多少，还取决于一位有生产率的生产者需要养活多少人。事实上，一个经济体的生产力或许最好可以表述为：个人的生产率除以他必须抚养的人数。[⊖]

在过去的 100 年中，当今发达国家工作年限的延长已经大大改变了生产者和受抚养者之间的传统平衡。那些活着的人不仅能够自食其力到更晚的年龄，更重要的是，他们作为生产者的时间更长了，以至于即使家庭规模有所扩大，每个生产者抚养的人数也急剧下降。

1800 年或 1850 年的农民或工匠如果工作 30 年，在这期间

⊖　这就是"人口爆炸"对发展中国家的社会与经济福利造成巨大威胁的原因。人口爆炸让受抚养人数迅速增加，尤其是未达生产年龄的儿童数目迅速增加，以至于即使有生产率人口的人均生产量大幅增加，也无法让人均收入大幅增加并提高生活水平。

就必须抚养四五个人。平均来说，他的小孩中只有两三个能长大成为生产者，但为了有两三个成年的孩子，他的妻子（或妻子们）必须生下七八个小孩，因此家里一直有年幼的小孩需要抚养。此外，如果他自己的双亲健在，那么很可能其双亲到四十多岁时就需要靠他赡养，而他自己还肩负着抚养小孩的沉重负担。

现在，由于人们的工作年限已达 40 年或更长，且儿童死亡率大幅下降，可以期望婴儿都能长大成人，所以发达国家的生产者不论何时都只需要抚养两三个人，而且通常是在其职业生涯的前半段。换句话说，延长工作年限相当于把同样资源（有生产率的个人）的经济潜力提高到了原来的 4 倍。

这种巨大的进步让人们普遍享受到了以往只有富豪才享有的最罕见的特权——妻子和母亲可以退出劳动力市场，留在家里。因此，在 19 世纪的发达国家，妻子不外出工作成了体面和富裕的象征。现在，英国工人仍然认为，若有人询问其妻子是否工作，这是对他的一种侮辱——一位有自尊的、有工作的男人会让妻子留在家里。

当然，与此同时，真正富有之人的妻子又回到了职场。在发达国家，已婚妇女在职人数的稳步上升是过去 20 年最重要、最普遍的经济现象之一。这是生产力提高带来的成果，这种提高创造了"富裕"，因此使工人阶级妇女也有可能拥有"机器仆人"，从而节省了家务劳动的体力和时间。这也是生育控制及婴幼儿医疗保健进步带来的成果，这些进步使发达国家的家庭能够"计划"子女的数量和生育间隔。除了婚后最初几年，已成为母亲的妇女不再被束缚在家里，当孩子开始上学时，她就可以重返职场了。这与早先的趋势刚好相反，也再度大幅改变了生产者与受抚养者的比例，并随之改变了发达经济体的"资本存量"。

与大家普遍认为的相反，工作年限的延长跟医学进步没什么关系。主要原因之一，无疑是务农从大多数人的职业转变为现在极少数人的职业（例如，在美国人口中，务农人口的比例不到 6%）。而且，务农工作让人快速衰老，尤其是 60 年前还没有电力和现代机械时的务农工作。此外，在传统农业中，致残事故发生的频率远远高于最危险的工业生产。当孩子们长到十几岁时，农民（特别是其妻子）通常已经衰老甚至残疾了。

然而，从劳工到机器操作员的转变几乎同样重要。用镐和铁锹修建美国铁路的"苦力"在因事故或过度劳累而致残之前，很少能持续工作超过 5 年。直到 1900 年，在纽约、伦敦东区、巴黎、维也纳的制衣阁楼里工作的女裁缝，其工作年限也长不了多少。在 10 年内，她们中的多数人都会失明或者成为结核病患者，这是该行业的两大职业病。

因此，科学农业与科学管理才是真正的英雄，是工作年限延长的两个主要原因。婴儿死亡率的下降和公共卫生的进步很可能延长了整体寿命，但工作年限却不会因此延长太多。为了延长工作年限，首先，必须让少数真正有生产率的农场主能够养活大量人口；其次，必须消除工业工作中对身体有害的任务。

工作年限的延长进而几乎在任何地方都导致了学校教育年限的大幅延长。

可以说，这种延长反映了人类最核心的价值观之一——重视教育。人们渴望把很大一部分新财富（如更长的工作年限所代表的财富）用于教育，而不是立即获得金钱收入。

也可以说，延长学校教育年限是一种经济理性。人们一旦不再担心下一顿饭从哪里来，就能够尽情地享受教育。通过把赚取收入的时间延后几年，人们获得了在余生中更高的赚钱能力。毫无疑问，终生收入随受教育程度不成比例地增长。此外，如果工作年限也延长了，那么通过延后几年开始赚取收入而进行的教育投资，其回报将呈指数级增长。换言之，延长学校教育年限是理性的经济行为，它比最精明的企业人士所能想出的任何方法都能更有效地实现"利润最大化"。

对于教育年限的大幅延长，还有一个解释——人们无法忍受 50 年的工作生涯，这个时间太漫长了。因此，工作年限延长的一部分被推迟进入职场的时间所抵消。上学主要不是因为其本身有什么可取之处，也不是获得更好生计的手段。在很大程度上，上学被视为避免孩子们在街头闲逛，同时也让他们晚几年进入职场的一种方式。

有大量证据支持这种非常具有嘲讽色彩的观点。事实上，有证据表明，即使工作年限为 45 年（也就是从 20 岁起开始工作），它可能还是太长了，对知识工作者而言更是如此。

无论倾向于上述三种解释中的哪一种（而且这三种解释在当今情况下有一些共同点），结果都是一样的。在发达国家，人们选择从科学农业和科学管理可能带来的增长的财富中拿出很大一部分用来多上几年学。

学校教育年限的延长迫使我们创造出把知识用于工作的岗位。在学校待到 18 岁或 20 岁的人可能什么也没学到，但他有了不同的期望。

首先，他期望得到一份不同类型的工作，一份"适合"高中或大学毕业生的工作。这份工作的薪资更高，同时面临的机会也更多。只能"维持生计"的工作已经不敷所需，必须提供一种"职业"才行。其次，对受过高等教育的人来说，这是一份不再靠双手而是靠头脑的工作，是一份知识工作。长年的学校教育使人只适合从事知识工作。如果说他学到了什么，那就是概念、系统与思想，而不是经验。最后，他已经不能再当学徒了，因为年龄太大了，根本无法按照传统方式花 5～8 年时间学习技能。在学校待到 18 岁或 20 岁的人不可能成为旧式的"有技能工人"。无论他需要学习什么，都必须从知识基础开始。

第二次世界大战后，"教育爆炸"彻底改变了劳动力供给——首先发生在美国，接着陆续发生在包括苏联在内的所有工业发达国家。这使得传统的工作结构难以为继。特别是在美国，我们面临着这样的需要：核心就业岗位从技能型或非技能型体力工作迅速转变为技能型或非技能型知识工作。起码，我们不得不提高大量传统工作岗位的薪酬，尽管这些工作岗位本身没有任何变化，女售货员岗位就是一个例子。

事实上，在第二次世界大战以来的 20 多年内，美国经济的基本问题从来都不是体力工作岗位的供给问题。该问题只是由于美国黑人的特殊情况才引起人们关注。对占总人口 90% 的白人来说，一直以来的问题是知识工作岗位或按知识支付薪资的工作岗位能否充足供给。如果我们不能证明受过教育的人对知识工作岗位的期望是合理的，那么我们今天就会出现一个世界上前所未有的失业且无法就业的知识无产阶级。这将是一个远比我们的种族隔离更危险、更具爆炸性的问题。

令人惊讶的是，美国经济竟能满足所有这些受过多年教育之人的期望。更令人惊讶的是，总体上美国企业把生产率水平提升得足够高，可以维持美国产业的全球竞争力和美国经济的增长能力，因为我们以前没有（现在也仍然没有）掌握多少关于管理知识工作者并使其有生产率的知识。此外，在许多情况下，我们不得不给那些把期望建立在多年受教育基础上的人支付比以往高得多的薪资，尽管他们以同以前受教育年限少得多、期望也低得多的人一样的生产率从事同样的工作。

由于供给的变化，无论工作本身是否需要，我们现在都不得不创造真正的知识岗位，因为这种岗位是让受过高等教育的人有生产率的唯一方式。

因此，通过一条迂回曲折的、完全无计划的路线，我们抵达了泰勒75 年前旨在到达的地方：我们正开始把知识用于工作本身。知识工作者率先出现，知识工作随后产生，这纯属历史的偶然。事实上，还有许多知识工作会陆续出现。我们可以预期，以知识为基础的工作，尤其是以知识为基础的技能，从现在起将越来越受重视。经济体系中出现的新工作岗位，将始于系统地通过某门"课程"获得的理论与概念性的知识。从前的工作岗位要么将变成知识工作岗位，要么将被知识工作岗位取代。换句话说，我们可以预期，我们将发展出真正的知识经济，如同我们已经发展出一支知识工作者队伍。大量的知识工作（如计算机编程）将是半技能型的而非高技能型的。但即便如此，它也需要在学校获得的知识基础。

在工业发达国家，劳动力队伍面临并引发了许多社会、政治、经济挑战，这些挑战越来越多地由知识工作的动态和知识工作者的需求引起。

知识型社会的工作与工作者

在过去的 20 年里，我们的经济基础从体力工作转变成了知识工作，社会支出的重心从商品转向了知识。然而，到目前为止，美国经济的生产力和盈利能力都没有受到这一变化的影响。很明显，我们还不知道如何从知识中取得经济绩效，也不知道如何满足知识工作者，使他取得所需的成就。我们也没有完全理解知识工作者的社会需要和心理需要。

鉴于向知识工作的转变是最近才发生的事，我们还不知道如何管理知识工作者以取得绩效也就不足为奇了。毕竟，从我们开始关注如何管理体力工作者到现在还不到 100 年。当然，罗伯特·欧文早在 1820 年就在苏格兰南拉纳克郡的纺织厂管理体力工作者。但是，尽管其模范工厂备受关注，吸引了大批参观者，但没人关注他的管理理念和方法。直到美国内战之后，其实是直到又过了 20 年后的泰勒时期，我们才开始关注体力工作和体力工作者。在 1860 年以前，甚至没有人知道如何衡量产出。"生产率"这个词用在工人身上是最近才出现的。

因此，我们很难期望知道如何定义知识工作的产出，更不用说如何衡量它了。为了完成这项任务，我们需要的定义（以及衡量方法）与我们已经学会用于体力工作的定义截然不同。最无用、最浪费的工作，就是工程师团队迅速、精确、精致地为错误的产品绘制图纸。知识工作不容易用定量的术语来定义，而且可能确实不能完全量化。可以肯定的是，计算机不能衡量操作计算机的程序员的工作。

　　我们也不知道如何管理知识工作者，从而使他想要做出贡献并取得绩效。但我们知道，管理知识工作者与管理体力工作者的方式截然不同。知识工作的动力必须来自工作者自身。传统的"激励因素"，也就是外部奖励（如薪资）无法激励他。对薪资等外部奖励的不满会破坏工作积极性，但对这些奖励的满意却被视为理所当然。换句话说，外部奖励欠缺会妨碍绩效，但有了外部奖励却不会提高绩效。位于克利夫兰市的凯斯西储大学的赫茨伯格做了这方面的开创性工作，他把外部奖励称为"保健因素"。○

　　要正向激励知识工作者，需要的是成就。知识工作者需要挑战，需要知道自己的贡献。这与我们观念中对体力工作者的"良好管理"完全背道而驰。管理体力工作者的经验精髓可以用一句流行语来表达："干一天活，领一天钱。"然而，知识工作者应该被期望"卓越地完成一天的工作"——而且，他们也应该有机会获得"丰厚的报酬"。

　　知识工作者的要求远远高于体力工作者的要求，事实上两者截然不同。对体力工作者而言，工作岗位首先是一种"生计"。工作岗位还应该让人满意，这则是一种全新的观念。许多工业体系的批评者（包括"人际关系学派"的许多人）认为，前工业时代的工作是令人满意的，这种想法不过是一种天真的怀旧，在以往根本不为大众所接受。当一个人的职业或多或少取决于父亲的职业，或是他能找到什么工作就干什么工作时，满意与否又有什么意义呢？传统工作观是《旧约》中的工作观，认为工作是对

○　详见赫茨伯格的著作《工作的动机》（*The Motivation to Work*, New York: John Wiley & Sons，1959）及《工作与人性》（*Work and the Nature of Man*, Cleveland: World Publishing，1966）。另见我的《卓有成效的管理者》（*The Effective Executive*, New York: Harper & Row，1967），特别是该书第 1 章。

人的一种诅咒，而不是祝福或机会。直到最近，当工业危机造成强制性失业，而工业生产力使我们能够让失业者的生活维持在温饱水平之上时，我们才开始认识到，工作不仅是赚取面包的方式，更是人的一种必要的社会需要和心理需要。

知识工作者不能满足于仅仅是一种生计的工作。他们的抱负和自我看法与"专业人士"或"知识分子"的相同。如果他们尊重知识，就会要求知识成为取得成就的基础。

因此，让知识工作者接受挑战以取得成就，这是至关重要的。换句话说，管理知识工作者从而取得绩效，不管对知识工作者自身，还是对社会和经济，都同样必不可少。

知识工作者还要求对其提出要求的是知识而不是上司，也就是说，是目标而不是人。他们要求组织以绩效为导向，而不是以权威为导向。

知识工作者仍然需要一位上司。在组织结构中，最终决策权和最终责任的归属必须很明确。组织需要有"宪法性法律"，也就是需要界定等级结构中的权威和责任。但知识工作本身没有等级，因为知识没有"高""低"之分。知识要么与给定的任务相关，要么与之无关。任务决定一切，而名声、年龄、学科预算和任务执行者的级别都不是决定性因素。对眼部疾病而言，眼科医生是相关的；对胆囊切除而言，腹部外科医生则是相关的。

因此，知识工作者得组织成一个团队，在这个团队中，由任务来决定谁负责、何时负责、负责什么以及负责多久。因此，知识工作的组织结构必须既严格，又灵活；既要权威明确，又要围绕任务；既要考虑情境的逻辑，又要考虑指挥的必要。

两位平庸知识工作者的产出不及一位杰出知识工作者的产出的两倍，甚至还不如一位平庸知识工作者的产出。他们很可能什么也做不出——只是互相掣肘。在所有领域，合格的工作和卓越的工作之间的差别都非常大，这就是熟练工和大师之间的差别。在知识工作中，这种差别尤为明显。

这不意味着每位知识工作者都需要成为一个伟大人物，但这确实意味着他得追求卓越才能有所成就。"凑合"的知识工作没有生产率。这不仅对知识工作者的管理有意义，而且对知识工作者本人的生活和职业生涯也有重大影响。

使知识工作有生产率将是 20 世纪的重大管理任务，正如使体力工作有生产率是 19 世纪的重大管理任务一样。为提高生产率而加以管理的知识工作与放任不管的知识工作之间的差异，可能比引入科学管理前后的体力工作之间的差异要大得多。

知识工作者与工作年限

然而，无论某项工作多么令人满意，许多知识工作者往往在中年的早期阶段就厌倦它了。在他们达到退休年龄之前很久，更不用说在他们的身体和精神失能之前很久，其工作中的闪光点、挑战性、兴奋点就已经荡然无存了。

有充分的证据表明，尽管学校教育有所延长，但对大多数人而言，工作年限仍然太长。

对体力工作者来说，提前退休似乎是一种解决办法。正如在美国的汽车业、钢铁业与橡胶业中，尽管面临巨额罚款，但从业者仍然热衷于提前退休。体力工作者似乎并没有"闲暇问题"。虽然对受过教育的人强加给他的"文化追求"兴趣不大，但他并不觉得时间难熬。他可以待在佛罗里达州的一栋乡间别墅或活动房屋里，乐此不疲地打理一个小花园，忙着钓鱼、打猎和闲聊，没有太多回工厂上班的意愿。

然而，知识工作者不能轻易退休。如果他退休了，可能很快就会崩溃。显然，知识工作在某种程度上容易成瘾，而体力工作不会如此。从事知识工作 20 多年的人不能停止工作，但他们中的绝大多数人也难以继续下去，因为他们没有内在动力了。

似乎只有少数登上权力和地位之巅的人，或在自己选择的学科领域做到卓越和领先的人不会出现这种情况。他们保持着热情，往往全身心投入到自己的工作中。但是，大量受过教育的中产阶层成员很容易患上一种现代版本的中世纪疾病，当时它被称为"倦怠"，表现为情绪低落和亚急性绝望。这是在30岁左右时认识到自己既不会成为圣人也不会成为修道院院长的教士容易患上的典型疾病。

与此类似，那些尽管取得了成功，但在45岁左右之前仍然一直在履行某个特定职能或在某个专业领域工作的知识工作者，往往会变得疲惫、沮丧，对自己和工作感到厌烦。例如，企业的市场研究总监或质量控制主管，海军造船厂的审计长或中校军衔的陆军训练军官，政府部门的高级经济师或退伍军人医院的高级社会工作者，甚至是大学教师中"稳健的"好教授，都会遇到这种问题。

在企业和政府、军队和大学中，有很多关于"翻新""充电""休假"和"重返校园"的讨论。但需要认识到，这不是个人的问题，而是植根于知识工作者矛盾身份的普遍问题。这是知识工作者自视为"专业人员"，同他是组织的成员并且是以往手艺人而非"专业人员"的继承者这个事实之间隐含的冲突所造成的结果，而且可能是一个不可避免的结果。

然而，我们不能期望通过进一步延长知识工作者的受教育年限来缩短其工作年限。事实上，我们应该反其道而行之，缩短年轻人开始从事知识工作之前的受教育年限。

这个问题不会消失，但它可以而且必须转化为机会。我们必须让中年知识工作者有可能开始第二个知识职业生涯。

这种需要的程度怎么夸大都不为过。我在一次接受采访时提到了这种对第二个知识职业生涯的需要，那次采访的记录刊登在

1968 年 5 月的《今日心理学》（*Psychology Today*，当时发行量有限的杂志）上。这引发了来自美国各地的大量信件和电话（我收到至少 700 封私人信件和数百个电话），它们来自有各种宗教信仰的神职人员、教授、军官、校长、会计师、工程师、中层管理者、公务员等。几乎所有人都讲述了自己取得巨大成功的人生故事。然而，所有人都会问类似的问题："现在我 47 岁了，怎样才能开始做一些既新颖又有挑战性的事情呢？"

在 45 岁或 50 岁时，一位有造诣的、经验丰富的知识工作者正处于身体和精神的鼎盛时期。如果他感到疲惫和无聊，那是因为他在第一个职业生涯中的贡献和成长已达到极限，而且他自己也心知肚明。如果让他继续做那些没有挑战性的工作，他很可能会迅速堕落。指望通过"爱好"或"文化兴趣"来使其保持活力也无济于事。对已习惯作为一名专业人士的人来说，当一个业余爱好者并不能使其满足。随着年龄的增长，他可能愿意在工作之外的"兴趣"上多花点时间。但他既不愿意，也不能在情感上接受让这样的"兴趣"成为生活的中心，即使他有钱这么做。正如所有贵族都知道的，要成为文化玩家，得从小开始培养。

这种人通常都有一个愿望，那就是希望做出贡献。此时其孩子已经长大，房贷也还清了。他不再真正关心自己已经做了 20 多年的、早已了如指掌的、既没有挑战性也没有刺激感的工作。就像许多人所说的那样，现在他"想要奉献"。

如今，几乎没有什么有所准备的机会让他这么做。

然而与此同时，许多知识工作领域的人才短缺问题越来越严重，而且这种情况还将继续下去。例如，在招聘年轻人从事牧师、教师、医生等职业时，我们遇到了越来越多的困难。在过去，年轻人如果想成为知识工作者，就必须进入这些领域。然而，现在年轻人面临更多选择，这些职业的吸引力变得小多了，即使它们的薪资很高（教师和医生都是如此）。这些职业要求年轻人过早地做出承诺，做出不可逆转的选择。然而，这些正是工作了 20 年后"想要奉献"的人所追求的职业。

在现有体制下，这些职业的培养方式都是基于完全没有经验、什么都需要学的年轻人设计的，成年人的经验和知识不会被考虑在内。事实上，目前我们所做的一切都在妨碍成年人从事这些职业。

据我所知，一家罗马天主教的修女会惊讶地发现，某些从未被考虑过的妇女，如 50 岁左右的寡妇，对加入修女会特别感兴趣。这些妇女中的许多人早年都是学校教师——而这家修女会是一家教职修会。然而，在大约 100 个申请者中，只有 1 个人真正熬过了考察期并宣誓入职。修女会的会长问她："为什么其他 99 个人都退出了？"她说："你们有没有意识到，你们告诉每位申请者必须先学习缝纫课程？申请者中的大多数人都自己缝过衣服，还经常为孩子或侄女侄子缝衣服。如果我们想做针线活儿，完全可以待在家里。"

我们的神学院、社会工作学院、教育学院、护理学院、医学院等都是如此。他们仍希望申请者不管年龄大小，都要从"学习缝纫"开始。然而，我们没有理由不教那些有经验的、负责任的、认真的并且已经证明有能力做出贡献的男男女女如何成为卓有成效的教师、牧师、社会工作者、护士或医生，而且只需要用培训没有经验的年轻人所需时间的一小部分就可以培训他们。同样，这个年龄段的人需要有机会从一个机构转到另一个机构，同时留在自己的技术或专业领域——同样可能只需要一点培训就可上岗。

我们已经看到，所有组织都需要那些了解其他组织如何运作的人。在政府服务部门工作的人，需要了解企业、大学、军队、工会等组织如何运作。企业需要在其他组织有任职经历的人。在不同的组织中，工作本身可能没有太大不同。企业中的会计师所做的工作，很可能与行政机关或医院里的会计师所做的工作完全相同。政府行政人员的工作方式可能与企业经理或医院管理者的工作方式大致相同。然而，这些组织的环境、价值观、政治现实都大相径庭，足以给那些对原有工作感到厌倦和无聊的人提供新刺激。

> 在过去10年里，我个人观察到大约50～100名军官（他们是海军的中校、陆军或空军的上校）在48～50岁左右因无法继续晋升而退役。他们刚刚退役时都非常可怜——对生活感到恐惧，被自认为一直生活在一种狭隘的、受限制的环境中的想法所击倒，并且也意识到自己已经疲惫不堪、失去活力。这些人当中没有一个"伟人"，也没有多少有趣之人。
>
> 他们并不总是很容易安置。但绝大多数人都成功过渡到了另一种生活：在一所小型学院当教师或在企业担任经理，在会计师事务所或地方政府当审计员，在医院当人事经理或在企业担任车务主管，等等。无一例外，这些人都显得年轻了几岁，重新焕发了生机，又开始成长并做出贡献。

如今，几乎所有机构都规定65岁强制退休。我们确实必须让组织中的人退休。主要原因不是人们变老了，而是必须为年轻人创造机会，否则他们要么不肯来，要么不能留下。一个没有年轻知识工作者的组织是无法成长的，只能捍卫昨天。[⊖]但是，拒绝给任何特定年龄段的人工作机会，

⊖ 英国精神病学家、社会研究者埃利奥特·雅克（Elliott Jaques）博士的研究清楚地表明了这一点，详见其著作《责任的衡量》（*Measurement of Responsibility*, Cambridge, Massachusetts: Harvard University Press, 1956）。

不仅是一种不必要的残忍，也是对人力资源的浪费。

虽然我们需要让人们退休，但也需要有组织地重新雇用他们从事第二职业。

军队会让一位不再有晋升机会的人退役，无论其本人是否愿意。我们不需要像军队那样无情地做这项工作（尽管这可能比让他继续待在军队中，在沮丧和自怨自艾中消磨时光并自我毁灭要仁慈得多，而企业和大学往往会这么做），然而，我们需要像军队那样面对现实。

人的衰老并不是随着时间而增长的。有些65岁的人，比35岁的人还年轻。人也不是各方面同步衰老的。某个人可能年事已高，不再有能力从事繁重的工作，但其判断力可能丝毫未受影响，而且他相比于20年前可能是一位更优秀的决策者。一位顾问，尤其是需要兼具知识与同情心的顾问，通常在他年纪大到足够超然的时候才能做出最好的工作。

然而最重要的是，对大多数知识工作者来说，65岁才从第一份职业退休实在太迟了。他们20年前就已经"在职退休"了，在那之后，他们只是要熬到可以领取退休金的时候，这样既妨碍和挫败了其上级领导者，也妨碍和挫败了后来的年轻人。最终，他们自己也深感沮丧。

为退休制定财务规划是个好主意。但是，心理上的退休准备并不奏效，否则就不会有那么多人在退休之日不得不被推出去。他们灰溜溜地离开，仿佛被判了缓慢、痛苦且无法逃脱的死刑——事实上他们往往就是这样。

组织机构必须摆脱那些疲惫不堪的无法做出贡献的人。个人需要一个再次变得富有活力的机会，而且不必为其有用的生命设定一个固定的终点。因此，我们需要为第二职业创造大量机会，尤其是那些不必在固定年龄退休的第二职业，也就是没有年轻人被挡在后面的职业，例如牧师或私人执业医师。只有创造了这些机会，我们才能真正利用现代人工作年限延长这一巨大成就。

落实该建议的前提是做出最困难的转变：态度的转变。开发学习课程不是一个大问题，我们知道如何去做，尤其是如果人们愿意早早开始研究各种机会的话。提供有组织的、系统的安置方法也不是什么大问题，真正的问题在于旧有的态度。

教育工作者深信，任何一个研究领域都只有一套课程体系。即使某人在工作生涯中已证明自己是一名有能力的经济学家，甚至他还可能讲授过现在规定他必须学习的课程，但教育工作者认为，不坚持让此人"必修"两年商业经济学课程在道德上是错误的。管理者们仍然相信，一位不再受到工作挑战的人已经"停止了成长"。在原来的领域，他确实"停止了成长"。但是，如果他当初是一个有能力的人，那么他现在可能只是准备在其他领域"成长"（当然，前提是他没有生病）。

最后，知识工作者自己也要改变态度。他必须知道，45岁时重新开始并不丢人；他也必须知道，这是相对容易做到的事；他还必须知道，相比于酗酒、与女孩搞暧昧、看心理医生，或者其他任何一种试图掩盖对工作（短短几年前还令人兴奋、富有挑战、让人满意的工作）的挫败感和厌倦感的惯常做法，在这个年龄段开启第二职业要令人满意得多，也有趣得多。

转型的问题

知识工作者带来的挑战将在很大程度上决定知识型社会的生产力、有效性和满意度。但在下一个十年中，我们的努力将集中在转型上，即从昨天的体力工作转变为知识工作。在无技能工人、技能型工作的手艺传统以及美国的贫民区黑人方面，我们都面临真正的难题，因为这三个方面虽然各不相同，但向知识工作的转变都对其带来了威胁，并产生了问题。在这些方面，我们也可能犯最危险的错误，尤其是试图坚持和捍卫过去的错误。

到目前为止，关于自动化的恐慌性言论已经基本平息。即使工会（起码是美国的工会）也不得不勉强承认，自动化不会导致失业。曾在肯尼迪政府和约翰逊政府任劳工部部长的威拉德·维尔茨（Willard Wirtz）在1961年开始发表关于"自动化摧毁了无数工作岗位"的言论，但自1964年起，他转而开始大谈"自动化创造的工作岗位"。⊖

有充分证据表明，在过去的20年里，美国的职位流动率和技术进步速度低于有数据可查的任何早期阶段。在美国之外，"自动化引发失业"的证据更少，尽管在西欧国家和日本技术变革和生产力提高的速度要快得多。

许多经济学家提出了更复杂的论点：制造业就业出现了"长期停滞"，但该论点也并非出自事实。在20世纪50年代，制造业的就业并没有上升。但我们现在认识到，在朝鲜战争后的几年里，美国经历了一次相当严重的经济衰退。当我们在1960～1961年走出困境时，制造业的就业立刻开始回升，而且是以传统模式回升。在国民总收入中所占份额增加的制造业，也就是日益增长的产业（例如电子、制药和计算机），其就业增速高于产出增速。萎缩产业的就业下降速度高于其在国民总收入中所占份额的下降速度——原因很简单：在萎缩产业中，生产率最低的单位最先倒闭。而在既没有增长也没有萎缩而是停滞的产业中，就业的降幅每年不超过2%～3%，任何企业或产业都可以在没有新技术，实际上也没有新机器的情况下，通过普通的日常管理引导来提高生产率。

汽车和钢铁业的就业状况尤其与此相关。这些都是传统产业，但已经使用了大量新机器。因此，人们预计这些产业即使产

⊖ 维尔茨的下属，即劳工部里相当能干的经济学家持不同的看法，他们从未担心过自动化。虽然维尔茨提到"自动化引发失业"，但他们闭口不谈此事，反而一再发表调查结果，证明根本不会那样。

出大幅增长，就业也会大幅下降。然而，这种情况并没有出现。这些产业的产出一走出 20 世纪 50 年代的低谷，其就业就以不成比例的速度增长。

然而，忽视工人对自动化的恐惧是不明智的。工人使用了错误的方式来解释自己的恐惧（自动化是一个恶棍），但他害怕的是一些真实存在且会造成威胁的因素。

因为向知识工作转变造成的结果是，无技能工人迅速回到了在社会上无能的、无足轻重的地位。

无技能工人是把知识用于工作的最早受益者。科学管理让劳工（laborer，这是他在历史上为人所熟知的称谓）第一次有了生产率，把他变成了"半技能型"工人——但无论有哪种技能，都是在其岗位设计中的，他本人不需要有任何技能。这样一来，就有可能向这位工人（机器操作员）支付历史上无技能工人从未获得过的薪资，即经济生产者的薪资。无技能工人（在历史上他们与其说是一种资产，不如说是一种经济负担）与有技能工人（生产者）之间的薪资差距几乎消失了。以前，有技能工人与无技能工人的薪资比例为 3∶1 或更高；过去的 30 年中，在所有工业国家，这种差距已缩小到第二次世界大战时美国的程度，它在许多产业中都不到 10%。

但更重要的是劳工社会地位和权力的急剧提高。历史上没有任何阶级能像 20 世纪前 50 年的无技能工人那样，在社会地位和权力方面提高得那么快。无技能工人成了第二次世界大战的英雄，生产轮船、坦克、飞机的流水装配线工人"铆钉女工萝西"（也是第二次世界大战期间一首美国流行歌曲的女主人公）是工业社会及其成就与力量的象征。在第一次世界大战后成长壮大并掌握了权力的大规模生产工会中，无技能工人获得了政治权力、社会凝聚力、自豪感和领导地位。

自相矛盾的是，把知识用于工作的下一个影响（这种影响已经显现），将使无技能工人回到以前较低的社会地位。在经济上，他们将保留自己的收益。实际上，知识的应用可能让这类工人更有生产率，从而能赚取更高的薪资。就业保障可能非常充分，因为随着教育的普及，从事大规模生产的无技能工人的供给减少速度可能会超过需求减少速度——在发达国家中，唯一的例外是美国黑人。

然而，从事大规模生产的无技能工人将被视为一个工程缺陷。这些人之所以有一份工作，只是因为我们还没有下功夫把足够的知识用于其工作，把它"编程"为机器的工作。机器可以完成任何一项机械操作，只要我们真正了解和理解它——唯一的问题是这样做是否划算。

在许多情况下，这样做并不划算，要么是因为我们的生产数量不够大，要么是因为研究工作实在太复杂，而这项工作做起来却很简单，只需要很少的学习或指导。例如，把穿大衣这件事"编程"并设计一台机器来完成是非常可行的，虽然搞清楚这件事需要花费几个月进行时间 - 动作研究，但这并未超出训练有素的工程师和机械设计师的能力范围。然而，这样做是非常荒谬的。

但无论其收入和就业保障如何，无技能工人的社会地位都在迅速下降，随之而来的是工会的驱动力迅速衰退。由于工会人数众多，而且其投票权集中在底特律或匹兹堡等主要工业中心，因此工会可以在很长一段时间内保持强有力。但大规模生产行业的工会已经不再能够进行领导。不论沃尔特·鲁瑟（Walter Reuther）多么努力，它们都无法再充当推动社会进步的行动者。任何变革对它们而言都是一种威胁。它们只能成为反对者，怯懦地反对任何变革，成为怀念"昨天"的反动派。虽然这个"昨天"从未出现过，但它曾经看起来似乎能够且会成为"明天"。

因此，政府将面临要求保留无技能工人的巨大压力，即使不能恢复其以前的地位。政府有充分的理由帮助这些工人——若这些工人因为缺乏技能而完全无法自食其力的话。例如，再培训是急需的，安置服务也是如此。但我们需要的不是阻止变革，而是有组织地变革。我们需要向瑞典人学习，根据自身情况调整雷恩推进变革的方法（参见本书第 4 章）。我们需要让变革变得可能、容易，尽可能减少痛苦。

政府无法消除无技能机械操作员强烈的不安全感。无论是政府还是管理层，都无法消除困扰他们的心理疾病的根源。让工人和工会参与管理，或参与利润分享，以及其他任何措施，都是治标不治本。然而，公共政策可以确保工人知道，政府和管理层会采取措施，以使他们能够应对变革。如果政府或管理层试图阻止变革，那么这只会在不久的将来造成不可避免的巨大痛苦。

政府政策应该推进转型。这是控制转型的唯一方法，否则无技能工作岗位将成为陷阱。我们必须鼓励能够转变的人（或他的儿子）自身成为一名知识工作者。我们还必须向无技能工人保证，当他当前的工作岗位被淘汰时，社会将帮助他找到一份新工作，并帮助他掌握从事该工作所需的知识和技能，进而走上新的工作岗位。

这不是某个雇主可以单独解决的事。这可以由某地区的一群雇主合作完成——就像在工会协助下，俄亥俄州托莱多市正在尝试做的那样；或者像瑞典那样，由政府在雇主和工会的密切配合下予以处理。但无论社区组织如何安置个人，雇主都必须事先思考和计划。在大多数情况下，使大批工人的工作岗位被淘汰的裁员可以提前很长时间予以确认。尽早开始为工人寻找一份新工作，并让他们做好准备，这是可能的。事实证明，对任何尝试过的组织而言，这样的人力规划都大有裨益。

纽约大学开发的新职业项目⊖可能是一个非常有前景的方法。这个项

⊖　详见弗兰克·里斯曼（Frank Riessman）和埃尔米纳·I. 波珀（Hermine I. Popper）的《摆脱贫困》（*Up from Poverty*, New York: Harper & Row, 1968）。

目首先培训"无法就业者"（主要是黑人贫民区的黑人）从事医院、学校、社会工作或监狱中的传统的低技能服务工作。它利用了这些领域严重的人力短缺。但是，虽然这些受训者接受的是简单工作的培训（如护士助理或社会工作访问员工作的培训），但他们一直被鼓励最终成为一名正式的专业人员，也就是从护士助理变成训练有素的护士，最后或许会成为一名医生。这不仅需要新的学习方法，还需要各行业和招聘机构愿意重塑其职业阶梯，并奖励其绩效与成就。

> 新职业项目仍是个新生事物，但其成果令人鼓舞，这足以表明，一旦某个人已在学习，而且是系统地学习，他就能相对轻松地忘记以往所学并重新学习。当然，雷恩在瑞典的做法，或英美两国在第二次世界大战中的经验，应该已经教会了我们这一点。但新职业项目成功激励并教导了那些在以前的传统教育中完全失败的人，那些曾经除了因"无法就业"，还因"不可教"而被放弃的人。

所有雇主（不只是企业）都必须承认，向知识工作的转变赋予了他们一种责任——深入思考当前非技能型工作岗位的未来。否则，政府会迫于民意，成为昔日工作结构的捍卫者、昔日商品经济的捍卫者，从而成为未来知识经济获得成功的主要障碍。

今天的有技能工人面临一个远比无技能工人所面临的更棘手的难题，因为技能型工作岗位并未过时，相反，这种工作岗位正变得越来越普遍、越来越重要，以至于绝大多数人很快将会受雇从事技能型工作。只不过，它将不再是以往那种基于手艺的技能型工作，而是基于知识的技能型工作。

传统手艺已经过时了，其基本假设不再适用。手艺假设人们通过担任学徒来学习，但如今，任何人都要接受多年的学校教育，学徒制已经不再可行。事实上，现在已经没有多少合格的学徒候选人了。有人抱怨，美国的同业工会把黑人学徒拒之门外。这种说法是有根据的。它可能是美国最反动、种族色彩最浓厚的组织。但与此同时，同业工会却因缺乏新的年轻成员而变得岌岌可危。在美国大多数同业工会中，成员的平均年龄都在50 岁以上。无论是在造船业、建筑业、铁路业，还是在印刷业，同业工会都很难招到新成员。人们期望年轻人留在学校求学，日后成为知识工作者——如果孩子们辍学去追随父辈的脚步，那么他们的父亲（富裕的手艺人）会把屋顶都掀翻。

手艺对工作和工作者的基本假设更站不住脚了。手艺往往假设：一个人在学徒期满时学到的东西将伴随其整个职业生涯；某些工作"属于"该手艺，而且必须以某种方式完成。手艺本身是保守的。手艺所做的已被长期的经验所证明，并可能成为神圣的仪式，不容"绿孩"[⊖]擅自篡改。但顾名思义，知识是好奇的、创新的。知识进行探究。知识假设我们已知之事即将过时，它不可能是我们应该知道或真想知道的。而且知识没有"管辖"界限。仅仅因为锤子是木匠的工具，激光是物理学家的工具，并不能成为知识在未来不会把激光用于木匠工作的理由。因此，多数基于知识的技能经常发生变化，而且不会考虑传统的分工和管辖区。

学习一门手艺让人无法再学习任何新的或不同的东西。他接受的训练是，做一项工作只能用一种方法。但没人告诉他，这种方法可能也是做其他工作的正确方法，更不用说，做任何工作都可能有其他方法。

我们已经证明，如果通过"程序"来教学，没有任何背景的人也能掌握最复杂的技能。

⊖ 绿孩（green kids），源自 12 世纪英格兰关于两个肤色异常孩子的传说，后用来形容"非常放肆无礼的孩子"。——译者注

美国空军曾经把近乎文盲的黑人培养成电工，因为空军别无选择，符合条件的白人在军队服役时间太短，无法通过学徒制进行培训。但这些近乎文盲的黑人却成了优秀的电工。然而几年后，美国空军不得不把这些人培养成导弹维修员，这是一项不同的工作——是电子工作而非电工工作，是一种"系统工程"而非手艺技能。况且，导弹维修工作是在远离任何基地的地方进行的，需要维修人员独自完成，而且他们必须能够迅速诊断并修复复杂的故障。然而，一旦对这项工作进行了深入研究，并将其简化为知识和系统，那么即使是近乎文盲的人，也能以高水平的绩效和责任来维修导弹，只有极少数人是例外。

这种通过"程序"掌握知识以获得先进技能的能力，让传统的手艺制度难以为继。无论"行会"还是"工会"，它们都变成了社会的负担，也是对会员个人的威胁。维持手艺管辖区或许能在几年内保住工会，并保住工会领导者的工作（就像在美国的造船厂和报社所做的那样），但这会迅速摧毁会员个人的工作岗位和就业保障，剥夺他重新学习的能力、获得新技能以完成旧工作的能力、把旧技能用于新工作的能力。为此，成员个人不仅需要知识而非学徒制，还需要一种完全不同于传统同业组织的工作方式和就业保障方式。

为了推动社会和经济发展，为了保护掌握某种手艺或技能的工会成员个人，我们必须清算同业工会和手艺的概念。我们不得不这样做，但这不是为了废除技能，而是为了解放它，使其真正有生产率。这主要是英语国家尤其是美国和英国的任务，因为这些国家都盛行同业工会主义。

我们可以向西方世界中那些没有同业工会的主要工业国家（尤其是日本和德国）学习。

在开放国门以及1867年开始近代化之前，手艺技能是日本产业进行组织的原则。所有"老"产业（丝织业、制扇业或漆器业）都有严格的手艺行会。但是，依靠引进的西方技术建立起来的"新"产业从未采用过手艺原则。在这些产业中，受过培训的工人可以在工厂里从事任何工作。日本产业界的工作者，包括高层管理人员，都需要持续接受培训，直至退休。所有人都在不断学习新工作方式和新技能。这项持续的培训从一开始就是以系统的学校教育为基础，而不是以手艺技能和学徒制为基础。

当然，日本之所以能够做到这一点，只是因为日本工作者有"终身的"工作岗位，除非发生重大灾难或严重失职，否则他们不会被解雇。工作者的薪资主要与其资历挂钩，而不是与其技能或所从事的工作挂钩，尽管这种情况正在迅速改变。因此，对日本的工作者来说，新事物是一个机会，哪怕只是因为这会使他的公司更有竞争力，从而使其更有保障。如果公司倒闭，他不太可能找到别的工作，这当然也是一个强有力的激励。

德国的例子同样有启发性。在希特勒执政以前，德国是由强大的同业工会组织起来的，这些工会都小心翼翼地保护着各自的管辖区。然而，第二次世界大战后，这些工会并没有恢复，主要是因为驻德美军占领当局的劳工顾问维克托·鲁瑟（Victor Reuther，美国一个大规模生产行业的工会——全美汽车工人联合会的领导者）建议不要恢复。因此，所有联邦德国的劳工都被组织在少数几个大型产业工会中，每个企业的工人都属于并且只属于其中一个工会。联邦德国工人依旧接受长期的学徒训练，然而，在特定工厂内，几乎没有手艺上的竞争，对工人而言，不管各自的具体工作是什么，他们都属于同一个工会。他们的工作不是靠手艺保障的，而是由其在企业内的资历来保障的。虽然将一个人从一种手艺工作转移到另一种手艺工作并不容易，但管理层和工会都越来越接受这样一种观点：掌握某个手艺领域之外的技能，从而能够抓住在工厂内的资历所能提供的任何机会，这符合人们的自身利益。即使是联邦德国汽车厂中拥有高超技能的工人，也可从一个手艺工作转移到另一个薪水更高的工作，而不会像在美国或英国的汽车厂那样遇到管辖区障碍。在德国，即使不是"终身雇佣"，就业保障程度也很高，尤其是对那些有技能的人而言。

即使在日本，"终身雇佣"也已不再可取。因为只要某人所在的公司或产业至少做得还不错，他就能得到保护，但如果公司倒闭或产业消失了，那么他实际上几乎不可能另谋他职。这种基本原则是合理的，提供就业保障正是雇主的责任。然而，在一个技能基于知识的，并且技术与经济可能瞬息万变的知识经济中，唯一有意义的就业保障就是快速学习的能力。在一个不断变化的经济和社会中，唯一真正的保障就是掌握足够的知识，以便能更换工作。

我们需要将日本人强调的持续培训、德国人对产业或工厂而非手艺的承诺以及瑞典人通过流动性来保障工作与收入的做法相结合，这样才有可能在政治上和心理上消除同业工会的自毁式垄断。

这种转型可能是英美两国最棘手的产业难题。除非这两个国家解决该问题，否则我担心它们将不能长期保持经济增长能力和国际竞争力，不能具备社会灵活性以建立和利用知识经济。

大规模生产行业内无技能工人的转型，手艺技能与同业组织的转型，这两个转型问题在美国都将是最为尖锐的，因为正是在美国，新的知识经济发展得最快，走得最远。最重要的是，这两个问题都与美国最危险、最敏感、最紧迫的问题，即种族问题密不可分。

20 世纪初，大规模生产行业内无技能工人的经济和社会地位急剧上升，美国黑人是最直接的受益者。大规模生产行业第一次为黑人创造了大量城市工作岗位，这些岗位的薪资远远高于黑人以前能得到的任何薪资。此外，这些工作岗位还让黑人在产业工会中（即在一个权力日益增长的社会组织中）获得了成员资格和日益平等的地位。这些成果始于第一次世界大战，并在第二次世界大战爆发到朝鲜战争结束的这段时间达到顶峰。在那些年里，大规模生产行业的工作岗位非常多，白人工人根本不敷所需，因此当黑人进入这些岗位时，几乎没遇到什么阻力。事实上，20 世纪 50 年代美国最高法院的判决废除了黑人在美国社会中获得平等地位的法律障碍。很大程度上，这些判决是把黑人在之前 25 年作为大规模生产行业的正式劳动力所获得的巨大收益编纂成了法律条文。

世界大规模生产行业之都底特律是美国唯一的黑人与白人居住在同一个街区的大城市，也是唯一的没有明确划分黑人聚居区的美国城市，这绝非巧合。1967 年夏天，尽管当时底特律的就业创下了纪录，但仍发生了美国在那一时间段内最严重的骚乱，这也绝非巧合，因为在大规模生产行业工人的地位发生逆转的过程中，黑人也是最严重的受害者。

作为最新进入城市的移民，黑人最不适应这种以从正规学校获得的知识作为技能和机会基础的经济。每一代进入城市的移民都来自乡村文盲家庭，不得不跨越教育鸿沟。但是，1780 年涌入曼彻斯特和利物浦、1850 年涌入波士顿和费城的爱尔兰乡村文盲，只要接受几周学校教育就能完全胜任社会上几乎所有的工作，而现在这个鸿沟达到了 12 年左右——远远超过了一代人所能弥补的鸿沟。

因此，向知识经济的转变剥夺了黑人群众自认为已经取得的任何收益。这在经济上已经够糟糕了，但真正伤害的是其社会地位和自尊、希望和承诺。认为黑人反抗是因为他近期取得了很大进步以至于变得不耐烦，这恐怕是白人的一种错觉。黑人之所以反抗，是因为他看到自己取得的一点收益被剥夺了——就在他刚刚品尝成果的那一刻，这些成果却从他手中被夺走了。就在这种转变刚开始的时候，大批年轻黑人受到吸引，从南方乡村来到承诺提供高薪且体面的工作岗位的北方城市，而北方城市突然不再兑现这一承诺了。

因此，当务之急是立即为无技能的黑人青年找到大规模生产行业的工作岗位。但是，无论政府和企业多么努力，这都不容易做到。在政府和企业，我们都必须预料到来自在职者（黑人或白人）越来越大的阻力。（例如，1966～1967 年，位于纽约州罗切斯特市的伊士曼柯达公司与一个由来自南方乡村的无技能黑人青年构成的组织发生了冲突，在这场冲突中，来自有技能的黑人手艺人的抵制发挥了重要作用——这也解释了为什么该公司不知道如何处理这种冲突。）尽管体力工作岗位并未减少，但当前的在职者仍认为自己受到了威胁。在职者越来越不愿意分享那些看起来日益减少的机会，工会和工人都公开反对任何给予新入职黑人特殊待遇的尝试，例如，比老资历工人（包括白人和黑人）更高的就业保障或特殊培训。

尽管几乎所有同业工会都有种族主义、只限白人的传统，但黑人在美国北方城市可能更容易找到技能型工作岗位，因为有足够智力和教育水平来获得手艺学徒资格的白人男孩，正越来越多地待在学校里，并将成为一名知识工作者。一旦原先对黑人的抵制被克服，他们就应该能找到这样的工作。

但是，能胜任这种工作的城市黑人青年并不多。这种工作对工作者在技能和教育方面的要求，都远远高于那些刚从乡村文盲环境中走出来的年轻人可能具备的水平。尽管如此，最近的尝试已经证明，许多年轻黑人只要接受强化培训（尤其是数学或看蓝图等知识型技能方面的课堂培训）就能达到入职标准。我们需要付出更大、更持久的努力，来向黑人学徒开放手艺工作岗位。

然而，从长远来看，为黑人寻找体力工作岗位（无论是技能型还是非技能型岗位）不是解决之道，甚至还可能造成长期伤害。几年后，非技能型大规模生产工作可能会把黑人困在一个新的贫民区里，这才是真正的危险。随着白人工作者的子女接受知识工作所需的学校教育，先是大规模生产行业的工作，接着是技能型工作可能会成为新的"黑人职业"。在肉类包装业中已经出现了这种情况。底特律汽车厂和纽约服装业的装配线也正在出现这种情况。由于黑人将在这个新的贫民区赚大钱，白人的良心将再次得到慰藉，并对黑人争取在美国社会获得真正的成员资格的每一次尝试都感到愤恨，认为他们"忘恩负义"。

更大的危险是，强调让黑人从事技能型或非技能型体力工作的政策，可能会使黑人的福利与整个国家的最佳利益相冲突。国家的最佳利益要求加快而不是延缓从体力工作向知识工作的转变。这要求鼓励逐步减少技能型或非技能型体力工作岗位，并由基于知识的技能型工作岗位取而代之。一方面，知识工作的生产率高得多；另一方面，知识工作更令人满意，可以获得更高薪酬，提供更多机会。无论从经济角度还是从个人角度看，尽管知识工作可能存在种种问题，但它是一个重大的跃进。但如果体力工作成为黑人的专属，成为其生计，成为他们争取平等和自尊的手段，那么某项符合国家整体利益（以及在人口中占多数的白人的利益）的政策，对黑人少数群体而言将是灾难性的，是对他们的直接攻击。占多数的白人和占少数的有色人种都无法承受这种危险。

无论我们多么迫切地需要为黑人提供大规模生产和手艺工作岗位，我们都需要付出更大的努力，尽早发现、识别、培养和安置尽可能多的黑人知识工作者。这意味着要走进小学，在男孩和女孩很小的时候就与他们合作，帮助他们规划职业生涯，鼓励他们留在学校里读书，向他们展示机会、榜样与楷模。这意味着要走进黑人家庭，鼓励父母支持学校、支持孩子的学习，而直到最近几年，这种支持都非常缺乏（尽管相比于 19 世纪 80 年代美国城市中的爱尔兰人、20 世纪 20 年代纽约的意大利人或芝加哥的波兰人，或者 20 世纪头 10 年维也纳工业区的捷克移民，这种缺乏的程度差不多）。这意味着要让学习和教学具有针对性和有效性。这还意味着要推出各种项目，如前文提及的"新职业项目"，给青少年甚至成年人提供第二次机会，让他们与生俱来的能力得到发挥。

相比于体力工作岗位，在知识工作岗位上黑人遇到的阻力较小。知识工作岗位正在快速扩张，来自黑人的竞争威胁不大。此外，白人社群能否接纳黑人，取决于黑人能否被处于领导地位的社会群体接纳。社会的接纳从来都不是从基层开始的——这也解释了为什么黑人加入大规模生产行业工会对其被美国社会接纳的程度影响甚微。社会的接纳取决于社会阶梯的顶端。而无须赘言的是，知识工作者显然是知识型社会中的领导群体。

就算黑人克服了他们作为大变革时期城市社会最后到来者的不利因素，美国的种族问题也不能得到解决。社会行动永远解决不了精神层面的问题。种族问题是美国历史上精神层面的创痛，只有靠承受苦难和真心忏悔才能最终解决。

但是，除非我们解决了这个社会问题，帮助美国黑人成为知识型社会和知识经济中有效的、有生产率的成员，否则根本看不到任何解决种族问题的希望。白人领导者必须资助、鼓励、赞助并带头采取正确的社会行动。但是，要把流离失所的乡村黑人农工培养成知识工作者，首先需要受过教育的黑人做出奉献，因为他们虽然受歧视、被排斥、被压制，但他们已迈入了知识型社会。虽然美国黑人可以靠体力劳动获得工作岗位和收入，但平等只有在当今占主导地位的知识型社会中才能实现（无论是与白人世界隔离，还是与白人世界融合）。

因此，目前美国最有前景的发展是过去数十年来黑人知识工作者的迅速增长。尽管黑人知识工作者在黑人总人口中仍然是一个相对较小的群体（可能只占 1/5 左右），但其增长速度是白人知识工作者的 2 倍；并且也是第一次，黑人知识工作者承认自己属于黑人社群，而不是企图逃离黑人社群。

因此，黑人知识工作者（他们既能被黑人社群接受为领导者，又能被白人领导群体接纳为同伴）的迅速崛起成为可能——这在美国历史上是第一次。如果这一希望由于善意但目光短浅地过分专注于向黑人开放昨天的技能型或非技能型体力工作岗位而被摧毁，那将是愚蠢的悲剧与灾难。

知识成了我们社会的核心，这让早期黑人领导者希望实现黑人平等、黑人尊严与黑人成就等目标的路线（让黑人拥有小农场以及平等地获得从事体力劳动的机会）走入了死胡同，取而代之的是，它为黑人打开了知识工作的大门，这是美国黑人迄今为止拥有的最大机会。

这对白人社群和黑人社群都提出了新的、非常重大的要求。但最重要的是，这充分体现了知识型社会和知识经济的出现对传统知识机构（即学校）提出的要求。

成功把学校毁掉了吗

20 世纪 60 年代末，尽管美国参与了越战，但其教育支出仍比国防支出高得多。美国的年度教育支出为 700 亿～750 亿美元，其中 500 亿美元用于学校及大学系统（包括公立和私立），其余的支出（相当于前者的一半）花在产业界、政府和军队的各类教育和训练上。这个数字是美国在 20 世纪 50 年代中期年度教育支出的 2 倍，是第二次世界大战后"教育爆炸"刚开始时年度教育支出的 4 倍。

到目前为止，教育支出已成为美国经济中最大的一笔社会性支出，比医疗保健、福利、农业补贴等其他非国防社会性服务的总支出还要多。现在，各类教师是美国劳动力中最庞大的一个职业群体，其人数远远超过了钢铁工人、卡车司机和销售人员，甚至比务农人口还多。

这些现象只是价值观方面发生的重大变化在数量上的体现，并且绝非美国独有。在整个现代世界中，教育已经取代出身、财富甚至才能，成为获得机会和晋升的关键。教育已成为现代人的第一价值选择。

这是历代校长们做梦都不敢想的成功。但教育体系配得上这种成功吗？或者，套用几年前一部流行剧的名字——"成功把学校毁掉了吗？"

　　许多迹象表明，教育的现状远不尽如人意。虽然教育支出一路飙升，并将持续上升，但纳税人明显感到不满。过去几年，美国各地一个又一个社区投票否决了征收新学校税、发行新学校债券或提高教师薪资的提案。但这些举动可能都徒劳无功——最终学校税依旧高涨，兴建新校舍的钱会有着落（如果不靠发行学校债券，那就靠联邦补贴），教师薪资也会在竞争压力下进行调整。但是，人们对教育成本日益增长的抵制表明，公众开始关心所花的钱让自己得到了什么。

　　这种对教育的信念与对教育成本的抵制之间的矛盾心理无处不在。英国工党政府致力于迅速扩张普通教育，使人人都能接受普通教育，但它仍反对教师提高薪资的要求，并试图推迟建设急需的师范学院。日本学生充分认识到，教育体系控制着他们将来获得的机会，但他们仍然通过暴乱反对学费上涨。戴高乐愿意花费紧缺的资金向加拿大法语区派遣教师，但在1968年5月的学生骚乱几乎摧毁了法国社会之前，他一直反对扩建巴黎著名的老牌大学索邦大学。该校设施已严重老化，完全不足以承担相应的教学任务。我们都热爱教育，也都想要更多教育，但我们显然不相信付出的金钱与获得的回报相符，而且有充分理由不相信这一点。

　　一个重要问题是当今叛逆的青少年（垮掉派、嬉皮士）与学校的疏离，即使这只是一个症状。在过去，青少年的反抗几乎无一例外都是在学校内部或周围（尤其是大学内部或周围）组织起来的。例如，20世纪30年代英美两国的左翼激进分子，以及目前模仿这些人的拉丁美洲左翼学生，都是以大学为基地，把大学看成是他们自己的机构。然而，现在的垮掉派和嬉皮士对学校的反抗，更胜于对其父母的叛逆。

　　要找到相似的例子，就必须追溯到几百年前的戈利亚德[⊖]，他们是文艺复兴初期的垮掉派和辍学大学生。除了几首喧闹的诗歌，戈利亚德几乎一

　　⊖ 戈利亚德（goliard），中世纪英格兰、法兰西和德意志地区的流浪学生和神职人员，以其讽刺诗、酗酒与放荡行为而闻名。——译者注

事无成，但这并不重要。他们的出现预示着源于中世纪的传统大学开始衰败和过时，预示着传统大学即将瓦解，并被一种非常不同的学校——"现代"大学取而代之，它有着不同的教育目标、不同的价值观，以及完全不同的教学内容与课程体系。100年后的今天，垮掉派和嬉皮士可能被认为是20世纪的戈利亚德，他们自己没什么成就，却预示了传统的"人文主义"教育的崩溃。这种教育在17世纪兴起，用来训练极少数新出现的平信徒抄写员，现在已被不加鉴别地推广到很多地方。

　　教育已经变得如此重要，因而不能完全将其托付给教育工作者。在现代社会中，每个人都有权认为自己是学校教育方面的"专家"，因为每个人在成长时期在学校度过的时光要多于在其他机构度过的时光。此外，教育的成本过于巨大，不能不加质疑地接受。教育到底是一项富有成效的投资，还是一项简单支出？这是一个合乎情理的问题。教育体系也变得过于强大以至于不能不容挑战，因为学校教育越来越多地控制着职业、机会和晋升的途径。由于以上这些原因，在所有发达国家，教育必须成为一个公共议题——在那些教育经费已成为经济与社会发展主要障碍的发展中国家，可能更是如此。

　　因此，学校及其结构、作用、目标，以及最重要的教学内容，将日益成为人们的关注焦点。我们在学校花了那么多钱，学校能给我们带来什么呢？我们在学校待了那么多年，究竟学到了什么呢？

学校是干什么的

　　几个世纪以来，人人都知道有技能的手艺人是一项巨大的经济资产。但直到最近，上学在经济上还是一种奢侈的行为。长期以来，新教徒和正统犹太教徒一直宣扬，识字是有效履行宗教职责的必要条件。自18世纪起，识字成为公民身份的基础。到1850年左右，小学教育已被视为个人拥有"自我完善"的能力的必要条件。但只有极少数人不止需要最起码的教育，只有极少数人被期望在工作中使用知识。

例如，20 世纪初殖民地并没有兴办教育的压力，相反，英国人试图在印度普及小学教育的尝试，遭到了当时刚刚兴起的反殖民运动（由早期的印度国大党领导）的持续抵制。人们认为，学校是对纳税人金钱的惊人浪费，国家不会从中得到任何好处。在较贫穷的国家，人们认为需要的是灌溉工程、兴建道路和降低税负。而在受过教育的人中，能受雇从事有用工作的人非常少，这种需求很容易被富家子弟满足，他们完全有能力自掏腰包支付学费。直到最近，经济学家还严厉批评日本在 1870 年后推行的全民扫盲运动，认为这是把急需的经济资源浪费在没成效的"面子"工程上。

而在今天，所谓"殖民主义"最大的罪恶之一就是没有普及学校教育，因此没有在殖民地国家形成一个受过教育的社会。在 1967～1968 年的明治维新百年庆典活动中，日本在 1867 年后的改革期间取得的任何成就，都没有像优先把教育作为现代生产性经济和社会的基础那样受到普遍赞誉。

以往人们不认为教育在经济上有成效，而将它看作只有富人才能负担得起的奢侈品，这在很大程度上解释了受教育年限延长的方式。主要为了回应工作年限的延长，学校让越来越多的年轻人接受"高等教育"，也就是接受 17 世纪时为少数抄写员设计的职业培训。原本高度专业化的培训被默认为面向所有人的通识教育。

这件事情未经规划，却已经发生了。在美国，最后一种经过规划和深入思考的学校是"初中"，也就是为 12～15 岁的少年开设的学校。然而，初中是一个多世纪前的欧洲国家设计的，当时某些国家首次有经济条件让大量儿童在小学毕业后继续上学。[⊖]初中被认为是大多数人求学的最后阶段，其设计在很大程度上是为了与手艺学徒的最初几年相融合。然而，超出"初中"之外，新增的学生只是被送到既有的学校，这些学校起初是为了训练牧师、律师和公务员而设立的，比如英国的公立学校、德国的高级文理中学（Gymnasium）、美国的高中或法国的高中。当上大学在过去二三十年间成为普遍现象后，这样的过程又再次上演。

　　在中学讲授拉丁语的理由发生变化（拉丁语教学本身丝毫未变）的方式，或许能最好地体现这一过程。在1700年或1750年，没人会说拉丁语教学还教导拉丁语之外的任何东西，没人说拉丁语能"塑造心智"，也没人称赞学拉丁语为一种"修炼"，更没人断言掌握拉丁语是更容易学习其他欧洲语言的关键。人们学习拉丁语只是因为它是受过教育之人的"交流媒介"。直到18世纪中叶，法国文化帝国主义者试图用路易十四的语言取代奥古斯都（Augustus）的语言（但没有成功），在那之前，受教育者的书本和重要文件通常都是用拉丁语书写的。那时拉丁语被当作一种非常实用的工具被讲授，没有它，抄写员就无法正常工作。19世纪初，当这一切结束时，拉丁语的所有其他优点突然被发现了。在过去的50年或100年中，拉丁语一直得到捍卫，因为它毫无用途，也就是说，拉丁语成为一种装饰。有人争辩说，"受过教育的人"不应学习实用性课程，而应学习拉丁语这种"博雅"和"通识教育"课程，正是因为没人可以用它们做任何事情。

⊖　第一个广泛设立这种学校的国家是奥地利（大约在1820年），这种学校后来被命名为Buergerschule，即"公民学校"，它是设计这种学校的自由派教育家的一项政治宣言。受过教育的人是"公民"，而非"臣民"。

　　这不是反对拉丁语的论点，而是说明了我们高等教育的基本特性，这种特性植根于其历史和起初的目的。作为一种为需要书写能力（这就是"博学"的本意）的专业人员而设的职业教育阶段，高等教育重视语言技能是非常恰当的。木匠的学徒时期注重刨子、锤子和锯子的使用技能。牧师、律师、教师、公务员的学徒时期，也就是文艺复兴和宗教改革时期兴起的高等教育，则强调学习阅读、写作和足够的数学知识，以成为一名会计师、管理财产的律师与测量员。因此，学校可以把语言技能之外的事情留给其他学徒时期。无论如何，生活会免费教导大多数人非语言方面的经验和表现。

　　对抄写员以外的职业而言，正规教育被认为是障碍而非资产。

　　　　仅仅 40 年前，当我开始在一家出口公司当学徒时，曾被明确认为"受教育过多"。当时我已经中学毕业了，早于我进入那家公司的学徒，以及公司所有者和他们的儿子，都没有这么晚才开始工作的。他们都是 14 岁开始工作，却都认为自己已经接受了足够的教育，当时整个社会也都这么认为。

　　但是今天，求学已经成为每个人成长阶段的必经过程。然而，为了这样的目的，语言训练已经不够了，更不用说富有成效了。我们不能再假设大多数人在学校外能获得足够的非语言经验，大多数人在成长阶段最重要的学习经历就是坐在教室中接受抄写员教育。这种教育太片面、太局限、太狭隘、太职业化——最重要的是，它不是"博雅教育"或"通识教育"，也不是真正的"教育"。当今学校最大的缺点，也是年轻人最受折磨的地方，就是这种语言枷锁。当然，还有体育枷锁——而且我们确实需要体育。但人不能只有语言技能和肌肉。

　　在一个人的成长过程中，最迫切需要的莫过于成就感，而这唯有通过有所作为才能获得。然而，学校的环境让人无法取得成就。在"学术训练"中，学生不能发挥作用，而只能显示潜力。在语言领域，他在学校里能做的所有事情，就是重复他人已做过的事或说过的话。

以前的教育工作者别无选择，只能延长他们唯一有的学校教育、唯一所知的学校教育。他们的顾客已经把这样的学校教育视为令人羡慕的特权标志，获得除此之外的任何教育，顾客都会感到不满。但其结果是一种扭曲人而非塑造人的学校教育，是一种无聊、缺乏刺激、缺乏成就、缺乏满足的学校教育。我对孩子们的反抗一点都不感到奇怪。鉴于他们中的多数人在学校的大部分时间都那么无聊，我反而对其耐心感到惊讶。[注]

学校的问题并不是校长们倾向于定义的"标准"问题，换句话说，这不是一个"更努力地工作"和"做更多"今天正在做的事情的问题。我们在其他所有工作中学到的东西，也适用于学校的工作。我们需要"更聪明地工作"，需要做不同的事情，而且用不同的方式去做。

这并不是在呼吁今天所谓的"职业教育"，即以传统方式教授传统手艺技能，并且只是在教室内而不是在车间里教授。相反，没什么比传统"职业教育"更死气沉沉了——假设它曾经有过活力的话（这与所有证据相悖）。

"职业教育"所教授的技能已经过时。它们是昨天的手艺技能。可以预见的是，到学生毕业走上工作岗位时，汽车维修、木工，甚至烹饪，将不再以我们在职业学校中被教授从事这些手艺的方式来完成。无论如何，这不是教授技能的方式。今天教授一项技能的方式，是将其置于知识基础之上，让学生系统地学习某门课程，即通过某个"程序"来学习。

然而，当前"职业教育"最糟糕的地方在于，它被视为给"二等人"

〇　参见约翰·霍尔特（John Holt）的《孩子为何失败》（*How Children Fail*, New York: Pitman Publishing, 1965）。这是一本感人的著作，描绘了一幅令人沮丧的画面：即使是出身于受过良好教育的白人中上层家庭的聪明孩子，也往往会在学校里感到沮丧无聊。

提供的培训。那些"不够优秀"、不能完成"学术"课程的年轻人正在被推入"职业教育"，人们以此作为让他们远离街头、避免他们捣乱的手段，直到其达到可以离开学校的年龄。

在现代社会中，我们需要的是能够基于知识来获得技能的人。我们需要的纯理论型人才很少，但是我们需要无数能把理论作为技能的基础，将其用于实际工作的人。这些人必须是"技术专家"，而非"有技能的手艺人"。最能干、最有天分、最聪明的年轻人甚至比笨蛋更需要下述能力："技术专家"通过以知识为基础的技能把知识应用于工作的能力。同时，在学业上比较迟缓的学生，要想获得任何值得掌握的技能，也需要知识基础。

换句话说，我们将不得不用培养"技术专家"的教育来取代今天的"职业培训"。培养技术专家的教育必须是"通识"教育，实际上，它是真正意义上的"博雅"教育。它应该成为未来针对每个人的教育的基石。[⊖]

学校要训练和培养学生的感知与情感，这也同样重要。无论我们认为教育的目的是什么，这都是必要的。训练有素的感知与严于律己的情感，既关乎谋生的能力，又关乎成熟的人格。最重要的是，它们关乎人。实际上，正是感知，尤其是手的触觉感知，很大程度上形塑了儿童的心智（正如当代伟大的心理学家、日内瓦的皮亚杰经过无数次观察所证明的那样）。不管个人的能力、倾向或熟练度如何，只有在做出实际表现的经历中（也就是只有在客观标准的考验下），感知与情感才能得到训练、开发与规范。

　　对初学者而言，只有艺术领域存在这样的标准。小时候我的
　钢琴老师对我说过："你永远无法像真正的音乐家那样弹奏莫扎

　　⊖　关于这一点，欧洲经济合作组织（OEEC）最近的研究极具启发性。这些研究在分析
　　　　美国和欧洲之间的技术差距时发现，欧洲科学家在人口中所占的比例高于美国。欧洲
　　　　缺少的是受过教育的中下层管理者。

特的曲子，但你没理由不像他们那样弹奏音阶。"在乐器演奏或
绘画中，事实上是在所有艺术中，即使是对最低级的初学者也有
绝对标准，有做出表现所要求的直接经验，也有成就。（写诗或
写短篇小说也有对表现的要求。但由于语言领域的抽象程度高得
多，所以初学者最难取得成就，而且相比于更具直接体验性的表
演艺术和图形艺术，语言领域的初学者也更难感知到自己的实际
表现。）

现在，音乐鉴赏是一门受人推崇的学科（虽然对那些从未听过音乐却
要记住一大堆名字的孩子而言，音乐鉴赏往往是一件极其令人厌烦的事
情）。然而，弹奏乐器或作曲却被认为是业余的或属于"职业学校教育"
的。即使学校教育被认为是为抄写员做职业准备，这种见解也不是很明
智。当学校教育成为面向所有人的通识教育时，这种见解更是非常愚蠢。

现在我正谈论的远远不止新课程，而是基于不同的假设来设计教育所
需的方法。在过去，我们学校系统的每个部分都被视为一个独立实体，是
大多数学生最后就读的学校，是学生毕生唯一能学习特定课程或职业技能
的场所。然而，现在正确的假设是，绝大多数学生将从学校系统中的每一
级升入更高一级——然后作为成年人不止一次地返回校园。当然，我们
需要多元化和多样性，但我们不再需要一开始就提出这样的问题："如果
他们在余生中将不再接受学校教育，这些12岁、15岁或17岁的青少年
现在必须知道些什么？"我们可以假设，年轻人的求学年限至少是10年
或12年，甚至更长。与此同时，我们现在知道，他们必须学会的最重要
的东西不是某门课程，而是学习方法。换言之，最重要的不是某项具体技
能，而是一项通用技能——把知识和系统地获取知识作为表现、技能、成
就的基础。

教育工作者一直都知道，这是教育的正确目的。在过去，他们从未

有机会去尝试实现这个目的。现在，他们实现了几个世纪以来的夙愿：多年的普及教育。现在，教育工作者可以利用普及教育来做他们一直想做的事情。但其结果将是一种完全不同于我们现在所拥有或所设想的学校和教育。

教育工作者不能再假设别人会替他们从事教育工作。随着人人都要上学直至成年，学校已成为学习做人和做事所需的任何知识的场所。

延长学校教育年限与继续教育之间的冲突迫在眉睫，这将对教育内容和结构提出不同的挑战。

只要工作仍主要依靠经验来开展（直到最近数十年依然如此），"上学"和"工作"就位于不同层面。只有当某个人停止"上学"时，他才开始"工作"。反过来说，某人上学时所学的东西必然贯穿其工作生涯的始终。因此，年轻人可能应该知道的一切，包括理论概念和知识，都必须塞入其参加工作前的早年学校教育中。时间总是不够用，结果就是人们不断施加压力，要求延长学制，也就是让年轻人在学校待得更久。

但是，当将知识用于工作时，我们需要继续教育，也就是说，既有经验又有成就的成年人要不断回到学校进行正规学习。因此，试图让年轻人获得他所需要的一切是完全没有意义的。这样做实际上是荒谬的。年轻人不知道 10 年或 15 年后自己需要什么知识。他越来越清楚的是，自己会需要某些目前尚未出现的东西。现如今的普遍现象是，在毕业 10 年或 15 年后，每位工程师当初所学的知识就过时了，并且他们不得不返回学校接受"再培训"。医生、数学家、会计师和教师等任何需要把知识用于工作的人都是如此。我们使用的是知识而非经验，这个事实本身就让变革不可避免，因为知识的定义就是创新、探索、质疑与变革。

人们知道得越多，在整个职业生涯中就会越频繁地回到学校。人们学得越多，就越依赖有组织的学习，就越容易养成回到学校学习的习惯。但与此同时，人们知道得越多，就越能意识到自己的无知，对取得绩效需要的新能力，对新的知识，以及对反复打磨自己知识的需要，也越有清晰的认知。

我们的"成人教育"已有 100 多年的历史，但在以前，它是为受教育程度低的成年人提供的学校教育，目的是让聪明但贫穷的成年人接受富裕的同龄人在年轻时所受的教育。在第二次世界大战以前，受过良好教育者的继续教育一直局限于军队。但如今，成人教育已成为我们教育体系中增长最快的部分，普遍存在于各行各业。学术界对任何过了青春期还想学习的人仍然有些怀疑，然而，起码人们不再公开反对继续教育。

但继续教育隐含的意义尚未被完全看到。

其中一个隐含的意义是，我们现在可以识别出，某门课程的知识在一个人生命和职业生涯的哪个阶段学习最好。我们现在可以决定让学生何时接触某个主题的知识，而不是坚持让学生在学校的管教下（也就是在其早年）接触该主题的知识。如果人在有了一定经验后再学习某门课程会更有优势，那么我们就可以推迟该课程，直到他作为一位有成就的实务者返回学校时再学习，因为我们现在越来越能够确定，有成就的实务者确实会返回学校。

许多课程最好由经验丰富的成年人来学习，管理就是其中之一。在法律、医学、工程、教育、建筑和其他许多领域，同样有一些缺乏经验的年轻人难以学会、初学者也很少需要的课程。通常，任何实务中最重要的知识领域对有经验的人而言是最容易掌握的，并且对他而言也是最有意义的。

今天，我们试图通过"模拟"现实生活的经历，让缺乏经验的年轻人理解这些领域的知识，这就是"案例研究"的本质。但是，以真正的直接经验为基础在这些领域开展工作，会好得多，也容易得多。

这些也是只有高级实务者才需要大量知识的领域。对一名管理者来说，了解大量关于组织规划的知识是必不可少的。但对年轻工程师而言，这并没有什么特别的帮助和意义。等一个人提高到一定层次了，我们才能确保把我们的努力用在可能收效良好的地方。以前我们费尽周折把这些知识塞进年轻人的脑子里，但他们中的多数人要么到不了能够使用这些知识的位置，要么到可以使用这些知识的时候已经忘得一干二净了。

继续教育不一定是只对高级专业人员有用的特定课程教育。对有经验的成年人来说，哲学和历史等最普通的课程也很有意义。专业课是年轻人学得最好的课程，也是他们最需要的课程。然而，今天需要的"专业课"（将在第 16 章进行讨论）并不是生物或现代史，而是应用性课程，如环境控制或远东地区研究，这些课程把大量传统的专业学科结合起来，使其成为有效的知识。

毕竟，自然而然的发展过程并不是从通才到专才，而是恰恰相反。因为通才之所以成为通才，就在于他能够把专业知识放在整体经验中考量，也就是将专业知识与通识教育联系起来。当然，年轻人既需要通识的基础，也需要宏观的视野，但真正通识化的综合对他们来说基本上毫无意义。

因此，继续教育可能是真正培养通才的教育。可能在这个阶段，我们可以看到整体、"大局"，能够以"哲学的眼光"看待事物，并且提出这样的问题："这一切都意味着什么？"

如果教育工作者思考过这个问题，他们就会认为，我们既应该有不断延长年限的学校教育，也应该有继续教育。但这两者实际上是对立的。延长学校教育年限意味着我们要为生活和工作做越来越多的准备，继续教育则假设学校与生活融为一体。延长学校教育年限仍然假设某个人只在成年前学习，继续教育则认为某人在成年以后再学习某些知识最好。最重要的是，主张延长学校教育年限的人相信，让年轻人远离工作和生活的时间越长，他们学到的东西就越多。相反，主张继续教育的人相信，人们在生活和工作中的经验越丰富，就越渴望学习，也越有能力学习。

若继续教育成为一种常态，我们实际上就会提出这样一个问题：年轻人花那么多年时间待在学校里，到底有没有必要或有没有用？我们将不再接受现在这种流行的做法：让年轻人待在学校里直到其接近中年。换句话说，我们将重新发现经验，但会以知识为基础加以梳理。

经验充分地表明，继续教育的假设比延长学校教育年限的假设有效得多。任何教过有经验的成年学生的教师都会对其学习热情、积极性与优异表现感到惊讶。这已成为以下所有教育项目的共同经验，即学生一年中有部分时间离开学校，在社会上从事常规工作的教育项目。[⊖]

当然，关于"经验对学习能力和学习意愿的影响"令人印象最深刻的证据，是第二次世界大战后根据《退伍军人权利法案》大批涌入美国校园的退伍军人。当时，每位教育工作者都"知道"，这么多学生的加入必定会"降低"学术标准。然而事实并非如此，每位教师都发现，真正的问题是这些学生的优秀程度让人难以置信，以至于教师们无法满足他们提出的要求。同样，每个面向受过良好教育的成年人开设的继续教育项目都表明，这些学生的学习成绩远超过最优秀的年轻学生。或许他们需要一些时间来重新适应系统的学习，但他们以更强的干劲、掌握所学知识意义的能力，以及利用理论概念组织自身经验的能力，弥补了自身的不足。

继续教育是超越传统教育（延长学校教育年限仍是其代表）的一大步。它从让知识成为工作基础的巨大转变中得出了必要的结论。继续教育

⊖ 例如，俄亥俄州黄泉市（Yellow Springs）安迪亚克大学的"合作项目"，辛辛那提大学的工程专业学生项目，佛蒙特州本宁顿学院的"走读生项目"。

让学校持续作为生活和工作的一部分，因为若知识要作为我们梳理经验的基础，那么经验就必须反过来持续地反馈到知识上，从而使我们能够看到自己所知与所为的意义。在知识型社会中，学校和生活不再分离。两者必须构成一个相互反馈的有机过程，而继续教育正试图做到这一点。

因此，随着继续教育的发展，我们可以预期，它将与延长学校教育年限产生冲突。到那时，我们将不得不面临一个政策决定：我们是想继续延长年轻人的受教育年限，还是延长人们终生的受教育年限？后者意味着缩短（或至少不再延长）尚未开始工作的年轻人的受教育年限。

这是一个教育工作者尚未正视的议题——事实上，大多数教育工作者并不怀疑这个问题的存在。然而，教育爆炸带来的社会影响使教育工作者将不得不正视该议题。

教育的社会影响

面向所有人的高等教育是一项伟大的成就。然而，这项成就越伟大，付出的代价就越高。因此，普及高等教育必然付出高昂的代价。事实上，多年学校教育引发的社会影响带来了我们前所未见的也尚未有能力处理的问题。

（1）让每个人在学校里待到 18 岁或 20 岁，这大幅延长了青春期的时间。青春期不是一个自然的"阶段"，而是一种人为的文化状态。青少年同时生活在两个年龄层上，他的"文化年龄"低于实际年龄。

实际年龄由实际存活的年数决定，这是生理年龄，控制着身心的成熟状况，总体上与社会或文化无关。

然而，营养相当重要。相比于祖先，我们的饮食要好得多，所以我们的身体和心智也确实成熟得更早，尽管我们的寿命长得多。有关祖先们性早熟的故事都是传说。相比于一两百年前，现在西方国家（和日本）男孩女孩的性成熟都早了好几年。

但是，文化年龄是由个人的预期寿命决定的，或至少是由一个人预期有生产力的年限决定的。文化年龄在很大程度上决定了人们期望个人做出什么行为以及他所达到的情感成熟度。因此，预期寿命和实际寿命越长，人们在文化上就越年轻。现如今，一位 25 岁的年轻人有望到 65 岁时还很健康，在文化上，他比 100 年前 15 岁的年轻人更加年轻，因为那时的年轻人不能指望在 35 岁以后还能活很长时间。结果，相比于 100 年前 15 岁的年轻人，人们预期 25 岁的现代人看起来更年轻，在情感上也更不成熟。然而，现在 15 岁的男孩在身体上（甚至可能在心智上）比 100 年前 15 岁的男孩更成熟。现代人在 15 岁时达到身心成熟，要到 25 岁才达到文化成熟，这两者之间的差距就是青春期。

青春期是最近才被发明出来的。在歌德出版他的第一本书《少年维特的烦恼》之前，青春期尚不为人所知，而歌德那时才刚刚 20 岁。该书问世于 18 世纪 70 年代，绝非偶然的是，它与瓦特的蒸汽机、亚当·斯密的《国富论》以及预期寿命大大高于传统预期寿命的第一个阶层（即西方商业革命中的城市中产阶层）的崛起处于同一时代。

青春期必定是一个人的能力和人们期望并允许他做的事之间存在冲突的时期。这是一个模棱两可的时期，成年人总是告诉青少年要"按自己的年龄行事"，也就是说，要根据自己的实际年龄成熟度行事。但他也被告知，要远离成年人关心的事情，也就是说，要按照他的文化年龄行事。不管他做什么，他都是错的。他的所作所为既不符合自己的实际年龄，也不符合自己的文化年龄。因此，他不可避免地会给自己和社会都带来问题。

在传统社会，一直到 18 世纪都没有这类问题，因为根本没有青春期这回事。孩子们通过成人礼（无论是原始部落的割礼，还是骑士礼，抑或是被送出家门去当学徒）成为一名年轻的成年人。从那一刻起，他就被期望把孩子气抛在脑后，成为成人世界中一名年轻的成年人。

延长学校教育年限不可避免地会延长青春期。学校已被设计为维持青春期的机构。学校让年轻人身处一个最不自然的社会，一个只由其同龄人组成的社会。即使学校尽可能地把表现和经验纳入课程体系，学校教育也还是有限的、确定的、可预测的。决定主修东方语言而非数学的学生知道，这在课程、学习、考试、预备知识方面意味着什么。在学校里，一个人无法成为成年人。

最典型的例子就是在受过严格训练的年轻医生中常见的青春期延迟现象。他们有丰富的知识。他们在病患和同事身上看到了希望和痛苦，目睹了人类的愚蠢、贪婪和怯懦，也看到了奉献和勇气。然而，他们在 30 多岁时（也就是直到他们已经行医 5 年左右时）可能仍是稚嫩的"青少年"。只要他们还在受训，扩音器或电话就会叫醒他们，日程表会告诉他们该做什么，主治医师或科室主任会做出最终决定。他们根本不被允许成为成年人。同样的青春期延迟现象在研究生中也非常明显，他们年复一年地待在一个所有人都强调他们"有前途"而几乎不关注其表现的环境中。

不论通过延长学校教育年限来延长青春期的做法是否明智，这都无关紧要，反正我们已经做了。但我们肯定不希望不必要地延长青春期。虽然大多数人都能康复（有迹象表明，延长青春期可能成为一种慢性疾病），但这种状况对社会来说并不健康，对个人来说更不健康。在一个社会中，如果很大一部分身体健康的、受过良好教育的、有前途的年轻人生活在迷茫的青春期，他们既没有长大成人，也没有生产率，而且不再是孩子，那么这个社会就会深陷青少年犯罪、草率结婚与过多离婚的泥潭。青少年同样受到以下两者的困扰：对承担责任的恐惧，因被排除在权力和机会之外而感到痛苦沮丧。最重要的是，这个社会是由年长者统治的——尽管表面上是由青少年做主。像时下年轻人的口号那样，如果他们觉得不能相信任何超过30岁的人，那么他们实际上已经放弃了。他们已承认，自己既不能成为当权者的伙伴，又不能推翻他们。

换句话说，年轻人的不满是完全正当的，但我们对此无能为力。唯一的治疗方法就是让个人尽早走出青春期，而不是被一个僵化的、缺乏想象力的、千篇一律的教育体系无限期地束缚在青春期里。年轻人需要的是在校期间有机会去表现和获得经验。他需要的是有机会做以往的孩子不需要付出特别努力就能做到的事：作为一名年轻的成年人与成年人一起工作。

学生需要在学校中获得一点经验，取得一点成就，并有所表现。青春期的问题要求我们把获得经验并有所表现（特别是在艺术领域）纳入正常的成长及求学过程中。我们必须让年轻人有可能在工作中考验自己，以成年工作者的身份工作几年，然后，如果他愿意的话，再返回学校进修。

例如，我们迫切需要扭转美国研究生院最近的一种趋势，即严格限制那些白天工作、晚上外出攻读高级学位的夜校学生。当然，那些白天有工作晚上来上学的年轻男女会带来管理方面的问题。相比于没有其他事情可做的全日制学生，他们在没有拿到硕士或博士学位的情况下辍学的可能性略高。非全日制学生也可能不对教师言听计从——不论教师嘴上怎么说，他都不喜欢课堂上有人比他更了解这门课。但是，为了教育工作者管理的方便而牺

牲这些积极主动的成年学生，这种做法是反社会的，也是不应被
容忍的。

几百年来，教育工作者一直都很恰当地恳求和劝说学生多接受几年
学校教育。他们看到非常聪明的学生在刚开始学习某些知识时就要离开学
校，并且看到更多聪明的孩子根本没有上学。几百年来，教育工作者有充
分理由为了普及少量教育、为了让孩子们可以获得大量教育而奋斗。

他们已经实现了这些目标。虽然到目前为止，只有美国承诺把高等教
育视为一项"权利"，但这迟早会成为发达国家的普遍做法。但是，既然
现在我们已经拥有（或即将拥有）一个人可能要求的最多的学校教育年限，
那么就没必要再争取更多的学校教育年限了。现在教育工作者的目标，必
须是让这些学校教育年限充分发挥作用，而不是继续延长它们。更重要的
是，现在教育工作者应该思考，一个人如何能够在更短时间内获得足够知
识，而不是如何证明更长的学校教育年限是合理的。今天的工作是防止青
春期不必要地延长。

（2）多年的学校教育引发了另一个新问题：那些尽管还不到我们期望
年轻人结束正规教育的年龄却已经不再上学的年轻男孩（这种年轻女孩较
不常见），正越来越"无法就业"。

美国的统计数据仍然把 14 岁以上的人列为"工作人口"，但在美国，
人们不认为未满 18 岁或 19 岁的人真正能受雇。公众舆论认为他们应该
在校求学。如果这些人有工作，也不可能是一份"真正的工作"。那只是
一份"暑期工作"或"周末工作"，这种工作与其未来的工作或更确切地
说与成年人的工作世界没有任何关系。最近，纽约地铁上的一则"公益广
告"生动地展现了这一点。广告中有一位体格健壮的青少年，旁边写着：
"男孩，如果你现在辍学的话，人们就会这么叫你一辈子。"

在美国，这种发展态势走得最远。但无论何时何地，只要延长学校教

育年限，就会出现这种情况。根据各方面的报道，苏联的某些城市正在出现这种情况，日本也一样。

在日本，青少年工作岗位依然存在。日本前工业时代的传统行业，如小商店、漆器业或丝织业，仍然需要初中毕业的15岁男孩。但是，除了在贫困的北方偏远乡村（在文化和经济上有点类似于美国的南方腹地），初中毕业生不再被认为是能受雇的。因此，日本的传统产业由于缺乏能受雇的人员而日益衰落。这就解释了为什么根据日本的传统，年轻学徒从事着光荣又稳定的工作，并且能够立志成为独立手艺人和工匠（如果没有被其师傅收养并成为他的继承人的话），却感到流离失所、一无所有、迷失方向。这些人往往会加入主要由疏离者和流离失所者组成的教派——创价学会。

在美国，这种情况对城市中的年轻黑人造成的威胁最大。在一代人的时间里，从乡村的文盲跃升为接受12年学校教育的人，这是任何群体都无法企及的飞跃，比美国或其他国家的其他任何群体所实现的跨越都要大（由于同样的原因，以色列的东方犹太人也面临同样的问题）。

然而，如果美国城市里的黑人男孩在18岁以前辍学，那么他就是一个"男孩"，而不是一个年轻的成年人。勤杂工、送货员、车库服务员、园丁等传统的劳工工作仍然存在，其岗位数量可能还在增加。当然，这种岗位的薪资很低，工作也不稳定。但相比于传统的非技能型临时工作，无论是绝对薪资还是相对薪资，这种岗位的薪资都要高得多。年轻黑人无论在经济上还是在心理上都需要这种工作岗位。但这些岗位无人问津，因为从文化上看，辍学者是"无法就业者"。甚至他们自己也认为自己有点问题。

辍学者是社会的失败。他们是教育工作者的一项失败，这些教育工作者不知如何吸引年轻人并将其留在学校里，直到他们达到社会愿意让他们去工作的年龄。这些教育工作者没有履行其首要责任，即对学生的责任。我们确实要根据学校吸引并留住潜在辍学者的能力来衡量学校——不是通过强迫或降低标准来吸引并留住潜在辍学者，而是通过让学校更有意义、更令人兴奋和更有回报。

检验教育质量的一种方式是审视辍学现象。今天很少有学校和教师能通过这项测试。大多数没有辍学的学生之所以留在学校里，不是因为他们想要留在学校里，而是因为父母和社会的逼迫。在思想上，大多数白人中产家庭的年轻人也都是辍学者，只是迫于父母和社会的压力才留在学校里。

青春期和辍学者这两个孪生问题表明，我们必须学会构建为个人服务的学校课程体系，也就是说由标准单元组成的学校课程体系，这些单元可以组合在一起，从而服务于个人的需要，满足个人的抱负，并符合我们真正知道的关于成长的一个事实：没有两个人的成长过程完全相同。

（3）多年学校教育带来的最严重影响是，有学位者与无学位者之间存在"文凭壁垒"。它有可能在美国历史上首次把社会一分为二。我们正面临的危险是：只有那些高中毕业后仍留在学校里读书的人（尤其是大学毕业生）才能获得机会，而这些人的数量仍不到美国年轻人总数的一半。即使是普通工作，也越来越多地留给那些至少完成了高中学业的人。因此，我们正在剥夺知识型社会中一大群人的完整公民权，这些人可能占15%～20%，他们在获得高中文凭之前就已经辍学了。而且，我们正在大幅削减一半人口（那些没有上过大学的人）的机会。

这不仅是美国历史上的新现象，也是相当愚蠢的事情。从历史上看，美国社会的巨大优势就在于愿意利用人力资源，愿意把能力、抱负和奉献精神用于任何有成效的用途。我们从来没有完全符合过该原则。在对待女性方面，我们当然没有达到该原则的要求；在对待黑人方面，我们完全忽视了该原则。但我们从未像现在这样明确地否定该原则。

我们剥夺那些没有受过更高教育之人的机会，就等于剥夺一大批能力、智慧、才能出众之人做出贡献和出色表现的机会。在学校取得好成绩的能力，同在生活与工作（或许纯学术工作除外）中表现出色的能力之间没有太大相关性。我们没有理由相信，文凭除了能证明某个人在学校里待了很久之外，还能证明什么。人在各方面的成熟并不是齐头并进的，所以文凭不能作为对某个年轻人的"潜力"、未来表现、能力的最终检验。即使文凭（或没文凭）只是错误地衡量了一小部分（比如 1/4）年轻人，我们也承受不起失去那些被不公正地或错误地抛弃的人的风险。事实上，这个比例肯定要高得多，因为即使在白人中，高中毕业后能否继续上学在很大程度上仍取决于偶然因素，比如家庭传统、财富、当地习俗或是否有幸得到某位好老师的教导等。当然，在每年大学毕业生的父母中，有 3/4 或更多人没有受过大学教育。但反过来说，没受过大学教育的父母养育的子女中，有很大一部分（约一半左右）只有在得到特别鼓励的情况下才会上大学。

只向有文凭的人提供机会，是对美国所有根本信念的粗暴否定——顺便说一句，这些信念已经得到了经验的充分证明。或许在文凭控制少数机会的国家（就像过去常常出现的情况那样），这种文凭壁垒还能被认为是合理的。或许在某个有着严格阶级传统的国家，"精英体制"（这是英国人发明的一个特别难听的词，用于形容通过文凭来控制人们一生中所获得的机会）还能被辩护为扩大了个人的机会——尽管我预测，这种新的严格阶级壁垒会像旧的阶级壁垒一样令人窒息和压抑。但是，在阶级从未掌握控制权的美国，用文凭代替表现作为获得机会以及晋升的关键，对个人和社会都是限制、压迫和伤害。

我预计，在 10 年左右的时间内，我们将会看到有待某个州立法机构或全民公决审议的提案，其内容是禁止在求职申请表中提出任何有关学历的问题——就像现在许多州都禁止提出有关种族、宗教、性别和年龄的问题一样。就我个人而言，如果可以的话，我将投票赞成这项提案。"学业能力"也具有天生的偶然性，本身并没有太大意义。

当然，禁止求职申请表中包含这类问题，就跟禁止在求职申请表中询问种族等类似问题一样，对黑人就业机会的影响其实微乎其微。我们需要破除文凭壁垒，让那些有能力、有抱负的人能够脱颖而出，即使他们在学校受教育的时间还不够长，无法获得校长颁发的文凭。雇主（尤其是大企业）需要在其员工队伍中寻找那些不符合正式职位要求，但表现出色且有成就意愿的人。事实上，把现在用于大学招聘的资金用于这方面，将会非常划算。如果每个雇主都努力争取同一批大学毕业生的青睐，那么谁都别指望能招到特别优秀的人，或者说除了平庸之辈别想招到其他人。雇主唯一能做的就是提高入职薪资。或许，在那些没有上过大学者的"池塘"里，"大鱼"更少。但是，在没有人钓鱼的"池塘"里，个别雇主钓到一条"大鱼"的机会反而大得多，而在大学毕业生的"池塘"中，他甚至要和全国各地的其他雇主争夺那些"小鱼"。⊖

一旦我们识别出那些没有校长颁发的正式文凭的能人，就可以非常容易地给他们提供获得知识的机会。如今在美国，几乎在任何城市都可以非常容易地接受任何领域的继续教育。

学校还得为那些已通过实际工作表现证明自身能力的学生颁发一种"赢得的学位"，尽管他们没有正常文凭所要求的在校课时和学分。学校必须接受这样一个事实：文凭已经成为获得外部机会的通行证，因此学校应该承认取得成就的平行途径。在没有学习必修课的情况下，"独行侠"靠自己的方式取得成就的途径，至少同正统学校课程体系规划和设计的途径

⊖ 据我所知，这类项目中有一个是政府项目，并且是在公务员部门内实施的，这就是新泽西州自 1966 年以来一直在实施并取得巨大成功的"公共就业开发项目"。

一样好，一样光荣，也一样有价值。当然，这种"赢得的学位"的标准会很高——但任何荣誉都该如此，包括一个人在校上学取得的文凭。

如果我们不破除文凭壁垒，它就会把知识提供的机会变成一场噩梦。它将使文凭成为歧视的象征——对贫民区中的贫困黑人来说，文凭已经变成歧视的象征。它将使我们的社会和经济陷入贫困，使我们失去巨大的人力资源宝库。它将腐蚀我们的理想，嘲弄我们的职业。也许最糟糕的是，它将以头衔的傲慢取代成就的自豪，使前者成为知识型社会中到处弥漫的情绪。

新学习和新教学

像学校这种经历了快速扩张的机构，其基础和结构往往会不敷所需。这中间有一个从量变到质变的节点，虽然我们不能确切地知道该节点位于何处，但学校已远远超越了这个节点。这种增长会扭曲和摧毁任何现有的结构、理念以及体系。

教育工作者仍在谈论一些细微的改革、调整和改进。他们当中几乎没人认为有理由进行彻底变革。然而，在未来几十年内，教育很可能被来自外部的巨大力量所改变。

教育将发生变革首先是因为它正陷入一场重大的经济危机中。这并不是说，我们负担不起高成本的教育，而是说，我们负担不起低成效的教育。我们必须从正在进行的巨额教育投资中获得成果，具体而言，我们不得不这么做，因为我们不能无限制地增加教师人数。而且金钱并不能造就人——但很少有人明白这一点。不管我们花多少钱，如果人的供给已经枯竭，那么再多的钱也买不到更多的人，而只会推高价格。我们正处于这样的境地：增加教育支出只能推高人才的价格，而不能增加人才的供给。如果我们想要人才，就得提高教育的成效。

可以略带夸张地说，如果当前的趋势延续下去，那么到 1999 年美国将有一半人站在上面教书，另一半人坐在下面学习。到了下午 3 点，下课铃声一响，两边的人就会交换位置。当然，这种情况不会发生。

今天的教学需要太多人。用少得多的人来完成这项工作应该是可能的。今天的教学就像 1750 年的农业，当时大约需要 20 个人在农场工作来养活城镇里的 1 个非农业人口。我们必须提高教师的成效，必须成倍扩大其影响力，必须大大增加其技能、知识、奉献和努力所带来的收获。否则，即使教育经费不枯竭，教师也会枯竭。

即使是最富裕的国家，教育的成效也太低了。教育的低成效也给贫穷国家造成了难以承受的负担，成为这些国家增长和发展的主要障碍。它们为此耗尽一切，最后却一无所获。

例如，相比于一个世纪前处于类似发展阶段的美国或日本，今天的印度为更大比例的人口提供了更多的学校教育，该国在学校教育方面的支出占国民总收入的比例要高于一个世纪前的美国。从统计数字来看，印度取得了令人瞩目的成就。实际入学的印度儿童数量是 20 年前英国人撤离时的 4 倍。在城市中心如雨后春笋般涌现的印度社区学院，完全可以与一个世纪前在俄亥俄州、艾奥瓦州大量建立的"学院"相媲美。

然而，所有这些教育方面的巨大投入，都没有获得明显效果。在一个世纪前的美国和日本，学校教育是经济和社会实现巨大飞跃的新驱动力，培养了足够多受过教育的人才。但是，今日印度付出的同等努力根本不敷所需，土耳其、西非、哥伦比亚等国家和地区也是如此。

　　要有效地影响一个国家迅速增长和发展的能力，现在所需的教育门槛显然比 100 年前高得多。然而，教育的有效性和成效却没有比那时更高。

　　我们正在走向一场教育危机。大学生公开反抗各地的教育机构，他们不再认为课堂与己"相关"。"无关紧要"是人们对教育最糟糕的评价。更糟糕的是，如今的小孩都对上学感到极其厌烦。小孩不能靠占领学校或在街上筑起路障来反抗，但他们有一件更有力的武器，那就是停止学习。显然，现在世界各地已到学龄的一代人正打算这么干。他们已经对信息领域的有效性标准习以为常，因此难以忍受教学成效低下的典型课堂。

　　仅在一代人以前，学校向孩子们打开了世界的一扇窗。相比于乡村与家庭所提供的封闭、静态的环境，学校为孩子们提供了一种更广阔、更丰富、更多彩的体验。即使是在那些古板而老套的启蒙读物中，也充满了刺激、激动与憧憬。那时的教学很糟，纪律往往很严厉且缺乏想象力，然而，进入学校仍然像冒险一样充满乐趣。

　　现如今，在与世隔绝的落后地区，上学仍是件有趣的事。例如，在墨西哥的乡村或印度尼西亚，孩子们仍络绎不绝地涌入新开办的学校，尽管这些学校可能很落后，设备也很简陋。他们对上学充满热情，对拼写课本为其呈现的新世界感到兴奋不已。

　　但在世界发达地区，上学已不再是体验新世界的途径。学校不再是教育者，而是一个乏善可陈的替代品。现在的学龄前儿童，即便是居住在农舍里，也可以通过广播和电视了解世界，而这种方式比最优秀教师的介绍直接得多，并且更有效、更扣人心弦。无论电子信息的内容是什么，它在形式和风格上都是专业的、精湛的、可进行教学的、可有效沟通的。

　　很少有信息能像 30 秒的电视广告那样精心设计、表达清晰。

在电视广告中，每1秒都很重要，每个动作都要平衡且合拍，每个字都是咒语。相比于耗费几个月时间撰写、绘画、表演、拍摄并剪辑一个30秒的广告片，很少有教师在整个职业生涯中会花同样多的时间和心思备课。对小孩来说，他们并不在乎广告卖的是啤酒、牙膏还是口红。重要的是，广告能传递易懂的信息、清晰的画面和完美的理解。广告的长度正好是一个小孩的注意力能够持续的时间。在方法论上，广告堪称完美的"学习"，它具备三个关键要素：材料的有效顺序，通过重复加以验证，学习者乐在其中从而自我激励，因此，广告实际上也是理想"教学程序"的原型。[⊖]

现如今，孩子们带着不同的观念和期望进入学校。老一辈人在没有比较标准的情况下能接受的教学水平，却让电视时代的儿童不满意，使他们感到无趣甚至反感。他们很可能比上一代人更乐于学习。事实上，他们在学习方面可能受到了过度刺激。人们突然间发现，三四岁的孩子已经迫不及待地做好了阅读的准备，尤其是当材料的呈现方式把视觉、触觉与心理体验结合在一起时（例如，现在大肆宣传的与计算机相连接的"会说话的打字机"）。

黑人聚居区"缺乏足够教育"的儿童的问题，其原因可能部分在于他们在入学前已经学了太多东西。我们所有的研究都表明，这些儿童在电视机前度过的时间最多——在贫民区里几乎没有其他体验和刺激。因此，他们在上学时可能对所学的知识期望过高，并且期望所学的知识以不同的感知形式呈现出来。他们可

⊖ 电视对孩子们有着如此巨大的吸引力，这使得电视节目中充斥着色情、暴力、物欲等内容的现象更令人担忧了。

能确实生活在麦克卢汉的"后文字"（post-literate）世界里。

当然，孩子们不知道为什么自己觉得学校枯燥而不是令人兴奋，沉闷而不是信息丰富。但孩子们的回应是不去学习呈现在面前的东西，这些东西在专业能力和教学有效性方面远低于电视和广播让他们感到已经习以为常的水平。

教育中的迷思与知识

同样重要的是，我们现在开始掌握改革教育的知识。在尚未开发出的让普通人能够胜任并取得绩效的职业中，教学是唯一的主要职业。在教学中，我们依靠的仍然是"天才"，也就是那些不知何故天生知道如何教学的人。然而似乎没有人知道，什么是"天才"做了而我们其他人没有做的；也没有人知道，什么是"天才"没有做而我们其他人做了的。"天才"是一种非常稀缺的资源。没有人能够在求学期间遇到许多"天才老师"。事实上，许多人在 12 年或 16 年的学校生活中都不曾遇到一位好老师。我们在学校中越久，好老师就越少，学习经历通常也就越枯燥。

这个过程似乎无法预测，因为教育没有衡量标准。统计数据能告诉我们，学校有多少人上学，有多少人毕业，但没人知道学生是否真正学到了知识，更不必提学到了多少。我们在教育方面投入了大量努力和金钱，但是从中能获得什么并无定论，只能靠希望与信任。

我们需要的不是"更好的老师"。事实上，我们不能指望有更多"更好的老师"。在人类的各项事业中，从未有任何一个领域能够让所有人都得到提高。如果我们给同样的人提供合适的工具，并妥善安排他们的工作，就能取得更好的成果。我们需要"更聪明地学习"。

有人会说，我们有教师培训机构，开设了所有教育领域中的各种课程。但这是自欺欺人。我们的师范学院所做的是一些急需和有用的事情，但不是教任何人如何教学。这些学院是招聘机构，它们培养有潜力的教师，给其盖上表示认可的印章，保证其就业并有资格获得终身教职。这些学院也让他们变得自信，这不是一件小事。但除此之外，很难看出这些学院的毕业生所知或所做的哪些事情，是过去17岁的高中女生在中西部乡村开始教小学生时不知道或做不到的。

教育工作者不知道给未来的教师教什么，这不是教育工作者的错，正如1700年巴黎大学的医学教授们（他们受到了莫里哀的无情斥责，但他仍然不够无情）没有教学生如何诊断和治疗病人，并不是教授们的错一样。病人要求得到治疗，渴望知识的人要求得到教导。我们所能做的就是一再尝试，即使几乎一无所知。

关于学习和教学，我们仍然知之甚少。但我们确实知道，"人人都知道的"学习和教学在很大程度上是错误的。这一点很可能是比我们今天所知的任何新科学和新技术更伟大、更重要的进步。

近年来关于学习和教学的研究，以及在较小程度上对学校实际情况的研究，获得了三个具体的发现。

（1）自古以来，我们有两种关于学习的基本理论。行为学派认为，学习是一个有关练习和重复的机械过程，从而形成某种心理习惯。认知学派认为，学习是理解、赋予意义和洞察。然而，这两个学派在某一点上向来是一致的，那就是彼此相互排斥：学习要么是行为的，要么是认知的。我们现在知道这是错误的，两者其实是相辅相成的。只不过两者彼此不同，处理的是不同的事情。人既有行为也有理解的能力，既有习惯也有反思。行为与认知共同构成了知识。

通俗地讲，我们现在所知道的可谓"能学的不能教，能教的不能学"。同时我们也知道，有教才能有学。只有学得好，才能教得好。

（2）教师一直都知道，学生有"聪明"和"愚笨"之分，他们之间的区别犹如白天与黑夜。

　　心理学家已证明，孩子们的学习能力各不相同，但差别不大。孩子们在学业表现上的差异，不应比在最重要且最困难的学习过程（即婴儿时期的学习过程）中的差异更大、更普遍。但是，我们从皮亚杰的开创性研究中了解到，人们，尤其是婴儿，在节奏、注意力持续时间和学习速度方面存在巨大差异。如果像所有传统学校那样抹杀这些差异，就会培养出"笨"孩子。但如果利用这些差异，学习的能量就会被释放出来。

　　（3）一直以来，人们认为教师的时间都用于课堂教学，但从未有人验证过这个观点。换句话说，我们对教学所做的，也像在科学管理出现之前对工作所做的那样：只是猜测。关于工作，首次系统的时间－动作研究表明："人人一直都知道的事"纯属无稽之谈。当我们观察课堂上的实际情况时，我们就会再次发现这一点。诚然，教师都希望从事教学，但他们中的多数人不是在教学，而是在照看孩子。他们中的大多数人都把大量时间用于照看学生，旨在让孩子们保持安静。我们的一些研究表明，教师的成效可能实际上并不低，只是花在教学上的时间太少。当然，学校任何改革的主要宗旨之一都必须是大幅增加学生学习和教师教学的时间。

　　关于上述每个具体发现，还需要略做补充。

　　关于第一个发现，"学习"是获取信息，这在很大程度上是一个机械的过程。其机制是未知的，但我们知道这一机制不同于任何机器（如计算机）的"机制"。我们通过重复来获取信息（即外行人所说的"事实"），直到这种反应变成自动的、不假思索的，也就是直到我们形成了一种"记忆"。我们每个人都是这样学会说话的。这也是我们所有人学习乘法表的方式——如果学过的话。没有人靠"聪明"或"有数学天赋"学会乘法表，都是靠死记硬背、不断重复才学会的。

　　然而，信息只有呈现为"程序"时，才能被人们学习。这意味着，首先，材料必须按一定的顺序排列，由一条信息引出下一条待学习的信息。

其次，这种编排必须有明确目的——顺序必须对学生有意义。最后，以前所学的内容必须一次又一次重复、一次又一次应用；它必须得到反复确认，否则就会被遗忘。

即使数学能力不强或对数学不感兴趣的孩子，也能学会加减乘除四则运算，其原因并不是这些运算很简单。相反，四则运算是数学中相当困难和抽象的部分，即使是杰出的数学家也很难给出解释。但是，它们被一而再、再而三地重复，而且每天都被使用，从而不断得到确认。至于后来教授的运算法则，情况便不是这样了。它们只被学过一次，然后就不再用了。因此，它们很容易就会被遗忘。

为确保我们真正学会，重复练习必不可少。第一次没有学好加法或乘法的儿童，几乎总是很快就会有第二次机会、第三次机会、第四次机会。然而，当他学习对数时，通常只有一次机会。如果他没有学会，或者如果那天他碰巧没有上学，再或者如果那天他开小差，那么就永远错失了机会。

获取信息的动力、激励和奖励都必须内置于程序本身。外部奖励并不是激励因素。在学习的每一步中，学习者都必须通过学习行为本身以及正确掌握所学内容得到满足。

学习只能由学习者来完成。学习不能由"教师"代劳，教师只能是学习的帮助或障碍。

没有钢琴老师知道自己的哪位学生会成为钢琴家。但每位钢琴老师几乎立刻就能知道，哪位学生甚至连初级水平都达不到，最多只是给老师带来几年麻烦，直到该学生饱受挫折的母亲最终放弃。教师必须监督该学生进行音阶和指法练习，也就是监督其学习。需要外部推动和监督才能学习的学生，未来将不会学习。监督会让学生产生抵触情绪，并且会使其感到疲惫，这让学习变得几乎不可能。所有的信息、所有的肯定、所有的动力，都应该在于学习过程本身。

此外，教学同意义和洞察有关。教学同信息的应用有关，同建立联系有关，同理解与乐趣有关，同不能学会的洞察有关。显然，教学更多地与感知而非智力有关。教学是通过榜样来完成的。教学需要一位"教师"，这位教师可以是一本书、一首曲子，甚至是学生自己，但最好的教师是一位年长的、善解人意的、热心指导的、提供帮助的、善于质疑的人。学习是个人的，而教学是相互的。

监督学生学习的教师并没有"教学"，而只是在维持秩序。一位优秀的教师在监督时不会干扰学习，这实际上就是我们目前对"优秀教师"的定义。然而，即使是"优秀教师"，这么做也是在浪费本该用于教学的时间。而那些监督学习的普通教师，对学习的影响更是弊大于利。

教学可能并不是非常困难，它也可以令人非常愉快。之所以没有如此，是因为我们误用教师去监督学习。而我们之所以误用了教师，是因为没有为学习设计出适当的"程序"。我们没有为学生提供做他想做的事（即学习）所需的工具，结果导致我们也不允许老师去做他应该做的事，即教学。

设计适当的"程序"并非易事。对于可以界定的技能，如焊接或驾驶喷气式飞机，我们可以很好地设计出适当的程序。然而，要为学习历史设计一套"程序"又是另一回事了——因为只有历史信息而不了解历史，就像只了解历史而缺乏信息一样无用。然而，我们仍然知道一些基本原理。

关于学生需要学习"事实"还是学习"意义"，人们进行了长期的讨论，但这根本是无的放矢。为了能够理解，人们必须拥有扎实的信息基础。一方面，只有养成学习的习惯，人们才能够理解。另一方面，只有通过理解，人们才能做任何关于学习的事情，包括记住所学信息。学生（不论是婴儿还是成年人）都需要练习，也就是有组织、有系统地重复信息，学生也需要理解和意义。这不表示任何练习都是正确的。至于学习英国国王的年代或拉丁语的不规则动词是否有意义，此处不做讨论。但是，学习无关紧要的信息还学得很好，依然比什么信息都不学更有教育意义。

我们的教育学院、哲学系或心理学系仍然既有行为学派，又有认知学派。双方仍然在争论，好像我们必须在两者中做出选择，而且好像双方都自认为掌握了"真理，全部真理，除真理之外别无其他"。实际上，我们应该讨论两者之间的适当平衡、关联与整合，我们既需要学习，也需要教学。因为现在我们知道，教与学虽然相互依存，却各不相同，所以我们现在有望更多地了解两者。

关于第二个发现，人们所学的任何东西，其困难与复杂程度都不到几乎所有人婴儿时期所学东西的一半，如小时候学说话，走路，观察复杂的世界，建立复杂的人际关系，甚至学习如厕。有的小孩很早就会说话，却可能在动作协调方面较迟钝，或者如厕习惯的形成比较晚。有的小孩在8个月大时就会自己吃东西了，却直到3岁多才牙牙学语。换句话说，孩童是按照自身的速度成长的。然而，当长到三四岁时，大多数孩子已经掌握了所有领域相应的技能。当他们需要这些技能时，他们中的大多数都是"正常的"。事实上，当孩子忙着学别的东西，却被父母逼着学说话、走路或如厕方式时，就会出现情感问题，会出现口吃、尿床或胆小害怕等现象。

这些早期技能的学习速度都与天赋无关。学会说话较迟的人可能成为一名伟大的演说家。学会走路较早的人与日后成为一名运动员之间没有关联。有关联的是对个人而言最基本的要素，而非取得某种成就的领域。有关联的是学习节奏、学习速度和注意力持续时间。这些都是人格的基本要素——至于是先天遗传的，还是早期经历产生的结果，我们不得而知（这对我们此处讨论的目的而言并不重要）。

这些学习模式并不局限于婴儿期，尽管年龄越小，在学习节奏、注意力持续时间、学习速度方面的差异就越大。但是，如果学校对一个班级的所有孩子都强加统一的要求，那么就会使很大一部分学生（尽管我们不知道具体是多大一部分）产生抵触情绪和疲惫。这会使他们显得既笨拙又落后，甚至在他们自己看来也是如此。如果我们让每个孩子按照自己的节奏，根据自己的注意力持续时间和学习速度去学习任何必须学习的东西，那么他会像其他孩子一样肯定能学会。他也会同样"聪明"，只不过是按自己最擅长的方式。

没人会固执地认为大家在能力上没有差异。但似乎更有可能的是，在很宽的"正常"范围内，能力在不同的成长和发展阶段聚焦于不同的领域（如音乐、体育、绘画和阅读等），而不是整体能力存在差异。越来越多的证据表明，能力的发展不均衡。某个青少年可能在音乐能力上"领先"，而代价是在其他方面暂时"落后"，就像一个婴儿在学步方面领先，而另一个婴儿在玩游戏和自己吃饭方面领先。

能力差异就像速度和节奏方面的差异一样，也受到社会条件的制约。贫民区的黑人孩子在 2 岁时与郊区专业人士家庭的 2 岁白人孩子一样聪明。到 6 岁入学时，黑人孩子却变得迟钝了。一个主要原因是，他的成就得不到认可。造就"笨"孩子的原因不是有没有天赋，而是对失败的预期。

我们知道（尽管到目前为止只是大致了解）小孩和一般人开展学习所需的条件。如果根据他们自己的学习节奏、学习速度和注意力持续时间，他们就能够学习。换句话说，如果有一套"个人化"程序（这正是每个婴儿在学习坐起来、走路、玩游戏、自己吃饭等技能时所遵循的程序），那么他们就能够学习。

当观察到一群学童各有自己的学习程序时，人们会感到吃惊。某个孩子会针对某一门功课坐下来持续学习两个小时，在此期间完全不改变学习速度。另一个孩子每次都是开始时速度最快，接着就会降低学习速度，或者每15分钟就换一门功课。第三个孩子一开始的学习速度很慢，接下来会提高速度，在一门功课上可以持续学习1个小时，但在下一门功课上只能学习几分钟，然后又回到原先的功课上，如此循环往复。然而，最后他们在所有领域和功课上的学习都是一样的，而且所需的总时间也差不多。

我们还有另一种方式来满足个人的天性，那就是"集体合唱团"振奋人心的情感体验。我们可以（尤其是与年轻人一起）创造出一种真正的集体速度、注意力持续时间、节奏。但这需要人们（尤其是孩子们）从一起做某事中、在彼此协调的节奏中（最好伴随着震耳欲聋但抑扬顿挫的声音）获得情感上的兴奋。

在今天的日本，铃木教授让数百名3岁左右的孩子一起拉小提琴，尽管孩子们不认识乐谱，但他们拉得相当好。孩子们的演奏整齐划一、节奏一致，并像人们齐步走一样具备"感染力"。一些针对缺乏足够教育的黑人儿童的教育实验，通过振奋人心的集体体验方式来学习字母表、加减法、阅读和写作，让全班学生有节奏地喊出正确答案，取得了良好的效果。

我们有理由相信，孩子们需要在两种"程序"之间取得平衡——一种是利用他自己高度个人化的风格，另一种是将他的个性融入集体。

孩子不学习的唯一情况，不是在"集体合唱团"中学习，而是让他独自一人，并迫使他按照一种陌生的节奏、速度与注意力持续时间学习。然而，这正是每所学校的传统做法（并且在缺乏个人化程序的情况下不得不这么做）。

关于第三个发现，最近，我们听说了不少关于城市贫民区教室里发生的"恐怖故事"。然而，尽管"好"学校的教室是文明场所，但其成效并不高。老师花太少时间教学，学生花太少时间学习。当老师在催促、劝诱和监督班上某位学生时，其他 24 位学生都在胡思乱想。老师不能在任何一位学生身上花太多时间，但由于学生没有自主学习的工具，所以在老师把注意力转移到某位学生身上之前，他什么也不做。

相比于课程体系允许的时间，孩子们确实需要更多胡思乱想的时间。有些胡思乱想的时间是富有成效的，但毋庸置疑的是，大多数时间都浪费掉了——否则，各年龄层次的学生就不会像他们中的大多数人那样在大部分时间里感到无聊了。如果学生被允许去学习，他们就可以在很短时间内获得现代学校教育的所有信息内容，还能让学习过程充满乐趣。

我们需要做的是，让教师只负责教学，不必做其他事。相比于现在的情况，那时教师将有时间去教导个人。当然，这正是导师制的精髓所在，牛津大学和剑桥大学等高校已实行多年。但是，在 18～20 岁时才开始接受这样的教育实在太晚了。

大多数婴儿在上学前就在接受"教育"。贫民区的家庭教得不够，这是贫民区的孩子缺乏足够教育的原因——我们理所当然地认为这是一种例外、一种耻辱。但是，从孩子在家里掌握基本知识到他进入牛津大学或剑桥大学（且不说能进入这些大学就读的孩子并不多），中间的这段时间很重要，应该是有最多教学的年份。

让教师有时间教学，是提高其有效性的关键。目前，我们正在进行实验（例如，在密歇根州的奥克兰社区学院），实验中一名"高级教师"每周只开一两次大班课。然而在两次课间隔期间，学生们在没有教师指导和督促的情况下，通过精心设计的"程序"努力学习。因此，高级教师除了教学，其他什么都不做。结果，相比于典型的"小班"教学，单个学生实际上得到了更多个性化关注，而在典型的"小班"中，教师主要是努力让学生学一点东西。事实上，高级教师在为数不多的几堂大课之间会有时间单独辅导个别学生，但他们把时间用于了解学生而不是用于解决学生的"问题"。

在这方面我们才刚刚起步。我确实犯了过于简单化这一错误。但是，我们肯定已经可以得出两个重要的结论。

第一个结论："笨"孩子是学校的耻辱。我们应该谨记一条格言："没有笨孩子，只有差学校。"存在"差学校"的原因不是教师愚蠢或无能，而是缺乏适当的工具和方法。

第二个结论：在未来几十年里，教学和学习必将发生巨大变革。教学和学习将被改造。无论来自公民和教育工作者的阻力多大，经济的需要都将迫使我们去做这项工作。对教学和学习的新理解，将使我们能够去做这项工作。每当我们把需要与知识结合在一起时，就会孕育巨大的变革，而且它会迅速发生。

有史以来最早的教师，也就是文字出现以前美索不达米亚的某位祭司，他常坐在神庙外拿着树枝在沙地上画图，通过这样的方式教导身边的儿童。这位祭司完全可以胜任当今世界上大多数课堂教学。当然，现在的教室里有黑板，但除此之外，教学工具和教学方法几乎没什么变化。在这8000年间，唯一出现的新教学工具就是印刷书籍。而真正知道如何使用印刷书籍的教师寥寥无几，否则他们就不会继续讲述书中已有的内容了。

古代美索不达米亚的祭司也是史上最早的医生。如果来到今天医院的现代手术室里，他们不会认为自己能够把手术做好。然而，现在的医生并不比史上最早的医生更优秀，他们当然比不上"医学之父"希波克拉底，但他们站在希波克拉底的肩膀之上。他们知道得更多，最重要的是，他们知道得更清楚。他们有一套不同的方法论，有不同的工具。结果，他们能够做截然不同的事情，并且做的方式也不同。

可以肯定的是，有史以来的第一位教师（也就是古代美索不达米亚的那位祭司）会认不出 1999 年的学校教室，也不理解教室里发生的事情。到 1999 年时，我们肯定不会有"全部的答案"，但起码我们应该知道足够多的知识，让孩子能够学习，让教师能够教学。

知识政治

知识成为我们社会的中心，也成为经济和社会活动的基础，这种情况的出现极大地改变了知识的地位、意义与结构。在本书讨论的所有不连续性中，这是最急剧、最重要的不连续性之一。

知识领域处于持续变化之中。现有的学院、科系和学科难以长期适用。当然，自古就有的学科很少。

100 年前没有生物化学，没有遗传学，甚至几乎没有生物学。那时候只有动物学和植物学。因此，有机化学和无机化学之间的区别不再很有意义，也就不足为奇了。我们正在设计无机聚合物，并把有机化学的知识应用于硅酮这类无机物质。反过来，我们也正在设计"有机晶体"，并把无机化学和物理学的知识应用于有机物质。因此，以往有机化学和无机化学之间的区别正在迅速成为知识和绩效的障碍。

同样，生理学与心理学之间的传统界限，以及经济学与政治学之间的传统界限，社会学与行为科学之间的传统界限，逻辑、数学、统计学与语言学之间的传统界限，也越来越没有意义。

最可能的假设是，每种传统的分工、学科、院系都将过时，成为学习和理解的障碍。我们正在从强调部分和元素的笛卡儿世界观迅速转变为强调整体与模式的完形世界观，[⊖]这个事实对研究领域和知识领域之间的每条界线都构成了挑战。

正如我们所见，所有机构都需要有能力摆脱昨天，大学也不例外。起码，大学需要有引进新学科的自由，需要有采取新方式把传统学科结合在一起的自由。

> 美国、英国、日本的大学体系极其灵活，具有明显的优势。或者更确切地说，缺乏这种灵活性是欧洲大陆国家大学体系的一个弱点，该体系设有固定的"讲席"教授、"名誉"教授和"普通"教授等职位。最重要的是，欧洲国家传统上由教育部控制学术机构的做法是一个累赘。这种控制往往禁止实验，并规定除非全国所有大学都引入某门新课程，否则任何大学都不得讲授该课程——法国和意大利都有这种规定。于是就产生了官僚秩序，而这正是当今大学最不需要的。

对大学而言，引进新学科、淘汰旧学科的过程并不陌生，但现在必须比以前快得多。然而，学科不再是教学和学习的核心，这是真正全新的理念，并且有悖于现代大学的所有理念。但随着应用成为知识的核心，这种转变必然会发生。

直到 19 世纪，知识与行动还几乎完全无关。知识服务于"内心"，行

⊖　参见我的《已经发生的未来》（*Landmarks of Tomorrow*, New York: Harper & Row, 1959）第 1 章。

动基于经验和由此产生的技能。到 1820 年，系统的学校教育在欧洲大陆国家已成为进入某些职业的前提条件，尤其是牧师、律师和医生等职业。但这些职业都是由强大的行会合法垄断的，旨在限制进入并遏制竞争。直到 19 世纪末，英美两国的大多数律师和医生都出身于学徒而非大学。无论是作为实务者还是学者，这些学徒出身的人与欧洲大陆国家接受过大学教育的同行相比，在取得绩效的能力上并没有太大差别。

直到 19 世纪下半叶，技术与科学一直是分离的，并且技术是通过担任学徒获得的。

可以肯定的是，1794 年创立的巴黎综合理工学院是第一所现代技术大学。从 1800 年起，它迅速被欧洲大陆其他国家模仿，并很快传到了大西洋彼岸的美国。但直到 19 世纪末，继续依赖学徒制的英国在技术上仍然处于领先地位。在化学工业和电力工业于 19 世纪最后 25 年兴起之前，技术进步都是由训练有素的手艺人和"发明家"取得的，科学的作用微乎其微。即使在 1910 年以前的德国，工程专业毕业生在产业界也不常见。

因此，对知识的探索以及对知识的教学，历来都与应用分离。探索和教学都是按科目组织起来的，也就是根据知识本身的逻辑组织起来的。大学的学院、学位、专业，乃至整个高等教育机构，都是以科目为中心的。用组织专家的话来说，它们一直以"产品"而非"市场"或"最终用途"为基础。

如今，我们越来越多地围绕应用领域而不是学科科目来整理知识及探索知识。近 20 年来，跨学科研究在各国迅速发展。许多以区域（无论是非洲、苏联，还是现代特大都市）为研究对象的机构就是这方面的例子。这些机构汇集了从经济学到精神病学、从农学到艺术史等各个学科的人才。这种跨学科研究越来越多地激发了大学的活力，并决定了大学的发展方向。

这是知识的意义发生转变（从知识本身就是目的转变为知识是一种资源，也就是实现某个成果的一种手段）的一个征兆。以前的知识正在变成信息，以前的技术正在变成知识。作为现代社会核心能源的知识，完全存在于应用中，也完全存在于被用于工作之时。然而，工作不能按照学科来界定。最终成果必然是跨学科的。

因此，我们将看到越来越多的大学研究朝着有效性而非学科的领域来组织。我们将看到越来越多的大学研究被组织为"中国研究"，而不是"政府研究"。然而，在研究中国问题时，我们确实需要关于政府和政治过程的知识。换句话说，我们需要作为一种工具、一种资源、一种专长的学科。

这意味着，纯粹的研究可能越来越多地源自某些具体应用的需要。中国研究或健康研究（相对于肌肉功能研究）等应用研究将变得越来越"纯粹"，也就是更加注重基本理解、基本方法和通用概念。最重要的是，在跨学科小组中研究中国的政府专家，必然也会成为一名中国研究学者。

这将引出若干现在无人理解甚至无人能够尝试解答的问题。传统的研究者（19 世纪德国大学的研究者）会变得过时吗？我们会以应用中产生的问题为研究基础吗？就像现在政府领域和历史领域的根本性问题来自对某个地理区域的研究一样，物理科学中纯理论的推动力越来越多地来自新仪器，例如，为研究核粒子而设计的加速器。特定学科的专家（也就是现在的学者）或许会成为明天的工具制造者，为工具使用者服务，而传统上他一直是工具使用者的雇主。未来，院系或学科可能只是一个行政单位，而不是一个工作、学习、教学、研究单位。它可能保管着某位历史学家的人事档案，但此人真正的工作地点可能是在某个"研究所"中，在那里，来自各个学科的人才以团队形式共同研究某个特定领域。

但是，学科（无论如何定义）是否仍将作为人事档案的保管者？或者说，我们将转而把区域／领域研究（地理的、文化的、生态的等）作为专业研究的中心吗？那样的话，现有学科就可能会成为组织理论中所谓"参谋部门"，人们可以去该部门了解自己不知道的事情或者寻求建议。那样的话，我们就可以预见，各学科的知识未来将成为一个数据库和计算机存储单元。为此，我们必须解决信息收集、存储和恢复方面的许多问题。在设计信息系统的过程中，我们无论如何也得处理这些问题。

10 年前，没有人想到这些发展。现如今，各大学都在认真研究这些问题。

知识已成为现代社会的核心资源，这为大学在传统功能的基础上增加了第三项新功能，也就是说，在教学和研究功能之外，增加了社会服务功能，即把知识转化为在社会中行动并取得成果。

现在，我们听到很多关于研究重点同教学以及学生需求不相容的言论，这可能是一种误解。真正的困境是大学越来越多地转向社会服务导致的。大学里最优秀的教职工最可能从事跨学科研究。政府和学校系统，企业和医院、军队以及大学自身的其他院系，都需要最优秀的教师担任顾问。顾问表面上是在从事自己的专业，但关心的是顾客的成果。顾问是某个团队的兼职成员，该团队注重应用所取得的最终成果，而不是任何一门学科的逻辑。20 年前，只有少数几个院系的教师从事顾问工作——主要是工程师，还有（公私部门的）管理学和行政学教授，或许还有法学教授、化学家。但如今，几乎所有学科的教师都在从事顾问工作。

人们越来越期望大学将知识的能量用于应用领域，并在社会上取得成果，这个事实可能促使我们进一步根据主要的应用领域而不是根据学科的逻辑来重组教学。

这就是那些反抗的学生想要的。在伯克利、柏林和东京，我们都能听到学生激进分子要求成立"批判性大学"，也就是要求围绕主要的相关成果领域安排学习。学生们看到教授把自身的知识用于解决特大都市问题、经济发展问题、自然环境保护问题，他们就会问："我们学生为什么就该被那些同我们和社会的重要需求毫不相关、无法应用也毫无关系的信息烦死呢？"教育工作者当然有答案，他们说："你们必须先熟悉工具，然后才能应用工具。"这听起来很有道理。但这真的有道理吗？如果我们教给学生的科目真的是工具，那么最好在应用中学习这些科目。事实上，学习使用工具的唯一方法就是把工具用于特定的、有意义的任务，并至少取得一些成果。

> 在 1967 年 12 月举行的美国科学促进会（AAAS）理事会会议上，一位杰出的生物学家报告说，他围绕校园附近湖泊的污染和湖中鱼类生存等问题开设课程，从而使学生不再厌烦生物学入门课程，而是充满热情。他的经验是，这样做使学生能够接受最抽象的理论。

然而，我们仍然需要专家，也就是那些学会了把某个非常小的任务做得极其出色的人。那些专注于培养某个非常狭窄领域的研究生的学者们并没有错，他们只是片面而已。

知识的组织以及随之而来的大学的组织，必然变得越来越复杂，也越来越有争议。简单的组织已经不可能存在了。

我们今后安排教学时，必须既考虑主要的应用领域（通常是跨学科的），又考虑某个狭窄领域内的专业化。在前一种情况下，我们必须确保学者们因需要的分析深度而获得尊重，也就是因专业贡献而获得尊重。在后一种情况下，专业人员必须首先认识到，他仅使用了一种工具，而单凭这种工具是无法取得很大成就的。进而，专业人员将不得不学会如何将自己的专业知识与更广泛的知识领域联系起来，如何在应用中（也就是在与其他专业人员的合作中）将它与最终成果联系起来。现在我们不知道如何从事这些工作，这就解释了为什么现在的学者如此深受困扰。

与此同时，我们必须认识到研究产生的是信息而非知识，必须有组织地应用信息以实现最终成果，这就是我们越来越多地所指的知识。

在大学里，我们需要的不是一种人，而是各种各样的人。现如今，从事任何工作都要有博士学位，也就是说，要求一个人拥有某个专业学科的高级学位，并且应该从事过该学科的相关研究（也就是收集过信息），这是一种蒙昧主义。当然，我们需要这种人，但任何领域都只需要少量这种人。我们最需要的是以下这种人，他们能从不同学科汲取知识和信息，开发并指导其应用，从而取得最终成果。

我们更需要这样的人，他能在自己的工作中汇集大量学科的知识和技能，并将其整合起来有效地应用到大学之外。现如今，他尚未得到正式的认可，但他是当今大学里真正的"明星"。

最后，我们需要管理者——高等教育人士尚未意识到这种需要。院系中不同类型的人必须组成一个机构。但他们被组织起来是为了发挥各种各样的作用。在这些人中，每个人都得能够实现自己的目的，并从自己的工作中获得个人满足。

进而，学生的需求和愿望必须与大学的其他功能整合起来。

这需要高超的管理能力。在当今所有的管理任务中，大学很可能提出了最有挑战性、最困难也最迫切的管理任务。

知识基础

知识在意义与功能上的变化引出了关于社会的知识基础的根本性问题。

这个问题首次出现在 1957 年"斯普特尼克 1 号"人造地球卫星升空

时。这个事件突然使美国公众清楚地认识到，为智力、经济、社会、军事方面的表现建立和维护合适的知识基础，这对国家的生存至关重要。

可以说，即使没有"斯普特尼克1号"，美国教育也会发生变革。当然，大学生数量的迅速增长会迫使我们提高学术标准，并在传统方法显然不成功的领域（如数学和科学）改变教学方法。但是，"斯普特尼克1号"一下子使所有这些发展都明朗化了。最重要的是，这颗人造地球卫星让美国人懂得，知识不再是一个私人问题，而是一个公共问题。

> 现在，人才流失和技术差距给欧洲人上了同样的一课，前者主要发生在英国，后者发生在欧洲大陆国家。人才流失是一种严重疾病的征兆。即使某个国家只有小部分高级知识分子选择到国外工作，也应引起高度关注。一般而言，知识人去国外工作主要不是由于薪资问题。他们离开的主要原因是对现有环境所允许他们实现的有效性感到不满，也对知识及其在社会中的影响未受到应有的尊重感到不满。

英国的人才流失仅导致了极少数科学家、技术人员和医生外流（每年移民到美国的人数仅占在这些领域获得资格的人数的5%～6%），这可能并不重要。离开的人都是外国需要的人才，也就是合格的、成熟的、成功的人。尽管每个辞职者的工作岗位都可以立刻由那些刚刚毕业的人填补，但任何这类人才的流失都是一个严重问题。

> 无法留住优秀人才同样是对美国军医行业的严厉控诉——尽管从数量上说，军方可以通过征兵获得想要的所有医生。像英国一样，美国军方往往把人才流失归咎于薪资太低。也像英国一样，美国军方的看法错了。抱怨薪资太低而离开军队的同一位年

轻医生，在教学医院或在研究机构却以同样或者更少的薪资愉快地开展工作。军医行业的问题在于，它的组织、结构和氛围都不适合开展当今医生所认为的最佳医疗实践，也不能为医务人员提供最好的发展机会。军医的职业机会在于从事行政工作，而不在于主要专业的执业或研究。但是，现代的医生已经认识到，行政是那些懂得如何管理的非医学专业人员的事，医生合适的事业和发展方向是提高专业能力，在治疗病人方面发挥领导作用，或者从事促进医学知识进步和病人护理的研究工作。

关于技术差距的标准解释在很大程度上也是不正确的。有人认为，美国之所以取得技术领先地位，是因为在研究方面的投入比欧洲国家多，这根本不符合事实。这种处于领先地位的研究多数集中在国防和太空领域，美国在这些领域确实投入了大量资金，但成果甚微，尤其是在对民用经济的"落尘"效益方面。只有在计算机和飞机这两个重要领域，美国的技术领先地位可以归功于高水平的研究支出。在这两个领域，实际上是军方补贴了美国产业。但除此之外，欧洲国家在发明方面显然不输美国。技术差距的主要原因是欧洲国家未能将研究成果转化为产品并成功地将其推向市场（塞尔旺－施赖伯在《美国的挑战》中着重强调了这一点）。技术差距是管理的失败造成的。

实际上，这是一个比研究经费短缺更严重的弱点。经费可以拨付，但金钱无法买到把科学成果转化为经济绩效的能力，也就是营销和管理能力。

为了建立和维护其知识基础，现代社会既需要科学和技术人才，也需要人文、政治、经济、行为科学等学科的人才。最重要的是，现代社会需要本身不是科学家或工程师却理解技术的人才，也需要本身不是人文学者却理解人文、经济、政治学科的人才。现代社会需要能把知识用于工作的人才，而不是固守某种学科或方法之人。

现代社会既需要能创造新知识的"伟人"，也需要能将新知识转化为日常行动的"熟练工"。

传统上，我们往往把关于知识和教育的精英观念同大众观念对立起来。我们倾向于认为，要么专注于培养少数领导者，要么专注于培养大批追随者。但现代社会既需要领导者，也需要追随者。

因此，在教育领域，现代社会不能承受的是"精英机构"，这些机构垄断了社会地位、声望，以及经济和社会中的指挥角色。牛津大学、剑桥大学就是造成英国人才流失的重要因素。巴黎综合理工学院或巴黎高等师范学院这些法国的"大学校"（Grande école）就是造成技术差距的一个主要因素。这些精英机构可能在教育领域做得非常出色，但通常只有其毕业生才能进入指挥岗位，也只有其师资才"重要"。这就束缚了整个社会，让整个社会变得贫困。

当然，与其他领域一样，人们在知识领域的能力和兴趣也存在差异。与在其他所有机构一样，在大学中人们的水平也存在差异。但是，剥夺任何知识工作者成为大师的机会，既不符合知识的性质，也不符合现代社会的需要。他在哪所学校获得知识，在哪里应用这些知识，在他毕业五年后这些应该就无关紧要了。同样，赋予任何知识机构垄断地位，既不符合知识的性质，也不符合社会的需求。我们需要大批知识人，而不是让通往成就、机会和晋升的通道变得狭窄。

培养大师的方法就是尽可能多地培养符合高要求的熟练工。这一点在艺术领域已得到了证明——例如，在意大利文艺复兴时期，在日本 16 世纪创造力大爆发的安土桃山时代，或者在低地国家的伦勃朗和鲁本斯时代。我们没办法提前确定哪些人会在工作生涯中表现出色，唯一真正的检验是在工作中的表现，而最不可靠的检验就是在学校中的表现。历史上不乏学习成绩不佳但取得杰出成就的伟人，温斯顿·丘吉尔只是其中一个例子，歌德是另一个例子。历史通常不会记下那些在生活中惨遭失败的优秀学生，但这种人同样很常见。

与其他能力一样，智力的分布也是基于概率。越多人接触到知识，就会出现越多智力上的领先者。大众教育与优质教育并不冲突。我们需要教育大量的人，从而获得所需的大量高素质人才。我们需要为大众教育设立高标准，这不只是为了给知识劳动力队伍培养大批能干的熟练工和追随者，也是为了找到和激励最大数量的未来大师。

在"斯普特尼克1号"人造地球卫星发射之前（恐怕现在也一样），美国教育领域中的许多人满足于平庸，甚至沾沾自喜，这是美国知识基础的一个真正弱点。相比之下，美国教育的一个优势是反对任何精英垄断。可以肯定的是，我们有一些机构享有（应得的或不应得的）崇高的地位和声望。但幸运的是，我们并不歧视那些在其他机构接受教育的人。拥有北爱达荷学院农业与机械专业学位的工程师不会自认为"低人一等"或"不是真正的工程师"。他知道，麻省理工学院是一所更严格的学校，拥有更杰出的师资。但他和他在北爱达荷学院的教师以及麻省理工学院的教师都知道，北爱达荷学院是一所工科院校，正在努力做与麻省理工学院相同的事情，提供同样的课程体系，并试图培养掌握相同知识、具备相同理解力和相同专业资格的毕业生。毕业5年或10年后，没人再关心此人毕业于哪所学校，重要的是他能用这个学位做什么。虽然麻省理工学院自认为是技术领域的领导者，实际上它也是广泛的物理科学领域的领导者，但该校仍然认为自己的首要任务是培养能够执行任务的人才，能够把知识有效用于工作和生产的合格人才。

哈佛大学法学院可能希望成为一所"大学校"，为其毕业生争取优先地位，但美国社会从来都不愿意接受这种要求。肯尼迪政府似乎让哈佛大学法学院的毕业生占据了有利地位，但这只会使"外校生"在下届政府中占据主导地位。如果说在哈佛大学法学院取得优异成绩是在纽约大型律所找到一份好工作的"必备条件"，那么对打算在中西部或西海岸开启职业生涯的年轻律师而言，这几乎就是一种不利条件。15 年前有人对我提起阿瑟·伍德（1967 年成为全球最大连锁零售企业西尔斯公司的总裁⊖）时说："这是个聪明的家伙，他在西尔斯公司得到了提拔，尽管他上的是哈佛大学法学院。"这句话并没有讽刺意味。

结果，美国没有一家教育机构自认为只能屈居二流。每个机构都知道，自己可以追求更高的目标，并且只要表现卓越，就会得到认可。在过去 30 年内出现了很多典型例子，如加州大学、斯坦福大学、杜克大学，以及莱斯大学和卡内基理工学院这样的工科院校。同样，没有哪个美国毕业生自认为低人一等，没资格任职于经过努力得到的最高层职位。

美国高等教育的优势就是没有培养领导者的学校和培养追随者的学校之别，几乎不可能向欧洲人说清楚这一点。同样，几乎不可能向他们说清楚拥有北爱达荷学院农业与机械专业学位的工程师是名副其实的工程师而非制图员。然而，欧洲要想减少人才流失，缩小技术差距，需要的正是这种灵活性，否则欧洲将继续缺乏能够将精英的见解转化为实际成果的人才，从而丧失自身取得的成就。而知道自己有能力却得不到认可的欧洲人（因为他不是毕业于牛津大学或剑桥大学，或者因为他没有从某所"大学校"毕业并成为政府部门的一名财务督察员）就会继续移民，新国家将根据他能够做什么而非没有做过什么来使用其才能。

总而言之，欧洲的弱点不在于缺乏受过一流的科学与技术教育的人才。从比例上看，欧洲尤其是英国和法国比美国培养了更多这样的人才。

⊖ 阿瑟·伍德（Arthur Wood，1913—2006），经核实，伍德于 1968 年被任命为西尔斯公司的总裁。——译者注

欧洲缺乏的是非技能型但受过教育的管理人员，特别是中低层管理人员。

我们需要的是鼓励每个人都变得博学的知识基础。我们需要的知识基础要支持这样的社会——它包含大量迅速变化的各种知识，并把广泛多样的知识用于工作。没有哪种考试能在今天确定谁会在 20 年后成为领导人才，因为我们还不清楚也无从得知 20 年后需要什么。

英国的"牛津剑桥"与"红砖大学"、法国的"大学校"与地方大学，必须在表现机会和毕业生获得的社会承认方面实现平等。至少，英国或法国可采用德国的制度，赋予"大学"垄断地位，但在为毕业生提供的机会和职业方面，不再区分不同的大学。

美国的教育体系还有一个欧洲国家需要但缺乏的优势。

当大批科学家和学者因希特勒对犹太人的迫害而流离失所时，他们中的绝大多数人受到了美国高校的热情接纳。这让美国在 10 年内得以跃居科学和技术领域的领先地位。这些人中的大多数，尤其是那些经验丰富的成熟人才，可能更愿意待在欧洲。他们在欧洲如鱼得水。从经济上看，鉴于经济大萧条对美国造成的破坏，尤其是对当时仍以私立高校为主的美国高等教育体系的预算造成的破坏，欧洲应该更容易吸纳这批人。然而，欧洲国家的高等教育体系缺乏这种灵活性。如果学校已聘请一位生物化学教授，那么另一位教授就算是该领域的领军人物，也无法被聘用。美国的教育体系能够并且确实给优秀人才创造了工作岗位。而且，一旦给了某人一份工作，该体系就不再将其视为外国人和新来者，而是让他马上开始工作。与此同时，该体系会欣然接受他所带来的一切，并主动适应他的方式、方法和优势。

在英国和法国等其他国家，聘用来自德国的难民教授是一种慈善和义务。但在美国，这是一个机会——这种差异在很大程度上解释了在 30 年后的今天，欧洲国家出现的人才流失和技术差距。

知识型社会的知识基础必须有灵活性，能接纳新而不同的事物，也乐于创新。它需要欧洲大学普遍缺乏的多样性。事实上，在教育领域，狭隘、因循守旧的是欧洲国家而不是美国。但是，对博士学位的日益强调可能给美国的大学强加上一种更令人窒息的统一性。

美国也必须记住"斯普特尼克 1 号"人造地球卫星给我们的教训：一个自身不遵循培养领导者所需标准的大众教育体系，甚至不会培养出足够的追随者。"大众教育"必须是"优质教育"。换句话说，我们需要强调的是，即使教育得到普及，也没有任何理由认为高标准和卓越不应成为所有教育机构的宗旨。几百年来，教育工作者一直警告说，受教育人数增多势必会"降低教育标准"。事实恰恰相反。学生越多，我们能对他们提出的要求就越高。我们的经验不支持以下假设：任何受限制的教育体系（无论这种限制是来自出身、财富、政治可靠性，还是学业考试）所产生的能力分布会不同于总人口的能力分布。

即使是要求最严格的学校，也只能开发学生真正能力的一小部分。学校所指的"能力"，通常只是"更努力地学习"的能力。但我必须再次强调，我们需要的是"更聪明地学习"的学生。我们所需要的是这样一种教育体系，它以让每位学生都能跑得尽可能远、尽可能快为己任。

现代社会的知识基础与高等教育领域中的制度统一性不相容。同样，这个问题在美国和欧洲国家呈现为不同的形式。在美国和日本，教育具有多样性，但这种多样性正面临消失的危险，这主要出于经济原因。在欧洲国家，教育通常具有统一性，采取政府设计并强制实行的模式。

美国和日本应该为具有多样性的公立和私立教育机构提供财务支持。否则，很快就会出现一个统一的公立大学体系，它充其量只能代表少数类型的大学，而且由于规模庞大，它无法开拓创新和进行实验。我们需要接受这样一项原则：每个年轻人的高等教育学费都由税收支付，但是由学生（及其父母）来决定他（以及相应的经费）进入哪所大学。第二次世界大战后颁布的《退伍军人权利法案》首次体现了这一原则，退伍军人就读的学校，不论公立或私立，只要达到学术标准，都会收到一笔固定数额的学费。我们需要回到这项原则——哪怕只是为了减轻纳税人的负担，因为每位进入私立学院或私立大学的学生都减轻了州立大学的成本负担。但该原则对于保持教育多样性也同样必要。

欧洲国家的教育体系必须引入竞争。为建立自身的知识基础，欧洲国家需要教育方面的创业精神。欧洲国家需要开展实验，但如果教育部严格控制，实验就无法进行。换句话说，欧洲国家需要彻底打破自拿破仑以来一直盛行的政府管制公立大学的模式。德国的制度可能是一种折中方案。在这种制度下，不同州的大学虽然都是公立大学，但相互竞争。为应对1968年春天发生的学生骚乱，戴高乐提议让法国大学实行自治，这种做法可能是欧洲国家所需的教育体系改革的开端。

我们社会的知识基础要求大学内部开展重大的新思考，推进重大的新变革。它也要求摆脱旧习惯、旧传统与旧骄傲，并采取新公共政策。

关于知识政治

知识越成为社会的基础，多样性、灵活性和竞争性对知识而言就越重要。这也将引发关于知识的重大政治决策，并使得制定替代性知识政策越来越有必要。

在过去，知识只需要很少的资金。现如今，知识需要的资金越来越多。实际上，知识需要的资金太多了，只有政府才有能力提供。这立即引发了政府发号施令和思想控制的问题。在美国，现在政府资助的研究工作约占全部研究工作的2/3。在其他资本主义国家，这个比例并不比美国低多少，尽管其政府资助的经费总额比美国少。

有人认为，有一些防止政治控制的保障措施。例如，我们成立了学者委员会来管理政府给大学的拨款。但是，当需要分配现有经费并在申请者中加以选择时，这种做法的有效性就值得怀疑了。坦率地说，这种做法也不是完全可取的，必须对公共资金施加政治控制。其替代方案不是自由处置，而是通过程序或者通过赞助来扩大政治影响，从而施加官僚控制——在美国、法国，或者在英国的大学拨款委员会中都可以发现这两种方式。

目前，政府提供的资金不再专门用于国防或太空研究。政府资助各种各样的研究，包括医学、生物学以及越来越多的社会科学研究。然而，一个自由社会需要政府对社会科学研究进行管理吗？或者这样必然会误导社会科学走向对个人和社会的政治控制吗？

学者们（就像之前的其他团体一样）太急于得到政府的资金，而无暇顾及这些问题。他们过于确信自己的美德毋庸置疑，而且过于确信没人期望他们由于拿了政府的钱就成为其仆人。他们过于自信，认为有且只有他们才有能力决定公共资金在科学和研究领域的用途。但是，当自身利益受到威胁时，即使他们可能比普通人做得更好，他们也不会被允许做出这些决策。他们也没有能力做出这些决策。

我们面临着一个前所未有的局面，将必须在寻找新知识方面确定优先次序。我们需要就知识的方向及其后果做出决定。

这是一个全新的局面，不仅对知识人而言是这样。我们从未想过，知识和对知识的探索还需要方向，更不用说还需要优先次序和对它们的限制了。

越来越清楚的是，相比于其他任何事物，知识本身并不是一种绝对的善。知识可能是中立的，但我们利用知识做的事绝不是中立的。应该鼓励人们探索那些只能用来控制和操纵思想的知识（如行为科学领域的大量研究）吗？或者这种知识是一个只能释放出邪恶的潘多拉盒子吗？那么细菌战方面的研究呢？"如果我们不做，其他人就会做。"这个老借口仍然有效和可以接受吗？

更无法避免也更为棘手的是优先次序问题。在探索知识的过程中，我们会遇到物质上的限制。我们得合理分配资源。短缺的将不是资金。毕竟，做研究的不是资金，而是人。在所有发达国家，能创造新知识之人的供给正在迅速枯竭。在自然科学、医学、社会科学和人文科学领域，由于不得不使用具有边际效用的人力资源，研究成果已经在减少。

> 在过去的 20 年中，制药业的研究力量增长了 20 倍，某家公司在 1950 年可能有 50 位专业研究人员，现在很可能有超过 1000 位。但成果并没有增长 20 倍，反而有所下降，部分原因在于增长过快以及组织不善，部分原因在于难以管理的规模。但在很大程度上原因在于公司可以雇用学位和身体，却无法轻易雇用人。人必须要加以开发、进行培训并经受考验。这需要时间，而时间是金钱无法买到的。

在行为科学与政治科学、经济学与政治学、心理学与社会学领域，可能最需要设定优先次序。相比于自然科学领域，在这些领域从事有生产率工作的人才显然较少，而且发展得较慢。然而，今天我们在自然科学某些分支领域所掌握的知识已超出了我们所能应用的范围，但我们在政府和社会领域对思想、知识、新理念有巨大的需求。自然并非由我们创造的，它没有改变；但是我们的社区、社会、政府等人造环境的变化速度远远快于我们对它们的理解。

在探索知识的过程中，优先次序应该是什么？我们应该把稀缺资源（训练有素、经验丰富和久经考验的人才）部署在哪些工作上？谁应该做出这些决策？这些决策造成的结果是巨大而深远的。相比于以往我们为经济预期分配资源时面临的风险，这些决策面临的风险更高。但我们对这些方面的了解，却比对经济风险和经济决策的了解少得多。

到目前为止，我们还没有办法在不同的调查和研究路线之间做出理性决策。即使我们可以假设在这项工作中努力与成果之间存在明确的关系，也无法在不同成果之间做出理性选择。

　　研究如何治愈一种比较罕见的婴儿疾病，还是研究如何提高老年人的预期寿命和健康状况，哪个应该优先？是快速、轻松地学习外语的方法，还是加快经济社会发展的好方法，哪个我们更需要？我们应该把稀缺资源用于提高国防能力（这可能会决定生死存亡），还是应该把同样的资源用于改善城市交通？

很明显，这种决策既不以"科学"为依据，也不以"事实"为依据。要做出这种决策，我们必须在不同价值观之间做出选择，并且基于对未来高度主观的评估。换句话说，这根本不是一项科学决策，而是一项政治决策。

同时，我们必须深入思考新知识带来的后果。

　　例如，我们或许明天就能控制天气，并把干旱的沙漠变成水源充足的农田。这么做可能非常有益，但与此同时，这可能会造成几千英里外的其他地区不再降雨，让那里变成干旱的沙漠。在哪个阶段我们才会考虑是继续开展气象研究，还是把资源投入其他研究呢？甚至这项研究是应该由某个国家来完成并予以资助，还是应该从一开始就开展国际合作呢？进而，应该由谁掌控？由谁出资呢？

这些问题都假设我们对研究和探索知识有足够的了解，可以预测我们分配的研究资源带来的成果。但迄今为止，我们尚不能做出这样的假设。

现如今，我们听到了大量关于需要纯研究及其巨大成效的说法，但没有证据支持这些说法。知识人出于审美原因更喜欢纯研究，我个人也有这种偏好。但这不该与证明纯研究效用的事实混为一谈，我们没有这方面的证据。事实上，我们掌握的少数证据表明，尽管非常成功的纯研究具有很大的影响力，但大多数纯研究根本没有任何影响力或效用。它们只是为新版书增添了某些脚注，且将在下一版出版时被删除。此外，正如激光的共同发明人，诺贝尔奖得主 C. H. 汤斯（C. H. Townes）在一项精彩的案例研究中指出的那样，⊖即使是最有经验的研究主管，也无法预告哪项纯研究将会得到实际应用，而哪项纯研究仍将是纯粹的学术探索。

相反，有证据表明，在知识工作中，我们需要在关于一般理论的纯研究和关于应用的开发工作之间保持平衡。这两者相辅相成。但是，证据并没有表明两者中哪个优先。有时是纯研究优先，有时是开发工作优先。这显然适用于所有学科：自然科学、医学、社会科学和政治科学。证据也没有明确表明两者之间需要多大的比例，以及何时需要某个比例——尽管显然我们的每一点点纯研究都需要大量的开发工作。我们不仅面临一个为实现不同的最终成果而分配资源的问题（在这个问题上，我们不得不主要依靠观点和判断），我们在任何既定的工作领域内也面临同样的资源分配问题。

尤其在自然科学领域，在"系统"中提出新的知识需求方面我们已经取得了长足进步，这些系统使我们能够让掌握必要技能的人投入工作，并把具备最多样知识的人聚集到一个团队中。第二次世界大战期间的原子弹研制工作只是第一个例子，生产小儿麻痹症疫苗的工作是另一个例子。然而，我们还需要证明，这种系统方法在社会政治领域也能奏效。即便如

⊖   参见 1968 年 2 月 16 日发行的《科学》（*Science*）杂志。

此，我们还面临着对不确定性、选择、偏好的考虑，而这些不在经济核算的范围内，也不仅仅位于政策制定者的职权范围内。

这些关于优先次序的决策不仅出现在国际或国家层次，也出现在各大学、各院系以及各个研究实验室内部。然而，知识人（特别是大学里的学者和科学家）很少意识到需要做这些决策。他们中的大多数人仍然认为，政府或大学有责任资助由知名学者提交的任何研究建议。他们不明白，这在实际操作上，更别提在财政上，是不可能的。

几年前，我参加了一个由自然科学和社会科学领域经验丰富的科学家组成的研究小组，他们用一年时间讨论了科学技术变革对国家政策的影响。很多时候，这些杰出的小组成员都在抱怨政治人物没有为他们个人最感兴趣的领域编列足够的预算。更多的时候，他们抱怨政治人物对科学的无知。只是很少有人谈到科学家有责任让政治人物发挥作用，即预测并理解某项科学或技术的新发展可能要求做出的政治决策。唯一能发出这种声音的人，是那些从研究者或学者转变成科学领域管理者和政策制定者的人。这个小组中的他们的同行，也就是那些纯粹的科学家，却认为他们出卖了灵魂。

学者或研究者的个人能力和倾向，应该是任何优先次序决策的重要因素。首先，如果研究者和科学家做他们想做的事，而不是做他们被告知要做的事，那么他们会做得更好。然而，决策的不确定性相当大，以至于应该尽可能重视经验丰富、已证明自身绩效能力之人的直觉。其次，大多数学者和研究者如果朝着一个目标前进，并且如果其工作是有组织的，那么他们就会工作得最好。只有非常杰出的人才能在没有这样一个方向的情况下做得很好。定向研究的成效在原子弹的研发中得到了体现，尽管当时大多数参与者甚至不知道自己在做什么，只知道自己被告知要执行的具体任务，但他们仍然做得很好。苏联人也一次又一次地证明了这一点。

如果有必要，我们可以在没有科学家知情和自愿参与的情况下做出决策——尽管肯定会冒着做出许多错误决策的风险。但是，科学家不可能自己做出这些决策。它们是政治决策，也就是在不同的价值观（既不是科学，也不是事实）之间做出的选择。政治决策必须由政治人物做出。[一]因此，这种决策要求在知识人与决策者之间建立一种新型关系——迄今为止，知识人和决策者都未仔细考虑过这一点。

总的来说，深入思考知识并确定其优先次序，引导知识，承担风险等需要推动知识及其方向、目标和成果越来越多地进入政治领域。我们不能再维持"肮脏的政治"和"纯粹的知识"之间的传统界线。

工作和绩效的基础从技能转变为知识，这意味着知识本身正变得越来越"受公共利益影响"。知识型社会的核心决策就是关于知识的决策。在知识型社会中，核心议题就是关于知识的议题。

需要为知识和探索新知识的工作设定优先次序，这可能会迫使人们围绕知识的目的、方向和意义展开辩论。"这种新知识是必要的、可取的吗？或者某种其他知识更必要、更可取吗？"该问题必然会引出下一个问题："知识到底是不是必要的、可取的？"

在未来相当长一段时间内，即使社会中有很大一部分人（例如新左派的浪漫主义者）反对技术，技术仍将被认为是必要的、可取的。无论喜欢与否，未来我们都将致力于发展技术。和平时期的经济竞争压力以及贫穷国家经济快速发展的需要，都将迫使我们继续高速开展技术研究工作。各

⊖　这在一篇尚未出版的关于科学政策决策的"内幕故事"里得到了清晰阐述，参见 C. P. 斯诺 1960 年的戈德金讲座内容，出自《科学与政府》（*Science and Government*, New York: New American Library, 1961）。斯诺不仅是一名小说家，也是一位知名科学家，曾多年担任英国政府科学人事工作的负责人。

国之间的国防竞争恐怕也是如此。

　　但是知识呢？在这方面，我们不仅对自己的所言，而且对自己的所行，都可能感到疑虑重重。一旦我们试图把不同类别的知识区分成"好的""中立的"或"危险的"，就会开始怀疑更多的知识本身是否必要或是否可取。当我们发现某个群体的专家认为绝对必要的知识却被其他群体的专家认为毫无用处时，我们就可能产生怀疑。一旦我们被迫设定优先次序，并争论向哪一个知识方向努力更可取时，这种情况必然会一再发生（在高能粒子物理学方面已经出现了这种情况，而该领域的研究经费恰好非常高昂）。

　　如果我们开始质疑知识的价值，那将是自 2400 年前苏格拉底把知识确立为西方思想及西方世界观的源泉以来头一回。从那时起，知识就被西方人视为理所当然。从古至今，各种研究者一次又一次地试图"控制"什么是或应该是"真正的"知识。但自古希腊人以来，西方世界很少有人否定知识本身，或者质疑知识的价值与美德。13 世纪，方济会（Franciscan）神秘主义者曾经对知识发起过一次攻击，但被托马斯·阿奎那渊博的学识击退了。与其同时代的方济会信徒文德确立了我们现在的立场，他教导我们：所有知识都通往终极真理，所有知识都是神圣的，都能使人成圣。我们将要放弃这个立场，放弃这个现代西方赖以建立的基础吗？

　　正因为知识的成功，我们才有可能质疑知识的价值。知识正变得令人怀疑，这是因为它已成为现代社会采取各种行动的基础和根本的经济资源。苏格拉底认为知识是善的，他反对智者学派（Sophists），主张知识不是应用，把知识用于行动实际上是对知识的误用。知识的目的就是知识，而智慧可以检验知识。然而现如今，无论我们的言论是什么，我们的行动都已清楚地表明，我们认为应用才是知识的目的，或至少是对知识的检验。苏格拉底的立场已经不再适用。

　　因此，未来某种伟大的新"主义"很可能是关于知识的意识形态。在未来的思想和政治哲学领域，知识很可能取代财产（即物质）占据核心地位。

　　但这些都是推测。今天我们只能说，应用已经成为知识的核心、知识工作的核心以及有组织地探索知识的核心。因此，知识已成为现代经济和现代社会的重要基础，也成为社会行动的重要原则。这是一个巨大的变化，它势必对知识本身产生重大影响，并且必然使知识成为知识型社会的核心哲学议题和政治议题。

知识有未来吗

知识型社会的核心道德问题将是有学问之人（即知识人）的责任问题。

在历史上，知识人从未掌权，起码在西方国家是这样。他们只是用来装点门面的花瓶罢了。如果说他们在权力宝座上发挥过什么作用的话，那就是扮演宫廷小丑的角色。在历史上，"笔比剑更有力量"这句谚语几乎没什么真实性，只能被称作"知识分子的鸦片"。知识是美好的。知识对受苦之人来说是一种慰藉，对有钱人来说是一种乐趣。但知识不是权力。事实上，直到最近，给知识人准备的唯一位置就是有权势者的奴仆。直到19 世纪中叶，牛津和剑桥一直在培养神职人员，而欧洲大陆国家的大学一直在培养公务人员。创立不到一个世纪的美国商学院一直在培养训练有素的职员，而非创业者。

但现在知识有了权力。知识控制着机会和晋升的通道。科学家和学者不再只是"随叫随到"的奴仆，而是成为"高高在上"之人，政策制定者必须听取他们的意见。在国防或经济等关键领域，这些人在很大程度上决定了哪些政策可以得到认真考虑。他们在很大程度上负责培养年轻人。电视机（更不用说书、杂志与漫画了）对年轻人的影响可能至少同样巨大，无论电视节目或漫画可能多么令人怀疑，我都认为这是一件好事。对孩子来说，不依赖单一的刺激和信息来源必然更好。歌德曾经说过："性格是在世界的动荡中形成的。"

有学问的人不再贫穷。相反，他们成为知识型社会中真正的"资本家"。学校的薪资增长很快。现如今，教师（无论是小学教师、中学教师还是大学教师）薪资仍然很低的社会是一个教育"落后"的社会。这样的社会会遭受人才流失或技术落后的困扰。知识人在学术界之外也有越来越多的赚钱机会，比如接受研究资助或担任顾问。

然而，权力和财富也给知识人强加了责任。

有学问的人可能比其他人拥有更多知识，但有学问很少能带来智慧。因此，知识人没有意识到他们必须快速承担起责任也就不足为奇了。他们和以前任何一个掌权的群体没什么不同。他们同样相信自己的地位归功于美德，并且只要有"纯洁的意图"就够了，无需其他证明。他们同样认为，任何质疑其动机的人非傻即坏，不是"反智主义"就是"麦卡锡主义"。但是，知识人也终将发现，权力只有通过责任才能被证明是正当的。

关于知识的基本决策是政治决策而非知识决策，因此决策权并不在知识人手中，他们将难以接受这一点。他们更难接受的是：尽管他们无法控制这些决策，但我们却要他们为这些决策负责。然而，除非他们接受这一点，否则他们在这些决策中不会有太多发言权。决策必须被做出。知识人唯一的选择在于，是负责任地参与决策，还是让别人把决策强加给他们。

我们还将要求知识人遵守高标准的道德规范。这项要求让知识人感到更加意外和无礼。他们一直为自己的客观性和科学道德感到自豪，往往自认为是美德的化身。然而，在知识没有权力的情况下，有些道德规范作为私人道德可能完全足够，但对一个掌权的群体来说是远远不够的。

事实上，今天的知识人跟 19 世纪末的企业人士一样，后者认为企业道德是自己的"私事"。然而对一个掌权的群体来说，轻率地假设自己在道德上符合公义（心灵纯洁、事业公正）的标准，那就是赤裸裸的不道德。

最典型的例子就是广受关注的"卡米洛特项目"（Project Camelot）。卡米洛特项目是 20 世纪 60 年代初由一群美国人类学家构想的一个世界性秘密研究项目的代号。大多数参与者来自"自由派左派"，并且"他们中不太可能有一位越战支持者"。⊖该项目提议做两件事：系统地识别社会崩溃的症状，以及识别可能防止这种崩溃的行动。

1963 年，美国军方接受了卡米洛特项目的上述提议，并提供了 600 万美元预算。我想，这比以往任何单一社会科学研究项目的预算都要多。这笔资金足以资助数千名研究者——这比全世界有能力的人类学家和社会学家的数量多得多，更不用说美国的了。该项目将在全世界范围内开展，包括拉丁美洲、中东、远东、欧洲和非洲（事实上，除了美国黑人聚居区之外的每个地方，都迫切需要该项目所提问题的答案）。

卡米洛特项目尚未启动就胎死腹中了。团队中的一位年轻成员不小心向智利的一位社会科学家同行透露了此事，后者将其泄露给了智利的一家左派报纸。正如任何人都能预料到的那样，此事立刻引起轩然大波。智利众议院对此进行了正式调查。智利政府（显然还有许多其他拉丁美洲国家的政府）正式向华盛顿提出了抗议，反对这种对主权国家内政的粗暴干涉。

最后，约翰逊总统于 1965 年下令终止该项目，并发布了一道命令，规定今后政府资助的所有美国境外研究项目都必须得到国务卿批准，以与美国的外交政策保持一致。两年后，也就是 1967 年，由于中央情报局对各种学术组织进行资助的消息被披露出来，所有表面上自筹经费但实际上

⊖ 参见杰出社会科学家，加利福尼亚大学罗伯特·A. 尼斯比特（Robert A. Nisbet）教授的《卡米洛特项目：一个解剖》（Project Camelot: An Autopsy），1966 年秋季号《公共利益》（*The Public Interest*）杂志。

受到政府秘密资助的研究工作都被停止了。从那之后，这种研究工作将对外公开，这肯定会让其他卡米洛特之类的研究项目在启动前就被制止。

但是，卡米洛特项目当然永远不可能取得成果。它纯粹是一场耗资600万美元的骗局。没有任何研究方法可以回答"是什么导致了社会崩溃？"这类问题，更不用提"如何防止崩溃？"了。卡米洛特项目的资助者肯定非常清楚这一点——世界上每一位社会学家也都了然于胸。但资助者也知道，这个目标非常宽泛，足以涵盖任何人在任何地方想要开展的任何可想象的社会科学研究与调查。毕竟，任何事情都可能成为"社会崩溃的原因"，从婚内不忠和性道德观念到青少年买汽水的方式，等等。项目资助者辩解说，了解这些事情毕竟是"好事"。"如果说谎是让政府资助社会科学研究的唯一方式，那么说谎又有什么关系呢？"正如尼斯比特教授所指出的那样，当卡米洛特项目被终止时，大多数社会科学家做出的唯一评论是："这是政府再次歧视行为科学。"

在知识人掌握权力并获得可观收入的今天，上述双重标准还能被接受与允许吗？

即使是由于善意而获得了这笔资金，就能证明该项目合理吗？或者说，任何这类研究都是对社区和私人生活的干涉和侵犯吗？在探索知识时，得到允许的范围难道没有限制吗？

最后，军方是这类项目的适当资助者吗？军方会如何利用这个项目的研究成果呢？军方资助该项目的理由是什么？卡米洛特项目的支持者（显然，这些人在美国社会科学家中占绝大多数）回答这几个问题时会说："但我们清楚地知道，该项目不会取得军方可以利用的任何成果。"然而，同样是这些社会科学家，即使该项目会取得军方期待的成果，他们也会继续推进这个项目。对他们而言，重要的是获得资金。可以肯定地说，他们并不在乎这些成果被军方掌握后将可能导致他们这些自由派所斥责的行动。他们甚至不明白，关于卡米洛特项目的消息被披露之后，拉丁美洲各国政府为什么那么愤怒。

同样，1967 年，纽约的某些医生被发现在病人不知情或未经病人同意的情况下向癌症晚期患者注射了某种未经测试的危险药物，而当他们的行为受到质疑时，这些医生深感委屈和震惊（尽管他们违反了既定的和公开的医疗伦理准则和国家法律）。这些医生指出，他们并未从这些实验中获得任何好处。他们只是想获得相关的知识，从而帮助遭受病痛折磨的人们。因此，对他们的所作所为提出批评才是最严重的罪行，即外行人干涉医学研究，而在医学研究中，只有研究人员的同行才有权发表意见，并且只能对研究结果的科学效度发表意见。

知识的道德问题确实应该由同行来决定和控制。就像任何有尊严的产业一样，知识产业应该是自我控制的。但是，如果知识人拒绝解决这个问题，如果他们拒绝承认存在问题（他们现在基本上仍然如此），那么社会必然将解决它，就像社会惩罚纽约的那些医生，而不是将该项工作留给医学界自行处理一样，因为权力总是会引发道德问题。无论动机如何，欺诈就是欺诈。在申请政府或基金会的资助时，卡米洛特项目绝不是唯一存在严重欺瞒和虚假陈述的例子。在有大笔资金流动的地方，人们总是要提防那些精明的操盘手。如果知识界自己不能做到这一点，那么保障措施就会被强加给知识界。同样，不道德行为不能仅仅因为没有人从中获利就得到原谅。

我们必须深入思考知识权力的道德问题，上述只是这方面的一个例子和一个领域。知识界尤其是教育界用以维护自身垄断地位的各种限制措施是否合乎道德呢？要求入职者拥有博士学位是否合理呢（或许物理学例外）？有没有证据表明博士学位能让人成为更优秀的教师，甚至是更优秀的学者呢？还是说，提出这项要求的主要原因是，为那些在学术收费站付出时间和金钱的人保留获得职位和薪酬的机会？

甚至，终身教职在道德上合理吗？我们的确需要一种保障措施，以防教职工受到政治压力和行政部门的粗暴管理。但是，终身教职的保障措施难道不比政治和行政压力造成的威胁更糟糕吗？我们能否设计一种方法，既能保护个人免于这些压力，又能保护社会、学校、学生免受懒惰和无能之害？为什么不设立一个由访问学者组成的顾问委员会，每隔三五年对每位教职工的表现和记录进行一次审查呢？目前，美国有2000多所高等院校，还有大约8万所地方学校。当然，对于某位有点能力的教师而言，若他在没有充分理由的情况下被解雇，那么找到另一份好工作并不难。在美国的教师队伍中，充斥着很多身体健康但在成为副教授或正教授并获得终身教职后就开始得过且过之人。而在没有终身教职的工业研究实验室里，很少有人抱怨不应有的压力或迫害。

只要知识人不掌握权力，这样的问题就无关紧要。这些问题当然会存在，却只与该群体的成员有关。但随着知识人掌握了权力，这些问题就不再是"私事"了。一个掌权的团体要么对自身的道德问题负责，要么就是堕落的并且会使他人堕落。

同样紧迫的是，知识人（即有学问的人）要对教育的内容、标准、质量、绩效和影响负责。

许多知识人不应为文凭壁垒沾沾自喜。知识人的职责就是让文凭在社会上发挥成效，否则就应抛弃文凭。对知识人的责任而言，教育领域的成效低下是一项挑战。只是一味地要更多钱，一旦钱无法立刻到位就发牢骚，这是不够的。

最重要的是，知识人必须对教育的绩效负责。不允许再把学习不好的责任归咎于学生。不学习的学生是学校的失败，不想学习的学生是学校的耻辱，也是对学校和教师的控诉。

指望有学问的人自愿承担这些责任是天真的想法。若真能如此，他们将是历史上第一个这样做的群体。然而，就像以前的其他群体一样，有学问的人很快就会面临挑战，被迫负起责任。在美国，民众的下一波批评、愤慨和反抗浪潮很可能将由有学问之人的傲慢引起。年轻人已经在全面反抗了。

但是，年轻人（即学生）也面临责任问题——他们对此更缺乏准备。大学生享有很大的特权，他们几乎垄断了知识型社会的机会，他们得到的补贴比以往任何群体获得的都多。学生也是一个庞大且快速增长的群体。无论他们多么不喜欢"体制"，今日的学生很大程度上都是"体制"的一部分。

各地的学生运动都要求分享大学和政府的权力。然而，这些学生中很少有人认识到，分享权力就是分享责任。更少有学生会问："我欠社会什么？"现如今，把学生们称为"理想主义者"已成为一种时尚，学生们自己也用这个词。但是，理想主义本身并不能证成权力，就像"诚实"不能使谋杀成为自卫一样。只有负责任地使用权力，权力才能得以证成。如果权力的持有者不负责任地使用权力，那么他将会被煽动家利用，并为煽动家显而易见的非理想主义目的服务。

当今的学生（尤其是新左派人士）通常只问："社会欠我什么？"这个问题没有错，确实需要提出这个问题。只不过这不是该提的第一个问题，而是第二个。"我欠社会什么？"才是第一个问题。如果特权、权力与机会持有者的地位受益于他人（父母、纳税人等）的劳动，那么情况就更是如此了。

如果我们期望学生心存感激，那么我们理应失望。如果我们期望他们顺从并接受长辈为其提供的社会条件和学校，那么我们就会失去年轻人特有的优势，即他们的远见、活力、勇气和想象力。然而，我们能够且将会要求他们承担责任，也就是具备其人数、特权和权力所带来的强烈的道德义务感。

对学生们而言，这将是一次不小的冲击。学生中很少有人指望，自己的抗议会被如此认真地对待。但这将是一次有益健康的冲击——哪怕仅仅因为它将使当代年轻人的真正优势得到有效利用。

我们周围最大的不连续性就是知识的地位和权力发生了变化。

7000 年前或更久以前，人类发现了技能。此前，伟大的艺术家已经存在。没有比史前人类更伟大的画家了，他们在法国和西班牙留下了洞穴壁画，在撒哈拉沙漠留下了岩画。但在那个年代，尚未产生有技能的手艺人。技能提供了工具，让那些没有卓越天赋的普通人也能胜任工作，有可预测的表现，并能够通过有组织的、有系统的学徒制一代代不断进步。技能创造了劳动分工，从而使得经济绩效成为可能。到公元前 2000 年左右，我们那些生活在地中海东部灌溉文明中的祖先已经发展出人类社会的每种基本的社会制度、政治制度和经济制度，发展出我们的每种职业，以及人类直至 200 年前还在使用的大部分工具。技能的发现创造了文明。

现在，我们即将迈出又一大步。我们开始把知识用于工作。我认为，相比于远古的祖先，我们并没有走得更远。远古的祖先最早把打猎作为一种专门的职业，这种职业拥有独特的工具和经过长期艰苦的学徒生涯而习得的技能。然而，我们蹒跚迈出的最初几步，已表明把知识用于工作是一个伟大的、令人兴奋的构想。其潜力可能跟技能最初被发现时的潜力一样巨大。这项发展可能需要很长时间，但它已产生重大影响，而且所蕴含的变化确实非常巨大。

相比于知识造成的这些影响，同样巨大而深刻的是对知识造成的影响。最重要的是，把知识作为工作和绩效的基础，这项转变给知识人强加了责任。他如何接受、履行这项责任，将在很大程度上决定知识的未来，甚至可能决定知识有没有未来。

结　语

　　尽管本书的篇幅很长，但它只阐述了我们的经验和存在的一个维度——社会维度。本书探讨了技术与经济领域的不连续性，也探讨了社会、政治与教育领域的不连续性。本书对科学和艺术的关注充其量只是匆匆一瞥，并且几乎没有关注人的情感和精神生活。

　　因此，这可谓一本缺乏深度的书。社会是"人的存在"的表层，可以说仅仅是皮毛。

　　本书关注的是已经发生的事情，以及这对未来的任务和机会而言意味着什么。本书寻找未来的最前沿，也寻找那些已清晰可见但尚未被感知到的事物。作者希望本书以严谨的观察而非预言能力为人称道。

　　但正因为书中提到的事件已成为既成事实，所以它们不可能消失。这些任务将继续存在，并将变得越来越紧迫。虽然书中描述的不连续性无法预测将会发生什么，但它们确实很有可能预示着我们将不得不关注的问题。它们还指出了不太可能发生的事情。如果这份关于我们正在变化的社会的报告有实质性内容的话，那么过去 60 年的趋势就不可能像多数关于 2000 年的预测所假设的那样主导 20 世纪余下的时间。相反，我们可以预期会出现不同的新趋势，并且不同的新问题会吸引我们的注意力。

如果这份报告成立，那么我们不会看到技术和经济变得无关紧要或次要，我们不会看到对生产的关注变成过时的事。相反，我们可以预期，技术的发展会日新月异，人们会对生产和生产力产生新的关注。我们也不太可能看到一个否定组织的社会，相反，我们关注的将是如何使组织（作为人类的一种主要工具和手段，作为人类社会的一个核心器官）充分有效。

本书聚焦于社会维度，只阐述那些尚未被感知到但已成为既成事实的事件，这限制了本书所涉及的时间跨度和范围。当然，艺术而非社会事件才是未来的真正预兆。无论作者的感知力多么强，无论他对已发生之事的分析多么敏锐，他都不会比其他人更有能力预测未来发生的重大事件（无论是灾难还是福祉），也不会比其他人更有能力预测未来出现的伟大人物（无论是英雄还是恶棍）。

然而，艺术家的远见卓识所预告的未来，我们只有在它成为事实、成为过往之后才能看得出来。例如，100年前谁能证明是法国的印象派画家而不是英国的拉斐尔前派画家预示了未来？谁能证明是路易斯·沙利文设计的芝加哥第一批摩天大楼而不是最令人仰慕的维多利亚时代的丰碑——伦敦圣潘克拉斯火车站预示着20世纪的建筑？即使准确把握了艺术潮流，是否就能够提前猜测这种潮流所体现的社会或环境呢？就像所有神谕一样，艺术家的远见卓识只有在所预测的事件发生之后才能得到理解。

同样，重大事件和伟大人物也只有在已经出现之后才能"预测"。历史是否有逻辑和规律，几千年来人们一直争论不休。但我们所有的经验都表明，它们都是不能预见的。它们只会在事后成为焦点。展望未来，历史的逻辑和规律只是某些可能性，所有事情都有同等的发生的可能性，也有同等的不发生的可能性。

然而，不连续性之所以是确定的，正因为它们位于表层，也正因为它们已经发生。

众所周知，我们身处一个无限危险的时代。我们所面临的关于人类未来的核心问题，不是未来会如何，而是是否有未来。如果我们不能幸存，那么本书关注的问题当然也会随之灰飞烟灭。如果我们得以幸存，那么解决本书提出的问题便成了我们的任务。

这是一些单调乏味的任务，是修补文明的"结构"，而不是为"新人类"设计新衣。这是我们今天的任务，而不是人们在 2000 年的任务。这些任务是我们不得不承担的，只有这样我们才配拥有未来。

译者后记

16 年前,我在清华大学图书馆第一次看到德鲁克的书,细读其中几章,便被他的思想和洞察力深深折服。自此,我的房间里就专门为德鲁克留下了一行书架。只要一有德鲁克的新书出版,就会买回来慢慢品读。德鲁克的书完全不同于通常意义上的管理学著作,而是有着极其宽广的视野和深刻的洞见,处处洋溢着浓郁的人文主义情怀,有一种读了令人难以放下的魔力。他是一个现实的理想主义者,不仅为个人和商业组织走出困境指引方向,更是在为人类社会的前途和命运贡献思想与智慧。我的许多研究、写作甚至思考问题的方式都受到德鲁克的启发和影响。

两年前,机械工业出版社给了我一个深度理解德鲁克的机会——翻译《不连续的时代》。这本书写于 1968 年,至今有 50 多年的历史,可惜一直未能推出简体中文版。我最早了解这本书是通过德鲁克传记《大师的轨迹》,其中专门有一章介绍了《不连续的时代》。这是一本思考和洞察未来的巅峰之作,展望了人类从工业社会迈向知识社会的宏伟图景。本书并不是简单预测趋势,而是讨论不连续性——潜藏在社会和文化现实中的重大改变,既包括技术、经济、社会的变化,也涉及政治和教育的变革。这些不连续性在当时并不是非常明显的趋势，却更可能为我们的未来定向。其中，最重要的变化来自四个方面：一是信息、新材料、海洋、特大都市等领域可能产生一系列新技术，以及基于这些技术的新产业；二是一体化的世界经济将取代以贸易为纽带的国际经济，成为经济的基本形态；三是新多元主义兴起，组织型社会即将来临；四是知识成为重要资本，知识工作者成为新的重要职业。本书不仅指出了这些未来的变化，也回应了我们要如何行动才能更好地开创未来，比如，倡导终身学习，创造第二个职业机会，建立创新型组织，履行决策的责任，建设一个富有治理能力的政府，等等。

本书写于工业时代，彼时高歌猛进的企业界还没有做好迎接变革的准备，很多观点在当时可能不被企业界所认同，也不被学术界所理解，所以本书出版时并没有引起太多的重视。然而，书中的许多论述却有着超越时空的强大穿透力。书中关于知识社会的种种预言后来几乎都被一一证实，这再一次证明了德鲁克的远见卓识。如今，我们又站在了新的十字路口，人类社会正在孕育新的巨大的不连续性。各种变革性力量相互激荡、相互交融，正在催生新的价值理念，创造新的生产生活方式，甚至可能引发世界政治经济秩序的再分化与再调整，塑造人类全新的未来。德鲁克这本跨越时代的作品有助于我们更加理性地面对当下，更加前瞻地思考未来，特别是对于每个人的职业选择、每一个组织的转型发展都有着非常重要的参考价值！

当然，作者在本书中的部分章节也对拥有不同制度和信仰的国家所采取的政策进行了点评甚至是批评，有些观点和事例可能失之偏颇。我们相信，在全球化背景下，我们需要有更加开放包容的胸怀，需要广泛了解和汲取各方智慧，也有雅量听得进各种不同的声音。

翻译本书之前，我有过一些翻译经验，自以为能够比较轻松地完成任务。然而没想到的是，我远远低估了翻译本书的难度。当真正用心翻译这本书时，我才发现由于涉及的知识领域太广，自己的学识和能力根本难以胜任。整个翻译过程就像爬过一座又一座山峰，几经曲折才迎来峰回路转、柳暗花明；又像聆听一个智者的教导，每翻译一段，就停下来思考一会儿，或找一些资料印证一下，细细斟酌这是不是作者要表达的意思，也顺便回味一下书中闪烁着智慧的观点。

　　翻译本书完全利用了工作之外的闲暇时间，在此期间我得到了很多人的支持和帮助。感谢中国科学技术信息研究所的封颖女士，我在翻译书中许多艰涩难懂的句段时得到了她的倾力帮助。感谢机械工业出版社的编辑们，他们对我的翻译工作提供了全力支持，表现出了极大的耐心和包容。感谢中国台湾地区的张心漪、陈琇玲、许晋福，他们在几十年前就翻译了这本书，我在部分内容表述上也参考了他们的译法。感谢家人，他们无私的奉献和温暖的支持，一直是我前行的动力。尽管译者水平有限，但仍不揣冒昧、竭尽所能，终于把现在的译本呈现在读者面前。译稿中难免有遗漏和失误之处，敬祈广大读者、专家批评指正！

吴家喜

2019 年 11 月

本书翻译／审校得到了"纪念彼得·德鲁克翻译基金"的资助。"纪念彼得·德鲁克翻译基金"由志邦家居、安徽恒远、重庆麻爪爪、容知日新、锐捷网络、VeSync、西安华中等企业资助成立，旨在为德鲁克系列著作的翻译优化工作提供资金支持，以鼓励审译团队精雕细琢、反复考证，为广大读者提供更为准确易读的译本。

纪念彼得·德鲁克翻译基金

发起人：孙志勇　康至军

联合发起人：聂卫华　刘忠东　杨琳　鲁振华　程振朔　于学航

《不连续的时代》

审译团队名单

译者：吴家喜

主审：慈玉鹏

参与审校：薛香玲 辛弘 陆莹 杨黎明 郭慧兰 柳亚涛 张颖 刘雪慰 曾佳

彼得·德鲁克全集